HEYNE
BÜCHER

HEYNE KOCHBÜCHER

ROTRAUD DEGNER

Schnell ein Essen für uns zwei

DAS KOCHBUCH
FÜR EILIGE

WILHELM HEYNE VERLAG
MÜNCHEN

HEYNE-BUCH Nr. 07/4399
im Wilhelm Heyne Verlag, München

Genehmigte, ungekürzte Taschenbuchausgabe

Printed in Germany 1984
Umschlagfoto: Fotostudio Teubner, Füssen
Innenbilder: Adrian Flowers
Umschlaggestaltung: Atelier Ingrid Schütz, München
Satz: Schaber, Wels
Druck: Ebner Ulm

ISBN 3-453-40384-3

INHALT

Abkürzungen:

EL = Eßlöffel
TL = Teelöffel
Msp = Messerspitze

Vorwort

Einem Mann ist im allgemeinen
wohler bei einer Frau, die ein gutes Essen serviert,
als bei einer, die griechisch spricht.

Samuel Johnson, 1780

Das waren noch Zeiten, als die Frau die Wahl hatte, Hausmütterchen zu sein oder geistige Gefährtin. Heute sollen wir beides sein: erfolgreich im Beruf – erfolgreich in der Küche. Das hat uns die Gleichberechtigung eingebracht.
Dabei sind wir auf kulinarischem Gebiet anspruchsvoller, neugieriger geworden. Wir haben viel fremde Gerichte auf Reisen und in Spezialitätenrestaurants kennengelernt – von der Pizza bis zur Paella, vom Fondue bis zur Zabaione. Die sollen nun auch zu Hause auf den Tisch kommen. Und das alles soll nach Feierabend, in einer halben Stunde geschafft sein. Darum heißt es, ob Junggeselle oder Ehefrau, den Kochlöffel fest in die Hand nehmen und mit Köpfchen kochen.
Da ich ständig im Dienste Lukulls auf Reisen bin und dabei Gelegenheit habe, unseren Nachbarn in die Kochtöpfe zu schauen, habe ich für diese Kochbuch jahrelang Schnellrezepte in ausländischen Restaurants und bei meinen Freunden gesammelt. Dabei fand ich heraus: Es ist viel leichter, Schnellrezepte in Italien oder in Amerika zu finden als in Österreich oder in Frankreich. So hat dieses Kochbuch leicht italienische und amerikanische Akzente bekommen.
Die Erkenntnisse moderner Ernährung müssen berücksichtigt werden. Die Parole heißt: springlebendig durch vitale Eiweißkost – jung und frisch durch Vitamine – schlank durch Kalorienbewußtsein. Das Kalorienzählen habe ich Ihnen leicht gemacht. Jedes Rezept nennt die genaue Kalorienzahl der einzelnen Gerichte. Das soll Ihnen keineswegs den Spaß

am Essen nehmen. Aber nach einem richtigen Schlemmeressen kann man dann am nächsten Tag an Hand der Kalorienangaben ein Menü zusammenstellen, das wieder ein wenig für die schlanke Linie sorgt. Als Faustregel gilt: Solange Sie am Tag 2300–2500 Kalorien nicht überschreiten werden, gibt es keine Gewichtszunahme.
Die Schnellküche ist eine moderne Küche. Schon aus Zeitmangel wird kein Gemüse »totgekocht«, gehört ein bunter Salat zum täglichen Speisezettel, werden Fisch und Fleisch gegrillt oder kurz gebraten, sind frische Früchte ein häufiger Nachtisch. Trotzdem werden Sie feststellen, wieviel wahrhaft lukullische Gerichte in 30 Minuten fertiggestellt werden können.
Kochbücher werden am häufigsten zu Rate gezogen, wenn es gilt, Gäste zu bewirten. Die begeistertsten Gastgeber sind junge Paare und kochfreudige Junggesellen männlichen und weiblichen Geschlechtes. Und weil ich mein Kochbuch gerade für diesen sympathischen Typ Menschheit geschrieben habe, finden Sie viele Vorschläge für Parties und kleine Essen mit Ihren Freunden.
Wenn Sie noch keine große Erfahrung im Kochen haben, dann sollten Sie erst einmal für sich allein zwei bis drei elegante Rezepte sorgfältig ausprobieren, mit denen Sie sich bei Ihren Gästen schnell in den Ruf setzen, ein großer Koch oder eine begnadete Köchin zu sein. Wenn Sie zum Beispiel die Zubereitung eines Bœuf Stroganoff, eines italienischen Pfeffersteaks und eines Kalbsschnitzels St. Tropez aus dem Handgelenk beherrschen, dann können der Chef, die Schwiegermutter, die Dame oder der Mann des Herzens zum Essen kommen – Sie haben die Situation in der Hand.
Die Rezepte sind für zwei Personen geschrieben. Die Solisten des Lebens, die Junggesellen, müssen die Mengenangaben teilen. Sind Gäste zu bewirten, können die Rezeptmengen leicht verdoppelt oder verdreifacht werden.

Ich wünsche Ihnen Erfolg und guten Appetit.

Rotraud Michael-Degner

»Ja, mach nur einen Plan«

In der Schnellküche klappt tatsächlich alles besser, wenn man einen Plan macht. Berufstätige sind gewöhnt, sich ihre Tagesarbeit genau einzuteilen. Das sollten sie auch im Haushalt tun.
Da ist zuerst der Einkauf. In jeder Schnellküche gehört ein Einkaufszettel an die Wand. Auf dem wird sofort aufnotiert, wenn Lebensmittel aus dem Vorrat zu Ende gehen. Ein sorgfältig angelegter Vorrat ist Voraussetzung für eine gut funktionierende Schnellküche. Außerdem sollten Sie vor dem Großeinkauf am Wochenende einen Speisezettel für die ganze Woche machen. Menüvorschläge für Mahlzeiten, die in 20 oder 30 Minuten zubereitet sind, stehen auf den Seiten 186 und 222. Darunter finden Sie sicher Anregungen für Ihren Menüplan. Alle benötigten Lebensmittel für die Mahlzeiten der nächsten Woche werden auf dem Einkaufszettel notiert. So vorbereitet, fehlen beim Kochen des Sonntagsmenus bestimmt keine Zutaten mehr, zu Ende gehende Vorräte werden rechtzeitig ersetzt und niemand muß noch einmal schnell zum Kaufmann laufen, weil z. B. kein Bier mehr im Hause ist. Das steht alles auf dem Einkaufsplan. Mit diesem nützlichen Einkaufszettel und, wenn möglich, in Begleitung des tragewilligen Ehemannes wird am Samstagmorgen der Wocheneinkauf erledigt. Sonderangebote in den Geschäften sollten Sie prüfen – im übrigen sich zum Wohle des Haushaltsetats an den Plan halten. Wer die Ware ins Haus geschickt bekommt, sollte seinen Bestellzettel schon am Freitag abliefern.
Während der Arbeitswoche braucht man dann nur noch die täglichen frischen Lebensmittel wie Milch, Fleisch, Obst und Gemüse mitzubringen. Das erspart jeden Abend eine kostbare halbe Stunde in überfüllten Läden.
Auch das tägliche Kochen verläuft schneller nach einem Plan. Die berufstätige Ehefrau, Ehemann, Junggesellin und

Junggeselle, sie alle kommen hungrig wie ein Wolf nach Hause. Da heißt es keine Zeit verlieren. Sofort in die Küche gehen.
Wasser für Reis, Teigwaren oder Kartoffeln aufsetzen. Wenn nötig, Grill oder Backofen vorheizen. Tiefkühlgut, das an- oder aufgetaut werden soll, aus der Packung nehmen und in eine Schüssel geben. Dann erst mit den Vorarbeiten wie Gemüseputzen, Zwiebelschneiden etc. beginnen. Überlegen Sie genau, welcher Teil des Menüs die längste Garzeit hat. Dieses Gericht muß zuerst auf den Herd. Dann greifen die Kochvorgänge ineinander über. Während Kartoffeln oder Gemüse kochen, kann der Salat vorbereitet oder das Fleisch gebraten werden.
Der Tisch ist schnell gedeckt. Sicher werden Sie für eine oder zwei Personen die Speisen gleich auf Teller füllen – auf vorgewärmte am besten. Allerdings, Beilagen wie Nudeln oder Kartoffeln, nimmt sich sicher jeder gerne nach eigenem Appetit. Die würde ich in einer Extraschüssel anrichten. Und dann, wenn das Essen vorüber ist und Sie entspannt bei einer Tasse Kaffee oder einer Zigarette sitzen, beginnt endlich der Feierabend – ganz ohne Plan.

Das gehört in Ihren Vorratsschrank

Schaffen Sie sich nach und nach den hier aufgeführten Grundvorrat an und ergänzen Sie ihn laufend. Dann können Sie auch ein Essen zubereiten, wenn Sie Überstunden bis nach Ladenschluß gemacht haben oder unerwartete Gäste vor der Türe stehen.

Standard-Lebensmittel

½ kg Mehl
1 kg Zucker
½ kg Reis
¼ kg Haferflocken
1 Paket Spaghetti
1 Paket Bandnudeln
1 Päckchen geriebener Käse
1 Päckchen Semmelbrösel
1 Dose oder 1 Flasche Öl
1 Flasche Essig
Salz, Pfeffer, Gewürze
Zitronen
Zwiebeln

Packungen

3 verschiedene Fertigsuppen
2 Päckchen Helle Soße
2 Päckchen Bratensoße
1 Päckchen Tomatensoße
2 Pakete Kartoffelpüree
2 Päckchen Klare Fleischsuppe
1 Paket Cracker
1 Päckchen Instant-Pudding
1 Paket Knäckebrot

Dosen

2 Dosen Milch
1 Dose Kaffee vakuumverpackt
2 Dosen Würstchen
1 Dose Corned beef
1 Dose Wurstkonserven (beschränkt haltbar)
2 Dosen Fertiggerichte
1 Dose Ravioli
1 Dose Tomatensuppe
1 Dose helle Cremesuppe
1 Dose Ochsenschwanzsuppe
1 Dose Ölsardinen
2 Dosen Champignons
1 Dose Erbsen
1 Dose Kompottfrüchte (Pfirsiche, Ananas oder Mandarinen)

Gläser

1 Glas Gurken
1 Glas gefüllte Oliven
1 Glas Senffrüchte
1 Glas Sardellen

Flaschen

1 Flasche Tomatenketchup
1 Flasche Fleischwürze
1 Flasche Wein
1 Flasche Rum oder Kirschwasser

Tuben

Empfehlenswert für die Schnellküche, weil nur die jeweils benötigte Menge entnommen werden kann
Mayonnaise
Remouladensauce
milder Senf
scharfer Senf

Meerrettich
Tomatenmark
Sardellenpaste

Im Kühlschrank

Butter oder Margarine, Eier
1 Stückchen durchwachsener Speck
1 Dose Crabmeat, Sprudel

Vorrat »de luxe«

Ingwer in Sirup
Mango Chutney
Cumberlandsauce
Schaschliksauce
Relish (pikante Mixed Pickles)
Cocktailwürstchen
Salzmandeln
Käsegebäck
Marsalawein
Sherry
Grand Marnier oder Cointreau

Die Küchenausrüstung muß praktisch sein

In der Schnellküche ist jede Minute kostbar. Darum muß die Küche auch besonders praktisch eingerichtet sein. Ich würde folgende Küchenausrüstung für 2 Personen vorschlagen:

1 Teekessel (nur zum Wasserkochen)

3 Kochtöpfe aus Stahl oder Gußeisen 3 l, 2 l, ½ l möglichst mit Metallgriffen, damit die Töpfe in den Ofen geschoben werden können

2 Bratpfannen – mindestens eine davon mit Kunststoff beschichtet, die fettarmes Braten ermöglicht und das Anbrennen verhindert.
1 Deckel dazu. In zwei Pfannen können ganze Mahlzeiten zubereitet werden

1 mittelgroße Auflaufform

1 Schüsselsatz von mindestens 5 Schüsseln

2 Krüge für 1 l und ½ l Flüssigkeit

1 dickes Holzbrett zum Schneiden und Hacken

3 scharfe Messer – 1 Sägemesser, 1 kräftiges Messer zum Hacken, 1 kleines Küchenmesser

1 Rohkostreibe grob und fein mit einem Gurkenhobel in der Mitte

1 Pfannenmesser zum Wenden von Bratgut

2 Rührlöffel – einen davon mit abgeschrägter Kante

1 Kuchenrolle

1 Elektroquirl mit Zusatzgeräten, am besten an der Wand befestigt

1 Schneebesen

1 kleine Haushaltswaage oder wenigstens ein Meßbecher

1 Litermaß

1 Salatsieb

2 Drahtsiebe – 1 großes und 1 kleines Sieb

1 Durchschlag (Kunststoff)

1 Schöpflöffel

1 Schaumlöffel

1 Fettpinsel

1 Allzweckschere – äußerst praktisch vom Geflügelschneiden bis zum Flaschenöffnen

1 Pfeffermühle, Pfeffer hat viel mehr Würzkraft, wenn er frisch gemahlen wird

1 Dosenöffner – am mühelosesten arbeiten die an der Wand befestigten Öffner

1 Korkenzieher

1 Flaschenöffner, der gleichzeitig die angebrochene Flasche luftdicht verschließt

3 luftdicht schließende Behälter aus Kunststoff für den Kühlschrank, in denen Aufschnitt, Kräuter und Reste viel länger frisch bleiben

1 Küchenuhr mit Wecker oder wenigstens ein Küchenwecker, der meldet, wenn eine Speise gar ist

1 Rolle Aluminiumfolie zum Garen von Speisen im eigenen Saft, zum Restewärmen, zur Frischhaltung von Lebensmitteln

1 Rolle Papier-Küchentücher an der Wand zu befestigen, erspart viele Küchentücher aus Stoff

Nylonbeutel, große und kleine. Die kleinen für die Vorratshaltung, die großen für den Abfalleimer

1 elektrische Küchenmaschine ist eine große Hilfe für Berufstätige, die gerne backen und viel kochen

Schnellküche ohne Tiefkühlkost – undenkbar

Die Tiefkühlkost scheint extra für die Schnellküche erdacht zu sein. Keine Erfindung seit der Konservendose hat sich in den letzten 100 Jahren so revolutionierend auf unseren Speisezettel ausgewirkt wie das Tiefkühlverfahren. Aber wie schnell gewöhnt man sich an Wunder – der Griff in die Tiefkühltruhe nach frischen Erdbeeren im Februar oder nach erntefrischen Erbsen im November ist bereits eine Selbstverständlichkeit. Die völlige Unabhängigkeit von der Jahreszeit, die uns die Tiefkühlkost schenkt und die hervorragende Qualität der eingefrorenen Waren sind dabei nicht das Wichtigste für die eiligen Berufstätigen. Der entscheidende Vorteil für die Schnellküche ist der Fortfall aller Vorbereitungsarbeiten bei der Verwendung von Tiefkühlkost. Kein Fisch muß mehr gesäubert (tiefgekühlter Fisch ist sogar grätenfrei), kein Gemüse mehr geputzt, kein Knödel mehr gedreht werden. Alle Tiefkühlgerichte sind fertig für den Kochtopf oder die Pfanne.

Und bunter wird unser Speisezettel auch. In den Tiefkühltruhen lagern neben der einheimischen Ernte fremde Gemüse und Meerestiere, die frisch unseren Markt früher so gut wie nie erreichten – von Broccoli über Scampi bis zum Tintenfisch. Neben den vertrauten Fertiggerichten gibt es ausländische Spezialitäten, die bisher nur Reiseerinnerungen waren, z. B. eine echte Bouillabaisse, Canneloni, Lasagne oder eine Ratatouille. Die große Auswahl an Speiseeis läßt die Frage nach einem Dessert jederzeit mühelos lösen. Um in den Genuß all dieser herrlichen Dinge zu kommen, brauchen Sie natürlich keine Tiefkühltruhe. Sie können die gewünschte Tiefkühlware jedesmal auf dem Nachhauseweg erwerben und am gleichen Tag verbrauchen.

Wollen Sie die Packungen unaufgetaut nach Hause bringen,

sollte der Erwerb der Tiefkühlware an das Ende des Einkaufes gesetzt werden.
Zum Heimtransport werden die Tiefkühlpackungen am besten in Zeitungspapier verpackt. Dann bleiben sie 1–2 Stunden in dem tiefgefrorenen Zustand. Aufgetaute Ware darf unter keinen Umständen wieder eingefroren werden.
Aber die Anschaffung einer Tiefkühltruhe ist für den Haushalt eines berufstätigen Ehepaares, ja selbst für den Junggesellen beiderlei Geschlechtes, kein Luxus mehr, sondern ein echter meßbarer Zeitgewinn. Es genügt die kleinste Tiefkühlbox mit 50 l Inhalt, um eine Vorratshaltung zu ermöglichen. Wer jedoch vorkochen und auch einmal Reste einfrieren will, sollte gleich einen größeren Tiefkühlschrank anschaffen. Fast jeder Besitzer eines Tiefkühlschrankes wird bestätigen, daß er gerne einen größeren hätte. Auf jeden Fall sollten Sie beim Einkauf eines Kühlschrankes darauf achten, daß er ein möglichst großes Tiefkühlfach hat.
Nun zum Einkauf der Tiefkühlkost: Schauen Sie sich die Tiefkühltruhe bei Ihrem Kaufmann an. Meiden Sie Truhen mit einem starken Eispelz und mit sogenannten Wühlbergen, bei denen die gestapelten Packungen über den Rand der Truhe hinausragen. Hier ist der Kälteschleier, der schützend über den Packungen liegt, zerstört.
Nehmen Sie keine eingedrückten oder beschädigten Pakkungen! Schon der kleinste Riß in der Packung bedeutet eine Qualitätsminderung der Ware. Packungen, die sich weich anfühlen, oder Pakete mit Reifansatz, kaufen Sie besser nicht. Wenn dagegen eine Packung mit Erbsen oder Rosenkohl beim Herausnehmen klappert, dann hat das seine Richtigkeit. Die lose eingefüllten, gefrorenen Gemüse stoßen beim Schütteln naturgemäß aneinander. Weiße Flecken oder bräunliche Verfärbungen auf Geflügel und Fleisch weisen darauf hin, daß die Ware schon einmal aufgetaut war. Liegenlassen! Alle Markenartikelfirmen garantieren mit ihrem Namen für die Güte der Ware. Namenlose Ware würde ich deshalb zu kaufen vermeiden. Denken Sie bei dem Gewicht der Tiefkühlware daran, daß der Inhalt der Packung immer das absolute Nettogewicht der Lebensmittel darstellt,

Sie also eine wesentlich geringere Menge brauchen als bei frischer Ware.
Wenn Sie mit dem tiefgefrorenen Gut nach Hause kommen, wird es entweder nach Vorschrift auf der Packung unaufgetaut sofort verwendet oder die dort angegebene Zeit aufgetaut. Sie sollten in jedem Fall die Gebrauchsanweisung auf den Packungen sorgfältig durchlesen. Die Fachleute, die sie geschrieben haben, wissen am besten, wie es richtig gemacht wird. Man kann das Auftauen um einen Tag verschieben, wenn die Tiefkühlkost in den Kühlschrank gegeben wird. Das Verdampferfach des Kühlschrankes ist auf jeden Fall für eine dreitägige Lagerung gut – ein richtiges Tiefkühlfach sollte ebenso wie ein Tiefkühlgerät eine konstante Kälte von 18 Grad minus haben. Damit läßt sich eine echte Vorratshaltung erreichen, das heißt, auch die Zeit der Einkäufe auf ein Minimum beschränken. Ich habe z. B. immer einen Nylonbeutel mit den Brötchen von meinem Lieblingsbäcker im Tiefkühlschrank. Die kommen morgens kurz in den Backofen und werden auf eine geheimnisvolle Weise noch knuspriger und zarter als frisch gekaufte Brötchen – außerdem kann ja kein Bäcker mehr jeden Morgen zwei oder gar ein frisches Brötchen anliefern.
Auch für das Kochen der Tiefkühlkost sollten Sie sich die Gebrauchsanweisung durchlesen. Die Kochzeit ist bei den meisten tiefgekühlten Lebensmitteln kürzer als bei den frischen. Auf der nächsten Seite finden Sie auch noch eine Liste der wichtigsten Auftau- und Kochzeiten der Tiefkühlkost.

Auftauen und Kochen der Tiefkühlkost

Fisch

wird mit wenigen Ausnahmen unaufgetaut verwendet – die Ausnahmen sind auf den jeweiligen Packungen angegeben.

Fleisch

Größere Fleischstücke sollten vor der Zubereitung immer aufgetaut werden – man rechnet bei Zimmertemperatur für je 500 g Fleisch 4 Stunden. Kleinere Fleischstücke können nach Anweisung der Tiefkühlfirmen unaufgetaut in die Pfanne gegeben werden. Ich möchte davon abraten. Auch kleine Fleischstücke lassen sich aufgetaut wesentlich besser panieren und auch braten.

Geflügel

wird genau wie tiefgekühltes Fleisch vor der Zubereitung aufgetaut. Ein Hähnchen taut bei Zimmertemperatur in ca. 6 Stunden auf, im Kühlschrank in 12–16 Stunden. Eine Ente braucht im Zimmer 12–15 Stunden, im Kühlschrank 24 Stunden.

Gemüse

sollte immer unaufgetaut verwendet werden – Ausnahme: Gurken in Scheiben 3 Stunden Auftauzeit, Salatgemüse 5 Minuten in einem Durchschlag in Wasser auftauen. Gemüse, das im Block eingefroren ist, wie z. B. Spinat, bei sehr schwacher Hitze auftauen lassen. Da das tiefgekühlte Gemüse vorblanchiert ist, ist die Garzeit kürzer als bei frischem Gemüse. Petersilie kann unaufgetaut verwendet werden.

Früchte

zum Rohessen in etwa 3 Stunden auftauen lassen. Dabei in eine zugedeckte Schüssel geben, damit Farbe und Aroma erhalten bleiben. Ungezuckertes Obst mit Zucker bestreut auftauen lassen.
Zum Backen antauen, bis sich die Früchte voneinander lösen. Unaufgetaut kommen die Früchte in Bowlen und an Mixgetränke.

Garzeiten für tiefgekühltes Gemüse

	Kochzeit
Bohnen, dicke	20 Min.
Brechbohnen	12–15 Min.
Broccoli	10 Min.
Erbsen	10 Min.
Erbsen und Karotten	12 Min.
Gemüsebeilage	12 Min.
Grünkohl	30 Min.
Kohlrouladen	30–40 Min.
Junge Möhren	12 Min.
Pilze	15 Min.
Rosenkohl	10 Min.
Rotkohl	40–50 Min.
Rotkohl zubereitet	10 Min.
Spinat je nach Größe des Blocks	10–30 Min.
Suppengemüse	12 Min.
Suppengrün	8–10 Min.

Das Abenteuer des Würzens

»Duft und Geschmack sind die besten Freunde des Appetites« sagte schon der griechische Dichter Homer. Ohne Gewürze ist keine Kochkunst möglich. Ein guter Koch versteht Kräuter und Gewürze beim Zubereiten der Speisen auf das Feinste zu dosieren und abzuschmecken.

In der Schnellküche ist das sorgfältige Würzen besonders wichtig. Viele beliebte Rezepte aus Großmutters Kochbuch erreichen die Fülle des Geschmackes erst durch stundenlanges Kochen, bei dem die Aromastoffe der Gerichte frei werden und einander durchdringen. In der Schnellküche müssen Sie dieses Resultat durch raffiniertes Würzen erreichen.

Und hier, beim Würzen, beginnt das Abenteuer des Kochens: Herauszufinden, wie pikant eine Tomatensauce schmeckt, wenn sie mit Oregano und Basilikum gewürzt ist, wie Rosmarin und Thymian mit ihrem Aroma ein Kotelett ganz durchdringen, wie ein wenig Ingwer ein einfaches Fischgericht verwandeln kann, wie schon 2 Blättchen Estragon (und ja nicht mehr) einen Salat ganz anders schmecken lassen. Machen Sie sich mit Kräutern und Gewürzen vertraut, da gibt es noch kulinarisches Neuland zu entdecken.

Ein Riesenangebot mit schmucken Dosen und Gläsern, gefüllt mit duftenden Kräutern und exotischen Gewürzen, ist auf dem Markt. Ein Kräuterbord mit 12 bis 20 festschließenden Gewürzdosen oder Gläsern gehört auch in die kleinste Küche. Ich habe Ihnen auf der nächsten Seite eine Liste der wichtigsten Kräuter und Gewürze zusammengestellt, die Sie auch in meinen Rezepten immer wieder finden werden. Sie kommen mit diesen Gewürzen lange aus. Ich würde Ihnen allerdings raten, nur solche Dosen oder Gläser zu kaufen, die Sie auch selbst nachfüllen können. Man bekommt im Sommer auf den Märkten so herrliche frische Kräuter zu kaufen, die man selbst trocknen kann und die doch noch viel intensiver im Geschmack sind als die fertig gekauften. Und wenn

Sie im Süden im Urlaub wilden Thymian, Rosmarin und Salbei finden, dann nehmen Sie ihn getrocknet mit nach Hause für das Kräuterbord.
Im übrigen gilt für alle Kräuter: Solange sie frisch auf dem Markt angeboten werden, sind sie den getrockneten in jedem Fall vorzuziehen.
Getrocknete Kräuter werden zu Beginn des Kochens zugesetzt, damit sie beim Kochen ihr volles Aroma entwickeln können. Frische gehackte Kräuter dagegen kommen an die fertigen Speisen und werden nicht mehr mitgekocht.
Vorsicht beim Dosieren: Getrocknete Kräuter würzen dreimal so stark wie frische Kräuter. Und zum Schluß noch ein Tip für alle, die sich nicht an das Würzen mit unbekannten Kräutern wagen: Für sie hat die Industrie fertige Gewürzmischungen zusammengestellt, die schon auf der Packung den Verwendungszweck anzeigen. Da gibt es Würzmischungen für helles und dunkles Fleisch, Fisch, Gemüse und Salate. Das ist für alle Elevinnen der Kochkunst eine große Hilfe.

Kleine Gewürztabelle

aller Kräuter, die in diesem Kochbuch verwendet werden

Basilikum	frisch und getrocknet – zu Salat, Tomaten, Fisch und Fleisch – Lieblingsgewürz der Italienerin
Bohnenkraut	frisch und getrocknet – zu Bohnengerichten
Curry	Mischung von 12–16 tropischen Gewürzen – zu Fisch, Fleisch, Geflügel, Reis, Eierspeisen, Saucen
Dill	frisch und getrocknet (Dillspitzen) – zu Gurkensalat, hellen Saucen, Fisch, Krebsen, Lammfleisch, neuen Kartoffeln
Estragon	frisch und getrocknet – zu Salaten, Saucen, Fisch, Geflügel. Gewürz der Gourmets
Ingwer	gemahlen als Pulver, kandiert oder in Sirup eingelegt als Früchte, pikantes, scharfes Gewürz – zu Huhn, Fisch, Reis, Wildgerichten, Äpfeln, Kompotten
Kümmel	getrockneter Samen, derbes Gewürz – zu Schweinefleisch, Kohl, Pellkartoffeln, Quark – besonders wirksam, wenn angebraten
Lorbeerblätter	getrocknete Blätter – starkes Gewürz – zu Marinaden, Sauerkraut, Wild, Fisch – ¼ Blatt genügt meistens
Majoran	getrocknet als Blätter und Pulver. Sehr aromatisch – zu Trockenerbsen, Gans, Leber, Schweinefleisch, Hackfleisch, Käse
Muskat	als Nüsse und gemahlen – zu Geflügel, Kartoffelgerichten, Kohl, Spinat, hellen Saucen. Möglichst immer frisch reiben

Oregano	getrocknete Blätter, majoranähnlich aber feiner – zu italienischen Rezepten mit Tomaten, Fleisch und Schalentieren
Paprika	rotes Pulver – in drei verschiedenen Schärfegraden erhältlich: milde, halbsüß und scharf – zu Gulasch, Fisch, Geflügel, Tomaten
Pfeffer	gemahlen und in Körnern – schwarz scharf, weiß milder. Möglichst frisch durch Pfeffermühle an die Speisen mahlen
Rosmarin	frisch und getrocknet als Blätter und Pulver, besonders wohlschmeckend – zu Schweine-, Kalb-, Hammelfleisch, Fisch, Tomaten
Nelken	getrocknete Knospen oder Pulver. Starkes Gewürz für Rotkohl, Schinken, Kompotte. Nelkenpfeffer feiner im Geschmack
Salbei	frisch und getrocknet als Blätter und Pulver. Starkes Gewürz – für Leber, Kalbfleisch, Hammel, Fisch, Geflügel
Safran	Fäden oder Puder. Als gelbe Farbe und Gewürz. Sehr teuer – zu Reis- und Fischgerichten
Thymian	frisch und getrocknet als Blätter und Pulver. Herzhaftes Würzkraut – zu Hammel, Ragouts, Fisch, Gemüse, Tomaten
Wacholder	getrocknete Beeren – zu Marinaden, Wildgerichten, Fisch, Sauerkraut
Zimt	getrocknete Rinde oder Pulver – zu Kompotten, Glühwein, Reis, Süßspeisen

Vorspeisen, von denen viele kleine Mahlzeiten sind

Es ist nun mal so Sitte, daß die Reihenfolge der Rezepte in einem Kochbuch dem Ablauf eines Menüs entspricht, also mit Vorspeisen anfängt und mit Desserts endet. Das erleichtert die Übersicht. Darum halte ich mich daran und beginne mit den Vorspeisen.
Die pikante Hors d'œuvre spielen in der Alltags-Schnellküche allerdings eine unwichtige Rolle, weil sie nur ein flüchtiger Gaumenkitzel sind. Aber das Kapitel Vorspeisen enthält neben den kleinen Appetithäppchen auch gehaltvollere Gerichte wie Mayonnaisensalate, Toastgerichte und Sandwiches, die viel mehr als nur Vorspeisen sind. Diese Rezepte lassen sich gut in unser tägliches Programm einbauen als leichtes Abendessen oder am Sonntag als Mittelpunkt eines langen Frühstücks. Dann können wir auf das Mittagessen verzichten.
Vor allem aber sind Vorspeisen gut für die Bewirtung unserer Gäste. Haben wir Freunde oder Bekannte zu einem Glas Bier oder nach dem Essen eingeladen, sollten wir vermeiden, durch die üblichen Schälchen mit Erdnüssen und Käsewürfeln in den Verdacht kulinarischer Phantasielosigkeit zu geraten. Da lohnt es sich, schnell in diesem Kapitel nachzublättern. Sie werden immer genügend Anregungen finden, um eine Platte mit raffinierten kleinen Häppchen zu füllen. Ohne viel Arbeit zu haben.
Unentbehrlich sind Vorspeisen, wenn man ein kaltes Buffet appetitlich bestücken will. Schlagen Sie dafür auch die Rezepte im Inhaltsverzeichnis für Krabben, Hummer, Salate, Eierspeisen und Omelette nach.
Wollen Sie aber wirklich einmal Vorspeisen als Vorspeisen servieren und ein arbeitsreiches Hauptgericht wartet auf Sie,

dann wählen Sie eine der folgenden Vorspeisen aus, die Sie alle tischfertig kaufen können:
Frische Grapefruit – frische Melonen – Tomatensaft aus der Dose – Austern – Kaviar – geräucherte Muscheln – eisgekühlte Scheiben von Gänseleberpastete – Räucherlachs mit Meerrettichsahne – Pasteten mit Ragout fin (Pasteten vom Bäcker, Ragout fin aus der Dose).

Avocado mit Krabben

(Abb. Seite 64)

5 Minuten
pro Portion ca. 420 Kalorien

1 Avocado
2 EL Krabben oder Krebse
3 EL Olivenöl
1 EL Essig
Salz
schwarzer Pfeffer
1 kleine Zwiebel
Petersilie

Kenner sagen, daß der nußartige Geschmack des öligen Avocado-Fruchtfleisches am besten herauskommt, wenn man sie nur mit einer Vinaigrette mariniert. Eine Füllung aus Krebsen oder Krabben oder ein paar hauchdünne Scheiben Rauchfleisch oder Lachs sind jedoch eine gute Ergänzung.
Die Avocado-Frucht erst unmittelbar vor dem Servieren der Länge nach durchschneiden und den Kern entfernen. Die Krabben in die Kernhöhlung der Avocadofrucht geben. Öl, Essig, Salz, Pfeffer, Zwiebelwürfel und gehackte Petersilie mit einer Gabel zu einer Marinade verquirlen und über Krabben und Fruchtfleisch gießen. Das Fruchtfleisch wird mit einem Löffel herausgeholt.

Stangensellerie als Vorspeise

Die knusprigen Bleichselleriestangen, in England und Amerika unentbehrliches Requisit jeder Cocktailparty, sind bei uns noch wenig bekannt. Dabei machen sie überhaupt keine Mühe bei der Zubereitung: nur die Blätter und das unterste Ende abschneiden, waschen, trocknen und in einem Glas oder einem bunten Becher auf den Tisch stellen. Daneben wird eine Schüssel mit Dipping gestellt – eine pikant gewürzte Sauce, in die jeder seinen Selleriestengel vor dem Abbeißen taucht. Es gibt aber auch Liebhaber von Bleichsellerie, die ihn am liebsten nur mit Salz bestreut zu ihrem Cocktail knabbern. Hier ist ein Dipping-Rezept:

Meerrettich-Dip

5 Minuten

125 g Quark
4 EL Sahne
2 EL Meerrettich
Salz
Paprika

Den Quark mit der Sahne verrühren, den Meerrettich hinzufügen und mit Salz und Paprika kräftig abschmecken.

Gefüllter Stangensellerie mit Roquefort

5 Minuten
pro Stange ca. 80 Kalorien

1 Bund Stangensellerie
100 g Roquefort oder Gorgonzola
60 g weiche Butter
½ TL scharfer Senf

Den Sellerie von den Blättern befreien und gründlich waschen. Den Käse mit einer Gabel zerdrücken und mit der weichen Butter und dem Senf vermischen. Die Selleriestangen mit der Käsecreme füllen und bis zum Servieren kaltstellen.

Gefüllter Stangensellerie – polnische Art

10 Minuten
pro Stange ca. 35 Kalorien

1 Bund Stangensellerie
125 g Sahnequark
1 kleine Zwiebel
Salz, Pfeffer
1 kleine Dose roter Lachskaviar

Den Sellerie von den Blättern und welken Stellen befreien und gründlich waschen. Den Quark mit der in Würfel geschnittenen Zwiebel, Salz und Pfeffer kräftig abschmecken. Zum Schluß den Kaviar unter den Quark mischen. Die Selleriestangen mit der Quarkcreme füllen und kaltstellen.

Italienischer Vorspeisenteller

5 Minuten
pro Portion ca. 570 Kalorien

50 g Mailänder Salami (ungarische tut es auch)
2 hauchdünne Scheiben geräucherter Schinken
1 kleine Dose Artischockenherzen
12 gefüllte Oliven
2 Stück eingelegte Paprika
2 Ölsardinen oder 8 Anchovisfilets
1 hartgekochtes Ei
1 Tomate
etwas Mayonnaise

Die Salamischeiben fächerartig auf 2 Teller garnieren, den Schinken zu einer Rolle formen. Alle Zutaten appetitlich auf den beiden Tellern verteilen. Das Ei wird halbiert und mit etwas Mayonnaise verziert, die Tomate geviertelt. Butterröllchen gehören dazu und frischgerösteter Toast. Mit einer Tasse Tomatencremesuppe vorweg ist das auch ein kleines Abendessen. Dann gehören noch etwas Gorgonzola oder Bel Paese dazu.

Melone mit Schinken

5 Minuten
pro Portion ca. 270 Kalorien

1 kleine reife Melone
100 g hauchdünne Scheiben Räucherschinken

Die eisgekühlte Melone der Länge nach halbieren, von den Kernen befreien und jede Hälfte in 3 Teile schneiden. Das Fleisch der Melone vorsichtig mit einem Messer von der Schale lösen – es muß in einem Stück bleiben – und wieder in die Schale geben. Auf jeden Teller drei Melonenstücke geben und quer über jedes eine Schinkenscheibe legen. Stellen Sie die Pfeffermühle daneben. An Stelle von Schinken kann auch Rauchfleisch zu den Melonen gegeben werden.

Melone nach Cumberland

5 Minuten
pro Portion ca. 180 Kalorien

1 kleine reife Melone
1 EL Johannisbeergelee
½ TL scharfer Senf
½ Glas Sherry oder Portwein
Pfeffer
Orangenschale

Die eisgekühlte Melone der Länge nach in Viertel schneiden und die Kerne entfernen. Das Fleisch der Melone vorsichtig mit einem Messer von der Schale lösen. 1 Stückchen Orangenschale in feine Streifen schneiden. Das Gelee mit Senf glattrühren und den Sherry sowie Pfeffer und Orangenschale hinzufügen. Über die Melonenviertel gießen. Es gibt auch kleine Portionsmelonen. Die werden halbiert, entkernt und mit der pikanten Sauce gefüllt.

Melonencocktail

5 Minuten
pro Cocktail ca. 280 Kalorien

½ reife Melone
Zucker
1 Apfelsine und
1 Grapefruit
Ingwerpulver
1 Gläschen weißer Rum
2 Eiswürfel

Das Fleisch der Melone in Würfel schneiden und leicht einzuckern. Die Apfelsine und die Grapefruit auspressen und mit etwas Ingwerpulver und Rum sowie den Eiswürfeln vermischen. Das Melonenfleisch in zwei flache, schalenförmige Gläser geben und den Fruchtsaft darübergießen. Sehr gut schmeckt ein Zweig frische Minze in dem Cocktail.

Grapefruitcocktail

5 Minuten
pro Cocktail 275 Kalorien

1 Dose eisgekühlter Grapefruitsaft
1 frische Grapefruit
Zucker
1 Gläschen Gin
2 Eiswürfel

Die Grapefruit halbieren und das Fleisch der Früchte mit einem Teelöffel herausholen. Leicht einzuckern. Den herausgetretenen Grapefruitsaft mit dem Saft aus der Dose und dem Gin vermischen. Das Grapefruitfleisch und die Eiswürfel in 2 flache, schalenförmige Gläser geben und den Grapefruitsaft darübergießen. An heißen Tagen ist der Grapefruitcocktail ohne den Gin noch erfrischender.

Gegrillte Grapefruit

10 Minuten
½ Grapefruit
ca. 120 Kalorien

1 große Grapefruit
1 TL Butter
4 TL grober Zucker

Den Grill vorheizen, im Backofen nur Oberhitze einstellen. Die Grapefruit teilen und möglichst mit einem Grapefruitmesser (sonst mit einem dünnen Teelöffel) das Grapefruitfleisch von der Schale lösen. Die Butter zerlassen, die Grapefruithälften damit bestreichen und dick mit dem Zucker bestreuen. In den heißen Grill geben, bis der Zucker schmilzt und zu bräunen beginnt. Sofort auftragen. Appetitlich sieht eine rote Maraschinokirsche als Garnitur auf der Grapefruit aus.

Grapefruit mit Krabben

10 Minuten
pro Portion ca. 400 Kalorien

1 Grapefruit

1 kleine Dose Krabben
6 EL Mayonnaise
1 TL Tomatenketchup

Die Grapefruit halbieren und das Fleisch vorsichtig herauslösen. Mit einem scharfen Messer in Würfel schneiden und auf ein Sieb geben, die Mayonnaise mit dem Ketchup und etwas Grapefruitsaft verrühren. Krabben und Grapefruitfleisch vermischen und in die Grapefruithälften füllen. Mit der Mayonnaise übergießen.

Hummercocktail

10 Minuten
pro Portion ca. 330 Kalorien

1 kleine Dose Hummer oder Crabmeat
1/8 l Schlagsahne
3 EL Tomatenketchup
2 EL Weinbrand
1/2 TL Senf
2 EL Apfelsinensaft
Paprika
2 Salatblätter

Das Hummerfleisch aus der Dose nehmen und von den noch anhaftenden hornigen Teilen befreien. Zwei flache Gläser mit je einem Salatblatt auslegen und das Hummerfleisch darauf häufen. 2 besonders schöne Stückchen zum Garnieren aufheben. Die Sahne steif schlagen und mit allen übrigen Zutaten zu einer sahnigen Sauce vermischen. Über das Hummerfleisch gießen. Mit einem Hummerstück garnieren. Als Vorspeise reicht dieses Rezept für 4 Personen, für 2 Personen ist es mit Toast ein Abendessen.
Beilage: Frisch gerösteter Toast oder Cracker

Lachsröllchen

5 Minuten
pro Portion ca. 200 Kalorien

4 Scheiben Lachs
4 EL ungesüßte geschlagene Sahne
2 EL Meerrettich
1 EL Senffrüchte
Salatblätter
Toast

Die Sahne mit dem Meerrettich und mit den feingewiegten Senffrüchten vermischen und, wenn möglich, etwas kaltstellen. Auf jede Lachsschnitte einen Eßlöffel Meerrettichsahne setzen und aufrollen. Auf Salatblättern anrichten und Toastdreiecke dazu servieren.

Krabbencocktail

10 Minuten
pro Portion ca. 280 Kalorien

1 Dose Krabben (150 g)
2 Stangen Sellerie
½ Apfel
3 EL Mayonnaise
4 EL Joghurt
1 TL scharfer Senf
1 TL feingehackter Dill
einige Salatblätter

Die Krabben auf einem Sieb abtropfen lassen. Die gewaschenen Selleriestangen in Stückchen schneiden, den Apfel in Würfel. Die Mayonnaise mit dem Joghurt, dem Senf und dem Dill zu einer glatten Marinade verrühren. 2 flache Gläser mit Salatblättern auslegen und die vermischten Salatzutaten daraufhäufen. Mit der Cocktailsauce übergießen und mit einem frischen Dillzweig oder ein paar Krabben garnieren.

Gefüllte Sardineneier

15 Minuten
pro Ei ca. 160 Kalorien

4 Eier
4 Ölsardinen
2 EL Sahne oder Dosenmilch
Salz
Saft von ½ Zitrone
1 TL scharfer Senf
1 kleine Gewürzgurke

Die Eier in 10 Minuten hartkochen, in kaltem Wasser abkühlen lassen und der Länge nach halbieren. Die Eidotter vorsichtig mit einem Teelöffel herausholen. Entweder durch ein Sieb streichen oder mit einer Gabel ganz fein verrühren. Mit 2 Eßlöffel Öl von den Sardinen, Salz, Sahne und Zitronensaft zu einer glatten Paste verrühren. Die Sardinen mit einer Gabel fein zerdrücken und unter die Eimasse geben. Mit einem Spritzbeutel in die Eihälften füllen und mit Gurkenscheibchen garnieren. Auf Salatblättern anrichten. Das gleiche Rezept kann mit Thunfisch oder mit feingewiegtem Lachs zubereitet werden.

Gefüllte Eier

Gefüllte Eier sind eine Riesenhilfe wenn: unerwartet Gäste auftauchen, der häusliche Abendbrottisch absolut keinen Höhepunkt aufzuweisen hat, ein kaltes Buffet zu wenig Variationen hat, etwas pikant schmecken und wenig kosten soll. Gefüllte Eier sind schnellstens zubereitet. Besonders, wenn man einen elektrischen Mixer zur Hilfe nimmt. In der Zeit, in der die Eier hartkochen, können Sie schon den Tisch decken, die Füllung vorbereiten etc. Selbst bei geringstem Vorrat im Küchenschrank findet sich ganz bestimmt eine Zutat, mit der sich gefüllte Eier zubereiten lassen. Sie sind übrigens bei den meisten Leuten erstaunlich beliebt.

Gefüllte Curry-Eier

15 Minuten
pro Ei ca. 130 Kalorien

4 Eier
1 kleine Gewürzgurke
1 Prise Pfeffer
½ TL Salz
¼ TL Currypuder
2 EL Mayonnaise

Die Eier in 10 Minuten hartkochen, in kaltem Wasser abkühlen lassen und der Länge nach halbieren. Die Gewürzgurke feinhacken (Sie brauchen einen Eßlöffel voll). Die Eidotter vorsichtig mit dem Teelöffel herausholen und mit der Mayonnaise zu einer glatten Masse verrühren. Gehackte Gewürzgurke, Salz, Pfeffer und Currypuder hinzufügen. Mit einem Spritzbeutel in die Eihälften füllen. Auf Salatblättern anrichten. Mit Streifen von roter Paprika oder Tomaten garnieren. Sehr gut schmecken gehackte Senffrüchte oder Mango-Chutney zu den Curry-Eiern. An Stelle des Curry kann 1 Eßlöffel feingewiegte Kräuter (Dill, Schnittlauch, Kerbel) an die Eimasse gegeben werden, dann sind es Kräuter-Eier.

Matjesröllchen Kopenhagen

10 Minuten
pro Heringsrolle
ca. 180 Kalorien

4 Matjesfilets
4 EL ungesüßte, geschlagene Sahne
1 EL Tomatenketchup
4 TL Preiselbeeren
1 mürber Apfel

Die Heringsfilets waschen, mit saugfähigem Küchenpapier abtrocknen und aufrollen. Den ausgehöhlten Apfel schälen und in 4 Scheiben schneiden. Auf je eine Apfelscheibe ein Heringsröllchen setzen. Die Sahne mit dem Tomatenketchup verrühren und über den Hering geben. Mit einem Teelöffel Preiselbeeren garnieren. Als Vorspeise genügt ein Heringsröllchen pro Kopf.

Beigabe: Toast – Eisgekühlter Aquavit

Heringshappen in Senfsahne

10 Minuten
pro Portion ca. 340 Kalorien

4 Matjesfilets
2 EL Mayonnaise
4 EL Sahne
1 TL scharfer Senf
1 TL feingehackter Dill
einige Salatblätter
1 kleine Zwiebel

Die Matjesfilets unter fließendem Wasser gründlich waschen, mit saugfähigem Küchenpapier abtrocknen und in fingerbreite Streifen schneiden. Bis zum Auftragen in den Kühlschrank stellen. Die Mayonnaise mit der Sahne und dem Senf glattrühren und zum Schluß den Dill hinzufügen. 2 flache Gläser mit Salatblättern auslegen und die Heringshappen daraufgeben. Mit der Senfsahne übergießen und mit einigen Zwiebelringen garnieren. An Stelle von Senf kann 1 Teelöffel Curry die Heringshappen pikant verändern. Nicht nur als Vorspeise, sondern auch als Mahlzeit mit Pellkartoffeln ein Genuß.

Beilage: Gerösteter Toast

Feurige Matjesfilets

10 Minuten
pro Portion ca. 300 Kalorien

4 Matjesfilets
⅛ l ungesüßte Sahne
1 Zwiebel
½ Paprikaschote
1 TL Paprikapulver
1 EL Tomatenketchup

Die Matjesfilets waschen und zugedeckt im Kühlschrank stehen lassen. Die Sahne leicht schlagen, Zwiebel und Paprika in kleine Würfel schneiden. Die Sahne mit Paprikapulver und Tomatenketchup vermischen. Zwiebel- und Paprikawürfel hinzufügen und über die eisgekühlten Matjesfilets gießen. Mit Pellkartoffeln und grünen Bohnen eine Mahlzeit.

Beilage: Toast oder frische Brötchen

Das Kalte Buffet

Die Möglichkeiten eines kalten Buffets reichen vom feierlichen Buffet mit erlesenen Leckerbissen für einen offiziellen Empfang bis zum rustikal arrangierten Tisch mit bunten Salaten und kleinen Appetithäppchen für ein zwangloses Abendessen. Man richtet sich nach Anlaß und Geldbeutel. Auf jeden Fall können Sie zu einem kalten Buffet immer einen großen Freundeskreis in eine kleine Wohnung einladen. Auf Stühlen, Couch und Kissen finden erstaunlich viel Menschen Platz, wenn jeder nur einen Teller und ein Glas unterbringen muß. Ein weiterer erheblicher Vorteil: Das kalte Buffet ist fertig vorbereitet, wenn die Gäste eintreffen. Die Hausfrau muß nicht, wie bei einem warmen Essen, ständig zwischen Küche und Wohnzimmer hin und her laufen, um die Gäste zu versorgen.
Sie können natürlich alle Speisen für das kalte Buffet aus

einem Feinkostgeschäft mitbringen. Das wird aber sehr teuer. Ich würde nur das Mittelstück des kalten Buffets, das gebratene Fleisch, fertig kaufen. Für Salate und Beilagen finden Sie im Kapitel Vorspeisen genügend Rezepte für Gerichte, die schnell zubereitet sind. Hier sind 3 Vorschläge für ein kaltes Buffet für 12 Personen.

Buffet »Diplomat«

1 große Platte mit je 12 Scheiben Rostbeef, gekochtem Schinken und Kalbsbraten (fertig gekauft)
Gewürzter Fruchtsalat (dreifaches Rezept)
Spargelsalat Malteser Art (dreifaches Rezept)
Avocado mit Krabben (6 Avocados)
Lachsschnitten nach Mövenpick (dreifaches Rezept)
Käsetaschen (doppeltes Rezept)
Irish Coffee
Frische Brötchen, 2 Brotsorten, Butterröllchen

Buffet »Balkonparty«

Chef's Salat (doppeltes Rezept)
12 Frikadellen (dreifaches Rezept – 12 Bällchen formen)
12 Scheiben Leberpastete (fertig gekauft)
Kartoffelsalat mit Mayonnaise (dreifaches Rezept)
Amazonassalat (doppeltes Rezept)
Käsestangen (doppeltes Rezept)
Französisches Knoblauchbrot (doppeltes Rezept)
Himbeercreme (dreifaches Rezept) mit Löffelbiskuits
Frische Brötchen, Butterröllchen

Buffet »Winterparty«

12 halbe kalte Brathähnchen (fertig gekauft) mit einem Kranz von Senffrüchten umgeben
Sellerie mit Rahm (doppeltes Rezept)
Feurige Matjesfilets (doppeltes Rezept)
Gefüllte Curry-Eier (doppeltes Rezept)
Pastetchen – Elsässer Art (doppeltes Rezept) am Vortag backen und am Abend kurz im Backofen erwärmen
Camembert-Häppchen (doppeltes Rezept)
Englische Stachelbeercreme (dreifaches Rezept)
Frische Brötchen, Salzstangen, Pumpernickel, Butterröllchen

Mayonnaisen-Salate

Wer es eilig hat, bringt sich am besten einen fertigen Mayonnaisen-Salat aus dem Feinkostgeschäft mit. Die Auswahl ist groß. Aber Mayonnaisen-Salate sind nicht billig, darum lohnt sich die häusliche Zubereitung. Man kann mit Hilfe von Mayonnaise Scharfes und Zartes, Salziges und Süßes, Pikantes und Mildes geschickt zu einem Salat vereinen. Es macht Freude, immer neue Zusammenstellungen herauszufinden. Die fertigen Salate sollten vor dem Auftragen noch ein Weilchen im Kühlschrank durchziehen, damit die feine Säure der Mayonnaise die Zutaten ganz durchdringen kann. Der hohe Kaloriengehalt der Mayonnaise läßt sich durch die Hinzugabe von der gleichen Menge Joghurt verringern, der Wohlgeschmack leidet dabei nicht. Auf hausgemachte Mayonnaise würde ich in der Schnellküche aus Zeitmangel verzichten. Die fertige Mayonnaise der Markenartikelindustrie in Tuben und Gläsern ist vorzüglich. Eine Tube enthält ca. 85 g Mayonnaise, 1 Glas 250 g Mayonnaise.

Amazonassalat

10 Minuten
pro Portion ca. 600 Kalorien

1 Apfel
1 Banane
100 g gekochter Schinken
2 EL Walnüsse
6 EL Mayonnaise
2 EL Sahne oder Dosenmilch
1 EL Tomatenketchup

Den Apfel schälen und ebenso wie die Banane und den Schinken in Streifen schneiden. Die Walnüsse grob hacken. Die Mayonnaise mit der Sahne und dem Ketchup verrühren und über die Salatzutaten gießen.

Beilage: Toast oder frische Brötchen

Birnensalat mit Roquefort

10 Minuten
pro Portion ca. 520 Kalorien

2 reife Birnen
½ Zitrone
6 EL Mayonnaise
2 EL Sahne oder Dosenmilch
40 g Roquefortkäse
einige Salatblätter

Die geschälten Birnen vierteln, das Kernhaus entfernen und blättrig aufschneiden. Mit Zitronensaft beträufeln. Den Roquefort in kleine Würfelchen schneiden. Die Mayonnaise mit der Sahne glattrühren und den gewürfelten Roquefort daruntermischen. Die Birnenscheiben auf den Salatblättern anrichten und die Mayonnaise darübergießen.
Nicht nur eine Vorspeise – auch ein pikantes Dessert.

Chicoréesalat mit Krabben

10 Minuten
pro Portion ca. 300 Kalorien

1 Päckchen tiefgekühlte Krabben (125 g) oder
1 Dose Krabben
2–3 Kolben Chicorée
2 EL Senfgurke
½ Tube Mayonnaise
3 EL Quark
3 EL Milch
1 EL Essig
½ TL Curry

Die Krabben auftauen lassen. Von den Chicorée mit einem spitzen Messer am unteren Ende den bitteren Keil entfernen und den Salat in Scheiben schneiden. Die Senfgurke in feine Streifen schneiden. Die Mayonnaise mit Quark, Milch, Essig und Curry zu einer glatten Sauce verrühren. Die Salatzutaten miteinander vermischen und mit der Mayonnaise übergießen.

Beilage: Frische Brötchen

Eier-Salat

10 Minuten
pro Portion ca. 550 Kalorien

3 Eier
1 kleine Dose Champignons
6 EL Mayonnaise
1 TL scharfer Senf
2 EL Sahne oder Dosenmilch
1 Bündchen Schnittlauch

Die Eier hartkochen. Nach dem Abkühlen schälen und grob hacken. Die Champignons ebenfalls grob hacken. Die Mayonnaise mit dem Senf und mit der Sahne vermischen und über Eier und Champignons geben. Mit dem feingeschnittenen Schnittlauch bestreuen. Radieschen dazu knabbern.

Beilage: Toast oder Brötchen

Geflügelsalat Roberto

10 Minuten
pro Portion ca. 500 Kalorien

½ gebratenes Huhn
2 EL Senffrüchte
1 kleine Dose Spargelabschnitte
5 EL Mayonnaise
½ TL scharfer Senf
3 EL Sahne oder Dosenmilch

Das Huhn enthäuten, von den Knochen lösen und in Streifen schneiden. Die abgetropften Senffrüchte in große Würfel schneiden. Hühnerfleisch, Senffrüchte und abgetropfte Spargel miteinander vermischen. Die Mayonnaise mit einem Eßlöffel Sirup von den Senffrüchten, dem Senf und der Sahne vermischen und über die Salatzutaten gießen.

Beilage: Toast

Geflügelsalat nach indischer Art

10 Minuten
pro Portion ca. 430 Kalorien

½ gebratenes Hähnchen
1 Banane
1 Apfel
1 EL Mandelstifte
1 Tube Mayonnaise
2 EL Sahne oder Dosenmilch
1 TL Currypulver

Das Hühnerfleisch von den Knochen lösen und ebenso wie die geschälte Banane und den geschälten Apfel in Streifen schneiden. Die Mayonnaise mit der Sahne und dem Currypulver verrühren. Alle Salatzutaten miteinander vermischen und mit der Mayonnaise übergießen. Haben Sie Mango Chutney im Vorratsschrank, geben Sie einen Eßlöffel Mango Chutney feingeschnitten unter den Salat.

Beilage: Toast

Heringssalat – Berliner Art

15 Minuten
pro Portion ca. 550 Kalorien

2 Matjesfilets
1 Salzgurke
2 gekochte Pellkartoffeln
1 Zwiebel
1 säuerlicher Apfel
2 EL Essig
Salz, Pfeffer
6 EL Mayonnaise
1 TL Senf
2 EL Dosenmilch
1 TL feingewiegter Dill

Die Heringsfilets in Streifen schneiden, Gurke, Kartoffeln, Zwiebel und Apfel in Würfel. Alles miteinander vermischen und mit Essig, Salz und Pfeffer abschmecken. Die Mayonnaise mit dem Senf und der Dosenmilch verrühren, den Dill hinzufügen und über die Salatzutaten gießen. Nach Geschmack mit Vierteln von hartgekochten Eiern servieren.

Beilage: Frische Brötchen

Heringssalat – die feine englische Art

10 Minuten
pro Portion ca. 680 Kalorien

3 Matjesfilets
1 hartgekochtes Ei
6 Scheiben Kalbsbraten (100 g fertiggebraten gekauft)
1 Gewürzgurke
1 Apfel
10 Walnußhälften
6 EL Mayonnaise
½ TL Curry
2 EL Sahne

Heringsfilets, Ei, Kalbsbraten, geschälte Gurke und Apfel in Streifen schneiden, die Walnüsse grob hacken. Die Mayonnaise mit Curry und Sahne verrühren, über die Salatzutaten gießen und alles sorgfältig vermischen.

Beilage: Frische Brötchen

Lachssalat Manhattan

10 Minuten
pro Portion ca. 600 Kalorien

50 g Räucherlachs
2 Scheiben Ananas
8 EL Maiskörner (aus der Dose)
1 Salzgurke
6 EL Mayonnaise
3 EL geschlagene ungesüßte Sahne
½ TL scharfer Senf
1 EL Meerrettich
Salatblätter

Den Räucherlachs in Streifen schneiden, die Ananas in kleine Stückchen. Die Maiskörner gut abtropfen lassen. Die Salzgurke schälen und in Streifen schneiden. Alle Salatzutaten miteinander vermischen. Die Mayonnaise mit der Sahne, dem Senf und dem Meerrettich vermischen. Mit den Salatzutaten vermischen. Auf Salatblättern anrichten. Die restlichen Maiskörner als Gemüse verwenden.

Beilage: Toast

Serbischer Salat

10 Minuten
pro Portion ca. 480 Kalorien

100 g Senfgurken
1 Apfel
1 Banane
6 EL Mayonnaise
2 EL Joghurt
½ TL scharfer Senf
2 Salatblätter

Gurken, geschälter Apfel und Banane in Würfel schneiden. Die Mayonnaise mit dem Joghurt und dem Senf verrühren und über die Salatzutaten gießen. Auf zwei Salatblättern anrichten.

Beigabe: Pumpernickel mit Butter bestrichen

Selleriesalat mit Rahm

10 Minuten
pro Portion ca. 320 Kalorien

1 Knolle Sellerie
Zitronensaft
4 EL Mayonnaise
4 EL Sahne

Den geschälten Sellerie auf der Rohkostreibe in Streifen hobeln und mit Zitronensaft beträufeln. Die Mayonnaise mit der Sahne verrühren und über den Sellerie gießen. Kaltstellen und etwas durchziehen lassen. Mit einem geraspelten Apfel und gehackten Walnüssen vermischt (Mayonnaisemenge verdoppeln) ergibt das Rezept einen Waldorfsalat.

Beigabe zu kaltem Braten, Geflügel, Pasteten

Bauernsalat

10 Minuten
pro Portion ca. 800 Kalorien

250 g Schweizer Käse
150 g geräucherte Landjäger
1 kleine Gewürzgurke
2 kleine Zwiebeln
3 EL Essig
4 EL Öl
Salz, Pfeffer
1 TL scharfer Senf
1 Msp Kümmel
Schnittlauch

Den Käse in viereckige Scheibchen schneiden. Die Wurst, die Gurke und die Zwiebeln ebenfalls in Scheiben schneiden und alle Zutaten miteinander vermischen. Essig, Öl, Salz, Pfeffer und Senf zu einer glatten Marinade vermischen und über die Salatzutaten gießen. Mit Kümmel und geschnittenem Schnittlauch bestreuen.

Beilage: Frische Brötchen, besonders gut Roggenbrötchen

Ungarischer Reissalat

20 Minuten
pro Portion ca. 560 Kalorien

100 g Langkornreis
Salzwasser
50 g Salami
1 Paprikaschote
2 Tomaten
2 EL Essig
4 EL Olivenöl
Salz
Paprika
Senf
1 EL feingehackte Kräuter (Dill, Kerbel, Petersilie, Schnittlauch)

Den gewaschenen Reis in reichlich Salzwasser in 15 Minuten gar kochen, auf ein Sieb geben, kalt abspülen und gut abtropfen lassen. Während der Reis kocht, Salami und entkernte Paprika in feine Streifen schneiden. Die Tomaten vierteln, das Innere mit einem Teelöffel herausholen und die Früchte in Streifen schneiden. Alle Salatzutaten miteinander vermischen. Das herausgeholte Tomatenmark mit Essig, Öl, Salz und Gewürzen vermischen und über die Salatzutaten gießen. Den Salat vor dem Auftragen etwas durchziehen lassen. Mit Reisresten geht es natürlich schneller.

Spargelsalat – Malteser Art

5 Minuten
pro Portion ca. 450 Kalorien

½ Dose Spargelabschnitte
1 Tube Mayonnaise
1 Apfelsine

Den Spargel sorgfältig abtropfen lassen. Etwas Apfelsinenschale abreiben (½ Teelöffel) und den Saft von ½ Apfelsine ausdrücken. Apfelsinenschale und Apfelsinensaft mit der Mayonnaise verrühren und über die abgetropften Spargelstückchen gießen.

Beilage zu gebratenem Fleisch, Fisch oder Geflügel

Sandwich-Mahlzeiten

Damit wir uns richtig verstehen: Sandwiches sind belegte Brote – erfunden vor 200 Jahren von dem Earl of Sandwich. Dieser Genießer ließ sich, weil er leidenschaftlich gerne Karten spielte, die Brote so servieren, daß er sein Spielchen nicht unterbrechen mußte und er vor allem saubere Finger behielt. Daher mußten die Brote zusammengeklappt werden. Also ist praktisch Mutters Stullenpaket eine aristokratische Erfindung. Und immer noch unentbehrlich für alle, die berufstätig sind. Für den Belag gibt es Varianten in großer Menge, in diesem Kapitel finden Sie einige Anregungen dafür. Offen kann man die Sandwiches auch seinen Freunden auf einer Party anbieten, dann heißen sie allerdings nicht mehr Sandwiches, sondern Canapés oder Schnittchen. Das Weißbrot kann durch Land- oder Vollkornbrot ersetzt werden. Der Belag ist reichlich bemessen, damit die Brote saftig bleiben – er reicht auch noch für die doppelte Brotmenge. Berufstätige, die es morgens immer besonders eilig haben, können die Brote schon am Abend vorher streichen und über Nacht in Aluminiumfolie verpackt, in den Kühlschrank legen. Die Brote sind am nächsten Tag beim Auswickeln am Arbeitsplatz so frisch und saftig wie am Vortag.

Eier-Sandwiches

10 Minuten
pro Sandwich
ca. 580 Kalorien

4 Eier
2 Scheiben roher Schinken
3 EL Mayonnaise
½ TL Curry-Puder
4 Scheiben dünnes Weißbrot
Butter zum Bestreichen

Die Eier hartkochen, nach dem Abkühlen schälen und grob hacken. Den Schinken in feine Würfel schneiden. Die Mayonnaise mit dem Curry verrühren und mit Eiern und Schinkenwürfeln vermischen. Die Brotscheiben mit Butter bestreichen. Die Eiermayonnaise auf zwei Weißbrotscheiben streichen und mit den beiden anderen Weißbrotscheiben bedecken. Diagonal durchschneiden. Sehr gut schmeckt frische Kresse auf den Belag gestreut. Bananen wären eine gute Obstbeilage zum Mitnehmen.

Pikante Leberwurst-Sandwiches

10 Minuten
pro Sandwich
ca. 450 Kalorien

50 g Butter
125 g feine Leberwurst
1 TL Cognac
4 hauchdünne Scheiben durchwachsener Speck
4 Scheiben Weißbrot oder Vollkornbrot
Butter zum Bestreichen

Die weiche Butter schaumig rühren und mit der Leberwurst und dem Cognac gründlich verrühren. Den Speck in einer Pfanne knusprig braten. Die Brotscheiben mit Butter bestreichen. Zwei der Weißbrotscheiben mit der Leberpaste bestreichen und auf jedes Brot 2 Speckscheiben legen. Mit je einer Brotscheibe bedecken und diagonal durchschneiden. Eine saftige Birne wäre das richtige Obst zum Mitnehmen dazu.

Salami-Sandwiches

5 Minuten
pro Sandwich
ca. 380 Kalorien

1 Paprikaschote
50 g Salamischeiben
4 Scheiben Weißbrot
Butter zum Bestreichen

Die Paprika entkernen und in feine Streifen schneiden. Die Brotscheiben dick mit Butter bestreichen und zwei davon mit den dünnen Salamischeiben belegen. Die Paprikastreifen darüberlegen. Mit den restlichen beiden Brotschnitten bedecken und diagonal durchschneiden. Einen Apfel dazu mitnehmen.

Sardinen-Sandwiches

5 Minuten
pro Portion ca. 400 Kalorien

1 Dose Ölsardinen
½ Zitrone
1 kleine Zwiebel
1 kleine Gewürzgurke
4 Scheiben Weißbrot
Butter zum Bestreichen

Die Sardinen mit Zitronensaft beträufeln. Die Zwiebel und die Gewürzgurke in kleine Würfel schneiden. Die Ölsardinen mit einer Gabel zerdrücken, dabei etwas Öl untermischen und Zwiebel- und Gurkenwürfel hinzufügen. Die Brotscheiben mit Butter bestreichen, die Ölsardinenpaste auf 2 Brotscheiben häufen, die restlichen Brotschnitten darübergeben und diagonal durchschneiden. Zum Mitnehmen für jeden einen säuerlichen Apfel mit einpacken.

Schweinebraten-Sandwiches

5 Minuten
pro Sandwich
ca. 640 Kalorien

2 dicke Scheiben Schweinebraten
½ Glas Senffrüchte
4 Scheiben Weißbrot
Butter zum Bestreichen

Die Senffrüchte gut abtropfen lassen und hacken. Die Brotscheiben mit Butter bestreichen. Zwei Brotscheiben mit dem Schweinebraten belegen, zwei mit den gehackten Senffrüchten. Eine Brotscheibe mit Schweinebraten und eine mit Senffrüchten aufeinanderlegen. Diagonal durchschneiden. Werden die Sandwiches offen als Canapés gereicht, werden die Schnitten mit den unzerteilten Senffrüchten garniert. Wie wäre es mit einem Joghurt dazu?

Lachsschnitten – nach Mövenpick

10 Minuten
pro Portion ca. 350 Kalorien

2 Scheiben Vollkornbrot
Butter
150 g Beefsteakhack
Salz, Pfeffer
Paprika
½ Zwiebel
2 Eigelb
Meerrettich
2 Scheiben Lachs
Kresse

Die Vollkornbrotschnitten gut mit Butter bestreichen. Das Beefsteakhack mit Salz, Pfeffer, Paprika, feinwürfeliggeschnittener Zwiebel und Eigelb gut vermischen und pikant abschmecken. Die Brotschnitten damit bestreichen. Diagonal durchschneiden und mit den halbierten Lachsscheiben belegen. Zwiebelringe mit geriebenem Meerrettich auf die Lachsschnitten setzen. Die Teller mit Kresse garnieren. Einen eisgekühlten Aquavit dazu anbieten. Ein eleganter Vorschlag für eine Skatrunde – dann 2 Scheiben Vollkornbrot pro Kopf rechnen.

Thunfischschnitten Don José

5 Minuten
pro Portion ca. 380 Kalorien

1 kleine Dose Thunfisch
1 kleine Zwiebel
1 Gewürzgurke
1 hartgekochtes Ei
½ Zitrone
3 EL Mayonnaise
2 Scheiben Landbrot

Die Zwiebel, die Gurke und das Ei in Würfel schneiden. Das Thunfischfleisch mit einer Gabel zerdrücken und mit Zwiebel-, Gurken- und Eiwürfeln sowie dem Saft der Zitrone und der Mayonnaise vermischen. Dick auf 2 Brotscheiben streichen und mit Gurkenscheiben garnieren.

Tatarbrot – Feinschmeckerart

5 Minuten
pro Portion ca. 380 Kalorien

200 g reines Beefsteakhack
1 Eigelb
1 Zwiebel
Salz, Pfeffer
2 Scheiben Landbrot
Butter
1 Zwiebel
1 kleine Dose deutscher oder echter Kaviar

Das Beefsteakhack mit dem Eigelb und der in kleine Würfel geschnittenen Zwiebel vermischen und herzhaft mit Salz und Pfeffer abschmecken. 2 Landbrotscheiben dick mit Butter bestreichen, dann mit Beefsteakhack. Einen dicken Streifen Kaviar in die Mitte der Brotschnitte geben, der noch mit Zitronensaft beträufelt werden kann. Mit einem Salatblatt und Zwiebelringen am besten auf 2 Holztellern anrichten.

Eier Benedict

10 Minuten
pro Portion ca. 550 Kalorien

2 Eier
2 Scheiben gekochter Schinken (100 g)
Butter
2 Scheiben Toastbrot
1 Döschen oder tiefgekühlte Holländische Sauce

Die Eier in 5 Minuten flaumig weich kochen. Den Schinken kurz von beiden Seiten in Butter braten. Die Holländische Sauce nach Angabe auf der Packung erwärmen. Das Brot toasten, dünn mit Butter bestreichen und mit der Schinkenscheibe belegen. Auf jede Schinkenscheibe ein Ei legen und mit der Holländischen Sauce übergießen. Sollen die Eier Benedict eine richtige Mahlzeit sein, rechnet man 2 Eier pro Kopf.

Hamburger Kraftbrot

5 Minuten
pro Brot ca. 600 Kalorien

2 fingerdicke Scheiben Vollkornbrot
Butter zum Bestreichen und Braten
1 fingerdicke Scheibe Schinken oder Schinkenspeck (200 g)
2 Spiegeleier

Das Brot dick mit Butter bestreichen. Den Schinken in Würfel schneiden und auf die beiden Brotscheiben verteilen. 2 Spiegeleier braten und auf die Brotscheiben setzen. Die Salzzugabe für die Eier richtet sich nach dem Salzgehalt des Schinkens.

Tessiner Vesperbrot

15 Minuten
pro Portion ca. 470 Kalorien

1 Paprikaschote
2 Zwiebeln
2 EL Olivenöl
2 große Tomaten
Salz, Pfeffer
2 Scheiben vollfetter Schmelzkäse
2 Scheiben Landbrot

Die entkernte Paprika und die Zwiebeln in Scheiben schneiden und in dem Olivenöl weichdünsten. Die abgezogenen Tomaten ebenfalls in Scheiben schneiden und kurz mit durchdünsten. Herzhaft mit Salz und Pfeffer würzen. Heiß auf die Brotscheiben häufen und sofort mit je einer Käsescheibe bedecken. Mit einem Spiegelei bedeckt ist das ein kleines Abendessen.

Toastgerichte

Toastgerichte – kleine pikante Speisen auf eine geröstete Brotschnitte konzentriert – sind mehr als belegte Brote, weniger als ein ganzes Essen und pikant genug, um auch Gäste damit zu bewirten.

Börsentoast

10 Minuten
pro Toast ca. 600 Kalorien

2 Scheiben Filetsteak (je 150 g)
Öl oder Butter zum Braten
Salz, Pfeffer
2 Scheiben Toast
1 kleines Döschen Sauce Béarnaise
1 Gläschen Senffrüchte

In einer Pfanne in heißem Öl oder Fett schnell die Filetsteaks von beiden Seiten in 4 Minuten knusprig braten, salzen und pfeffern. Gleichzeitig in einer zweiten Pfanne die Toastscheiben in Butter knusprig braten und die Sauce Béarnaise in einem Wasserbad erwärmen. Auf jeder Toastscheibe ein Filetsteak anrichten, mit der Béarnaise übergießen und daneben abgetropfte Senffrüchte häufen. Eine schicke kleine Mahlzeit – auch für Gäste.

Champignontoast

25 Minuten
pro Toast ca. 500 Kalorien

½ Dose Champignons
1 EL Butter
2 EL Mehl
4 EL Sahne
Salz, Pfeffer
1 Eigelb
50 g roher Schinken
2 dünne Scheiben
Schweizer Käse
2 Scheiben Toastbrot

Den Grill oder Backofen vorheizen. Den Toast bräunen. Die Butter zerlassen und das Mehl hinzufügen, hellgelb rösten und mit dem Champignonwasser aufgießen. Durchkochen lassen und die Sahne an die dicke Sauce geben. Mit Salz und Pfeffer abschmecken und mit dem Eigelb legieren. Den Schinken in Streifen schneiden und mit den Champignons mit der Sauce vermischen. Auf den Toast streichen und mit je einer Käsescheibe bedecken. Im Ofen 10–15 Minuten backen lassen, bis der Käse gebräunt ist.

Club-Sandwich

(Abb. Seite 65)

15 Minuten
pro Portion ca. 670 Kalorien

4 Scheiben Toast
½ großes gebratenes Huhn oder 1 Brathähnchen
einige Salatblätter
2 Tomaten oder 1 Stückchen Salatgurke
Salz, Pfeffer
4 EL Mayonnaise
4 Scheiben durchwachsener Speck

Den Toast hellgelb rösten, das Hühnerfleisch in Scheiben schneiden. Die Salatblätter waschen und mit einem sauberen Tuch abtrocknen. 2 Toastscheiben dick mit Mayonnaise bestreichen. Darauf das Hühnerfleisch anrichten. 2 Salatblätter durch Mayonnaise ziehen und das Hühnerfleisch damit bedecken. Scheiben von Tomate oder Salatgurke draufgeben und mit Pfeffer und Salz bestreuen. Den Speck knusprig braten und jede Schnitte mit 2 Speckscheiben bedecken. Den Abschluß bildet eine zweite Scheibe Toast. Diagonal durchschneiden und mit Cocktailspießchen zusammenhalten. Man kann den Club-Sandwich als »Doppeldecker« servieren, so wie auf der Farbaufnahme gezeigt wird. Dann ist der Club-Sandwich eine ganze Mahlzeit.

Corned-beef-Toast

10 Minuten
pro Toast ca. 450 Kalorien

4 Scheiben Corned beef
2 Scheiben vollfetter Käse
2 Streifen durchwachsener Speck
Butter
2 Scheiben Toast

Den Backofen oder den Grill vorheizen. Die beiden Toastscheiben mit Butter bestreichen und auf jede Toastscheibe 2 Scheiben Corned beef legen. Mit den entrindeten Käsescheiben bedecken und darauf je einen Speckstreifen geben. Im vorgeheizten Backofen überbacken, bis der Käse zu schmelzen beginnt.

Hühnerlebertoast Marsala

10 Minuten
pro Portion ca. 480 Kalorien

250 g Hühnerleber, frisch oder tiefgekühlt
Butter oder Margarine
1 Scheibe Schinkenspeck
Salz, Pfeffer
Salbei
2 Scheiben Toastbrot
½ Glas Marsalawein

Tiefgekühlte Leber auftauen lassen, bis sie sich auseinanderlösen läßt. Die Leberchen in Hälften teilen. Fett in einer Pfanne erhitzen und die Leber sowie den streifig geschnittenen Schinkenspeck darin anbraten. Mit den Gewürzen bestreuen. 4 Minuten braten lassen. In einer zweiten Pfanne die beiden Weißbrotscheiben in Butter von beiden Seiten goldbraun braten. Auf 2 Teller geben und die Leber darauf häufen. In das Bratenfett ein Stückchen frische Butter geben sowie den Marsalawein. Durchkochen lassen und über die Leber gießen.

Toast Hawaii

15 Minuten
pro Portion ca. 620 Kalorien

2 Scheiben Weißbrot
Butter
2 Scheiben roher oder gekochter Schinken
2 Scheiben Ananas
2 Scheiben Holländer Käse

Den Backofen vorheizen. Das Weißbrot toasten und mit Butter bestreichen. Mit je einer Scheibe Schinken und Ananas belegen und mit den entrindeten Käsescheiben bedecken. Im Backofen oder Grill 8–10 Minuten backen, bis der Käse geschmolzen ist.

Junggesellentoast

(1 Person)
10 Minuten
ca. 650 Kalorien

1 Scheibe Toastbrot
Butter
150 g Beefsteakhack
Salz, Pfeffer
1 kleine Zwiebel
2 EL Wasser
1 TL scharfer Senf
1 Scheibe vollfetter Käse (100 g)

Das Toastbrot mit Butter bestreichen. Das Hackfleisch mit Salz, Pfeffer, kleingehackter Zwiebel und Wasser zu einem Fleischteig verkneten und auf das Brot häufen. Mit dem Senf bestreichen. Butter in einer Pfanne erhitzen und das Brot mit der Fleischseite nach unten in die heiße Butter geben. Hellbraun braten und wenden. Mit der Käsescheibe bedecken und einen Deckel auf die Pfanne geben. So lange braten, bis der Käse zu schmelzen beginnt. Nach Geschmack mit gebräunten Zwiebelringen oder mit Paprikapulver garnieren.

Schinkentoast Mornay

10 Minuten
pro Portion ca. 700 Kalorien

2 dicke Scheiben gekochter Schinken (je 125 g)
2 Eier
⅛ l Milch
1 Päckchen helle Soße
1 TL scharfer Senf
1 Eigelb
4 EL geriebener Parmesankäse
1 kleine Dose Spargel
Butter
2 Toastscheiben

Den Backofen oder Grill vorheizen. Den Spargel auf ein Sieb geben. Die Eier in 10 Minuten hartkochen. In dieser Zeit die

Milch und das Spargelwasser erwärmen und den Inhalt des Soßenpäckchens hineinstreuen. Unter Rühren zum Kochen bringen. Die dicke Sauce mit Senf vermischen, mit dem Eigelb legieren und den Parmesankäse dazugeben. Die hartgekochten Eier grob hacken und ebenfalls unter die Sauce geben. Den Schinken kurz in Butter braten, auf die Toastscheiben legen und mit abgetropften Spargelstangen belegen. Mit der Käsesauce übergießen. Etwa 5 Minuten im Grill oder Backofen gratinieren, bis die Sauce eine leichte Bräune annimmt.

Toast Williams

15 Minuten
pro Portion ca. 600 Kalorien

2 Scheiben Toastbrot
Butter zum Bestreichen
1 dicke Scheibe Räucherschinken
2 sehr reife oder 4 halbe Kompottbirnen
1 EL Mayonnaise
4 schmale Scheiben Holländer Käse

Den Backofen vorheizen. Die Toastscheiben halbieren und mit Butter bestreichen. Den Schinken in Würfel schneiden und auf die Brotschnitten geben. Jede Brothälfte entweder mit einer halben geschälten, frischen Birne oder einer abgetropften Kompottbirne belegen. Mit Mayonnaise bestreichen und mit je einer Käsescheibe belegen. Auf eine feuerfeste Platte geben und im Ofen so lange überbacken, bis der Käse zu schmelzen beginnt. Mit einer kräftigen Tomaten- oder Ochsenschwanzsuppe vorweg ein schickes kleines Abendessen.

Tomatentoast

15 Minuten
pro Toast ca. 480 Kalorien

2 Scheiben Toastbrot
Butter
4 große Tomaten
Salz, Pfeffer
8 dünne Scheiben durchwachsener Speck
2 dünne Scheiben Schweizer oder Holländer Käse

Den Grill oder den Backofen vorheizen. Die Brotscheiben toasten und mit Butter bestreichen. Die Tomaten in dicke Scheiben schneiden. Mit Salz und Pfeffer bestreuen. Den Speck in einer Pfanne knusprig braten und auf die Tomatenscheiben legen. Im Backofen so lange überbacken, bis der Käse eine knusprige, goldgelbe Hülle bildet.

Portugiesischer Zwiebeltoast

15 Minuten
pro Portion ca. 350 Kalorien

3 mittelgroße Zwiebeln
2 Toastscheiben
Butter zum Bestreichen
1 EL Mayonnaise
5 EL geriebener Käse

Den Backofen oder Grill vorheizen. Die Zwiebel in dünne Scheiben schneiden. Die Brotscheiben mit Butter bestreichen und mit den Zwiebelringen belegen. Mit etwas Mayonnaise bestreichen und dick mit dem geriebenen Käse bestreuen. Im heißen Backofen überbacken, bis der Käse goldgelb ist. Heiß servieren, zu Bier und klarem Schnaps sehr gut. Als Hauptgericht das doppelte Rezept zubereiten.

Welsh Rarebit

5 Minuten
pro Portion ca. 300 Kalorien

100 g geriebener vollfetter Schweizer oder Holländer Käse
4 EL Bier
1 TL Senf
2 Scheiben Toastbrot
Butter zum Bestreichen

Den Käse mit dem Bier und dem Senf unter Rühren erhitzen. In dieser Zeit den Toast bräunen und mit Butter bestreichen. Den Toast auf vorgewärmte Teller geben und mit der heißen Käsesauce übergießen. Sofort auftragen und essen, nur dann ist diese englische Spezialität ein echter Genuß. Sättigender wird dieses Toastbrot, wenn man ein gekochtes Ei halbiert und auf den Toast legt, ehe die Käsesauce darübergegossen wird. Das ist dann ein Scotch Rarebit.

Party-Ideen

Ideen muß man haben und den Mut, einmal zu einem unkonventionellen Essen einzuladen. Dann wird die Party sicher ein Erfolg. Meine Vorschläge:

Bayerische Party

Dazu gehört natürlich ein Fäßchen Bier. Das kann man zum Selbstanzapfen beziehen und damit fängt die bayerische Gaudi schon an. Wenn Sie Ihren Metzger eine Woche vorher informieren, können Sie bestimmt am Einladungstag frische Weißwürstchen von ihm bekommen. Rechnen Sie 3–4 Stück pro Person. Die Würstchen werden in großen Schüsseln in heißem Wasser schwimmend aufgetragen. Man holt sie sich nacheinander heraus. Vergessen Sie nicht, süßen Senf zu besorgen. Der gehört einfach zu Weißwürstchen.

Nach diesem Kochbuch können Sie noch Bauernsalat anmachen und kurz vor dem Eintreffen der Gäste einen herzhaften Rettichsalat. Allgäuer Käse wird auf einem Holzbrett angerichtet. Bestimmt finden Sie einen Bäcker, der Laugenbrezeln und Roggenbrötchen backt. Ein eisgekühlter Enzianschnaps sollte griffbereit stehen.

Eine spanische Paella-Party

ist neu. Das Rezept für die Paella finden Sie im Kochbuch auf Seite 268. Als Vorspeise gibt es Melonenviertel mit Schinken belegt. Die Paella wird am besten in einer rustikalen Tonschüssel oder einer großen Eisenpfanne aufgetragen und jeder bedient sich selbst. Da alle Zutaten schon portionsgerecht geschnitten sind, genügt eine Gabel für jeden. Wenn Sie Speiseeis im Tiefkühlfach Ihres Kühlschrankes aufheben können, ist das der beste Abschluß des safrangelben Reisgerichtes. Zum Trinken gibt es spanischen Rotwein – Rioja oder einen portugiesischen Roséwein.

Eine italienische Party

können Sie so arrangieren: Für jeden Gast steht ein Teller italienischer Vorspeisen bereit (Rezept Seite 28). Als Hauptgang gibt es Spaghetti Bolognese (Rezept Seite 258). Die Bologneser Sauce können Sie schon am Vortag zubereiten. Für die Spaghetti leihen Sie sich einen riesengroßen Topf oder zwei sehr große aus. Die unzerbrochenen Spaghetti werden dann erst gekocht, wenn die Gäste schon bei der Vorspeise sitzen, damit die appetitlichen Nudeln dampfend heiß aufgetragen werden (kräftig mit Butter vermischt). Schüsseln mit geriebenem Käse stehen bereit. Jeder Gast bekommt eine große Serviette und nur eine Gabel. Der Spaß beginnt beim Aufdrehen der Spaghetti. Nachtisch sind frische Früchte und Käse. Getrunken wird Chianti dazu.

Pikantes Blätterteig-Gebäck

Die Zubereitung von Blätterteig-Gebäck galt lange als eine Geheimwissenschaft, die nur Köchen und Absolventinnen von Haushaltungsschulen bekannt war. Erst seitdem der Blätterteig in der Tiefkühltruhe liegt, ist er modern geworden. Er braucht allerdings eine Auftauzeit von 1½ Stunden. Die fängt aber schon nach dem Kauf auf dem Nachhauseweg an. Das Ausrollen, Füllen und Backen geht dann schnell.

Ausgestochenes Blätterteig-Gebäck kann, kalt gestellt, einige Stunden stehen bleiben, bevor es gebacken wird. Man kann Blätterteig auch am Vortag backen und noch einmal kurz ins vorgeheizte Rohr schieben, wenn die Gäste eintreffen. Hauptsache, es kommt noch ofenwarm auf den Tisch.

Teigreste werden nicht zusammengeknetet, sondern aufeinandergelegt und wieder ausgerollt. Das Backblech wird nicht eingefettet, sondern mit kaltem Wasser abgespült, der Backofen auf 200 Grad vorgeheizt. In der Backzeit können Sie sich schon um das Tischdecken kümmern. Und nun Mut zu den raffinierten, pikanten kleinen Blätterteig-Bäckereien, die so ausgezeichnet zu Bier, Wein und klaren Schnäpsen schmecken.

Würstchen in Blätterteig

20 Minuten
1 Cocktail-Würstchen
in Teig ca. 100 Kalorien

1 Paket tiefgekühlter Blätterteig
1 Dose Cocktail-Würstchen
Senf
1 Eigelb

Den Blätterteig auftauen lassen. Den Backofen auf 200 Grad vorheizen. Den Blätterteig ausrollen. Die Cocktail-Würstchen abtrocknen und mit Senf bestreichen. Teigstreifen, so lang wie die Würstchen und dreimal so breit, ausschneiden. Auf jeden Streifen ein Würstchen legen und in den Teig einwickeln. Den Rand andrücken, die Seiten der Teigstreifen bleiben frei. Mit verquirltem Eigelb bepinseln. Im vorgeheizten Backofen in 12 Minuten goldgelb backen. Das Rezept kann auch mit normalgroßen Würstchen zubereitet werden, dann bekommt es mehr den Charakter einer Mahlzeit.

Brasilianische Empanadas

45 Minuten
pro Teigtäschchen
ca. 110 Kalorien

2 Pakete tiefgekühlter Blätterteig
2 Eier
200 g Beefsteakhack
50 g durchwachsener Speck
1 große Zwiebel
1 EL Butter
Salz, Pfeffer
Nelkenpfeffer
Paprika
12 grüne gefüllte Oliven
5 EL Rosinen

Den Blätterteig auftauen lassen. Den Backofen auf 200 Grad vorheizen. Die Eier hartkochen. Den Speck und die Zwiebel in kleine Würfel schneiden und in der Butter glasig rösten, das Fleisch hinzufügen und durchbraten. Sehr kräftig mit den Gewürzen abschmecken. Mit 4 Eßlöffel Wasser begießen, damit das Fleisch saftig bleibt. Die Oliven und die Eier grob hacken und mit den gewaschenen Rosinen mit dem Fleisch vermischen. Noch einmal nachschmecken. Den Blätterteig ausrollen und mit einem Glas Plätzchen ausstechen. Auf die Hälfte jedes Plätzchens einen Teelöffel Füllung setzen. Den Rand der Plätzchen mit Wasser bestreichen. Die zweite Hälfte darüberschlagen und andrücken. Noch einmal mit dem Glas nachstechen. In 20 Minuten im Backofen goldgelb backen.

Pastetchen – Elsässer Art

30 Minuten
1 Pastetchen
ca. 150 Kalorien

1 Paket tiefgekühlter Blätterteig
100 g Kalbsbratwürstchen oder feine Schweinsbratwürstchen
3 EL Champignons
¼ TL Curry
1 Eigelb

Den Blätterteig auftauen lassen. Den Backofen auf 200 Grad vorheizen. Das Bratwurstfleisch aus dem Darm drücken. Die Champignons fein hacken und mit dem Fleisch und mit dem Curry vermischen. Den Blätterteig ausrollen und mit einem Weinglas Plätzchen ausstechen. Auf die Hälfte jedes Plätzchens einen Teelöffel Füllung setzen. Den Rand der Plätzchen mit Wasser bestreichen. Die zweite Hälfte darüberschlagen und andrücken. Noch einmal mit dem Glas nachstechen. Mit verquirltem Eigelb bestreichen. In 20 Minuten im Ofen goldgelb backen.

Sardinenhappen

30 Minuten
pro Sardinenhappen
ca. 220 Kalorien

1 Paket tiefgekühlter Blätterteig
2 Dosen Sardinen
Zitronensaft
Senf

Den Blätterteig auftauen lassen. Den Backofen auf 200 Grad vorheizen. Die Sardinen aus der Dose nehmen und gut abtropfen lassen. Dicke Sardinen der Länge nach einmal durchschneiden. Mit etwas Zitronensaft beträufeln und mit Senf bestreichen. Den Blätterteig ausrollen und in Rechtecke schneiden. Auf die eine Hälfte eine Sardine geben und den Rand mit Wasser bestreichen. Die zweite Hälfte darüberklappen. Den Rand leicht andrücken. Auf ein kalt abgespültes Blech geben und im vorgeheizten Ofen in 20 Minuten gar backen.

Käsetaschen

40 Minuten
pro Täschchen
ca. 125 Kalorien

1 Paket tiefgekühlter Blätterteig

Füllung:
100 g Schweizer oder Holländer Käse
6 EL Milch
1 Ei
1 EL Tomatenpüree
Salz, Pfeffer
Muskat, Oregano

Den Blätterteig auftauen lassen. Den Backofen auf 200 Grad vorheizen. Den Käse reiben, die Milch mit dem Ei verquirlen und Käse, Eiermilch, Tomatenpüree und Gewürze miteinander vermischen. Den Teig ausrollen, mit einem Glas Plätzchen ausstechen und die Hälfte der Plätzchen mit je einem Löffel Füllung besetzen. Den Rand der Plätzchen mit Wasser bestreichen, ein zweites Plätzchen darübergeben und die

Avocado mit Krabben ▷
(Rezept Seite 26)

Ränder festdrücken. Mit dem Glas noch einmal glattstechen. Ein Backblech mit Wasser abspülen und die Teigtaschen daraufsetzen. Im vorgeheizten Backofen in 20 Minuten goldbraun backen.

Gedrehte Käsestangen

20 Minuten
pro Käsestange
ca. 40 Kalorien

1 Päckchen tiefgekühlter Blätterteig
100 g geriebener Käse
Käse zum Bestreuen

Den Blätterteig auftauen lassen. Den Backofen auf 200 Grad vorheizen. Den Blätterteig zu einem Rechteck ausrollen. Mit der Hälfte des geriebenen Käses bestreuen, zusammenfalten und erneut ausrollen. In fingerlange Streifen schneiden. Die Streifen an beiden Seiten anfassen und korkenzieherartig aufdrehen. Auf ein kalt abgespültes Blech legen und mit Käse bestreuen. Im vorgeheizten Backofen in etwa 12 Minuten goldbraun backen.

Käse-Soufflé

20 Minuten
pro Portion ca. 320 Kalorien

1 EL Butter
2 Eier
75 g geriebener Schweizer oder Holländer Käse
Salz, Pfeffer
Muskat

Den Backofen vorheizen. Die weiche Butter schaumig rühren und nacheinander die Eigelb hinzufügen. Den geriebenen Käse sowie die Gewürze und Salz an die Eimasse geben und zum Schluß den steifgeschlagenen Eischnee unterziehen. In 2 kleine, gut gefettete Auflaufförmchen füllen. In 10–15 Minuten goldbraun backen.

◁ *Club-Sandwich*
(Rezept Seite 54)

Tomaten mit Ragout fin

25 Minuten
pro Portion ca. 350 Kalorien

4 große Tomaten
Salz, Pfeffer
1 kleine Dose Ragout fin
1 Eigelb
2 Sardellen
2 EL geriebener Käse
Butter für die Form

Den Backofen vorheizen. Von den Tomaten Deckelchen abschneiden (von der Unterseite) und die Früchte mit einem Löffelchen aushöhlen. Die Tomaten von innen mit Salz und Pfeffer würzen. Die Dose Ragout fin im Wasserbad erhitzen und in eine Schüssel geben. Mit dem Eigelb verrühren und die feingewiegten Sardellen hinzugeben. In die Tomaten füllen und dick mit geriebenem Käse bestreuen. Auf eine mit Butter bestrichene, feuerfeste Platte setzen und im Ofen 15 Minuten überbacken.

Beigabe: Toast

Camembert-Häppchen

5 Minuten
bei 24 Stück je Stück
ca. 45 Kalorien

1 Packung reifer Camembert
2 Tüten gehackte Mandeln
Butter

Die Mandeln in etwas Butter goldbraun braten. Den Käse vorsichtig entrinden und – wie kleine Tortenstückchen – in Stücke schneiden. Den Käse in den gehackten Mandeln wenden. Als Appetithäppchen auf einer Platte anrichten.

Holländer Pfläumchen

10 Minuten
pro Pfläumchen
ca. 55 Kalorien

30 entkernte Backpflaumen
150 g Holländer Käse
100 g dünne Speckscheiben

Die Backpflaumen kurz einweichen und seitlich etwas aufschlitzen. Den Backofen oder Grill vorheizen. Den Käse in 30 Würfel schneiden und in die Backpflaumen füllen. Mit je einem Speckstreifen umwickeln. Im Backofen kurz überbacken, bis der Käse zu schmelzen beginnt.

Roquefort-Crackers

5 Minuten
pro Cracker ca. 35 Kalorien

125 g Roquefort oder Gorgonzola
50 g Butter
Pfeffer
½ Gläschen Cognac
Crackers
Walnußhälften

Den Käse mit einer Gabel zerdrücken und mit der weichen Butter vermischen. Mit Pfeffer aus der Pfeffermühle bestreuen und den Cognac mit dem Käse verrühren. Dick auf Crackers streichen und jeden Cracker mit einer Walnußhälfte garnieren.

Crackers High-Life

10 Minuten
pro Cracker ca. 35 Kalorien

1 Packung runde Crackers

250 g fester Sahnequark
Salz
1 TL scharfer Senf
1 Glas Senffrüchte

Den Quark mit Salz, dem Senf und dem Saft der Senffrüchte vermischen. Die schönsten Senffrüchte heraussuchen und zum Garnieren halbieren oder vierteln. Die restlichen Senffrüchte grob hacken und mit dem Quark vermischen. Erst unmittelbar vor dem Auftragen den Quark bergartig auf die Crackers häufen und mit einem Stückchen Senffrucht garnieren.

Französisches Knoblauchbrot

25 Minuten
das Brot ca. 1200 Kalorien

1 dünnes, langes
französisches Brot

60 g Butter
1 Knoblauchzehe
1 EL Parmesankäse

Den Backofen vorheizen. Das Brot diagonal in fingerdicke Scheiben schneiden, aber nur soweit einschneiden, daß die Brotscheiben am unteren Ende zusammenhalten. Die Butter zerlassen, den feingehackten Knoblauch hinzufügen und den Käse. Am besten mit einem Fettpinsel die Brotscheiben damit einpinseln. In eine Aluminiumfolie einschlagen und im heißen Backofen in 20 Minuten knusprig backen. In einer Serviette heiß auftragen – besonders gut zu Rotwein oder klarem Schnaps.

Zum Auftakt – die Suppe

Schluß mit der Vorstellung von der Suppe, die stundenlang auf dem Herd ihrer Vollendung entgegenbrodeln muß! In der Schnellküche hat sie keinen Platz mehr. Dafür gibt es heute eine Riesenauswahl an schnellen, köstlichen Suppen, die kochfertig sind. Eine ganze Industrie ist in ständigem Konkurrenzkampf bemüht, immer neue, noch bessere Suppen auf den Markt zu bringen. Man kann monatelang jeden Tag eine andere kochen. So groß ist die Auswahl an Päckchen, Tüten und Dosen mit verlockenden Suppen. Trotzdem sollten Sie jeder kochfertigen Suppe noch einen persönlichen Pfiff hinzufügen. Man kann alle so abrunden, daß sie richtig hausgemacht schmecken.

Gut ist es z. B., den Eigengeschmack einer Suppe zu unterstreichen, also Spargelabschnitte, Champignons oder Blumenkohlröschen in die entsprechende Suppe zu tun. Eine Tomatensuppe schmeckt besonders frisch, wenn man in Butter geschmorte Tomatenwürfel hinzufügt. Alle Cremesuppen werden feiner mit etwas Sahne, einem Eigelb oder einem Stückchen Butter. Klare Suppen bekommen das gewisse Etwas durch frische, gehackte Kräuter, einen Schuß Sherry oder geriebenen Käse. Sherry ist auch für eine kochfertige Ochsenschwanzsuppe die richtige Abrundung. In Butter geröstete knusprige Weißbrotwürfel – Croutons – machen jede Suppe interessanter. Suppen aus Hülsenfrüchten vertragen alle geräucherten Speck, Würstchen und frische Kräuter. Übrigens: Dicke Suppen gehören in Teller oder rustikale Suppenbecher, die klaren Suppen in Schalen oder in Suppentassen aus Porzellan.

Und zum Schluß noch eine Selbstverständlichkeit, die so gerne vergessen wird: Warme Suppen müssen heiß aufgetragen werden, lauwarme Suppe schmeckt in jedem Fall – lau.

Hühnersuppe Margotta

5 Minuten
pro Portion ca. 230 Kalorien

1 Dose Hühnercreme-Suppe
4 bittere Mandeln
1 Eigelb
4 EL süße Sahne
1 Prise Muskat

Die Hühnersuppe nach Vorschrift mit den feingehackten Mandeln erwärmen. Das Eigelb mit der Sahne verrühren und die Suppe damit legieren. Mit dem Muskat und, wenn nötig, noch mit etwas Salz abschmecken. Ein paar Cracker zu der Suppe servieren.

Fleischbrühe mit Käsecroutons

10 Minuten
pro Portion ca. 160 Kalorien

1 Brötchen
50 g geriebener vollfetter Käse
½ l Wasser
½ Päckchen kochfertige Klare Fleischsuppe

Den Backofen vorheizen. Die Semmel in dünne Scheiben schneiden und mit dem Käse bestreuen. In den Backofen geben und hellbraun backen. Inzwischen aus kochendem Wasser und dem Suppenwürfel eine klare Fleischbrühe zubereiten. Die heiße Suppe in Teller füllen. Zum Schluß die heißen Käsecroutons hineingeben. Sie müssen ganz knusprig bleiben. An Stelle von Käse können die Weißbrotscheiben auch mit Bratwurstfülle oder mit Rindermark bestrichen und überbacken werden.

Champignonsuppe mit Schinken

10 Minuten
pro Portion ca. 375 Kalorien

1 Dose Champignoncreme-Suppe
1 kleine Dose Champignons
50 g gekochter Schinken
1 Eigelb
2 EL geriebener Käse

Den Inhalt der Dose mit der gleichen Menge Wasser verrühren und aufkochen. Inzwischen die Champignons in Blätter schneiden und mit dem Champignonwasser an die Suppe geben. Den Schinken sehr feinstreifig schneiden und ebenfalls mit der Suppe vermischen. Zum Schluß mit einem Eigelb legieren und mit dem Käse würzen.

Indische Erbsensuppe

15 Minuten
pro Portion ca. 400 Kalorien

½ Dose mittelfeine Erbsen
½ Päckchen kochfertige Klare Hühnersuppe
1 TL Curry
½ Tasse Sahne
1 Scheibe Toastbrot
Butter
feingehackte Petersilie

Die Erbsen mit dem Gemüsewasser im Mixer oder mit dem Mixgerät zerkleinern. ½ l Wasser aufkochen und den Hühnersuppenextrakt darin auflösen. Das Erbsenpüree mit der Suppe vermischen, den Curry hinzufügen und alles 5 Minuten durchkochen lassen. In dieser Zeit das Weißbrot in Würfel schneiden und in der Butter goldgelb rösten. Die Erbsensuppe mit der Sahne verrühren und mit den Semmelwürfeln und mit Petersilie bestreut auftragen.

Italienische Suppe
(Zuppa alla pavese)

10 Minuten
pro Portion ca. 225 Kalorien

½ Päckchen kochfertige Klare Fleischsuppe
2 Scheiben Weißbrot
Butter zum Braten
2 Eier
Parmesankäse

Aus ½ l Wasser und dem Fleischbrühwürfel nach Vorschrift eine Fleischsuppe herstellen. Die Weißbrotscheiben in Butter von beiden Seiten goldgelb braten und in einen Teller geben. Auf jedes Weißbrot ein Ei schlagen und mit Parmesankäse bestreuen. Vorsichtig mit der kochenden Fleischbrühe übergießen, die Eier sollen erstarren, aber nicht kaputtgehen. Sie können zum Schluß noch etwas mehr Parmesankäse oder feingehackte Petersilie auf die Suppe streuen.

Kartoffelsuppe

30 Minuten
pro Portion ca. 700 Kalorien

6 große Kartoffeln
1 Zwiebel
50 g durchwachsener Speck
1 Päckchen tiefgekühltes Suppengrün
2 Mohrrüben
2 EL Öl
¾ l Wasser
Salz
Majoran, Thymian
Fleischwürze
Petersilie
2 Würstchen

Die Kartoffeln in große Würfel, Zwiebel und Speck in kleine Würfel schneiden. Die Mohrrüben auf der groben Seite der Rohkostraffel reiben. Die Speckwürfel in dem Öl goldgelb rösten und die Kartoffeln und das Suppengrün sowie die Mohrrüben in dem Fett unter Rühren mit dem Holzlöffel 5 Minuten durchrösten. Mit dem Wasser aufgießen, Salz, Majoran und Thymian hinzufügen und 15 Minuten kochen lassen. Einen Teil der Suppe durch ein Sieb streichen oder im Mixer pürieren und wieder in den Topf geben. Mit Fleischwürze und feingehackter Petersilie abschmecken. Die Würstchen in der Kochzeit der Suppe in kochendheißem Wasser gar ziehen lassen und in Scheiben geschnitten als Einlage in die Suppe geben.

Krabbensuppe – indische Art

15 Minuten
pro Portion ca. 175 Kalorien

1 Schächtelchen Kalbfleischsuppe mit Champignons (½ Packung)
1 Porreestange
1 EL Öl
1 kleine Dose Krabben
1 TL Currypulver

Die Porreestange feinstreifig aufschneiden und in dem Öl weichdünsten. Den Inhalt des Schächtelchens Kalbfleischsuppe in ½ l warmes Wasser geben und unter Rühren zum Kochen bringen. Die Krabben und den Curry zu dem weichgedünsteten Porree geben und kurz durchschmoren. An die fertige Suppe geben. Aufkochen lassen und sofort auftragen.

Minestrone

30 Minuten
pro Portion ca. 500 Kalorien

50 g durchwachsener Speck
2 EL Olivenöl
1 Zwiebel
1 Paket tiefgefrorenes Suppengemüse
¾ l Wasser
Salz
1 TL gemischt: Majoran, Salbei, Rosmarin oder Oregano
2 Tomaten
40 g Reis oder
60 g Spaghetti
geriebener Parmesankäse zum Bestreuen

Den in Würfel geschnittenen Speck in dem Olivenöl glasig rösten, die ebenfalls würfelig geschnittene Zwiebel hinzufügen und nach kurzer Zeit das unaufgetaute Suppengemüse hinzugeben. Mit dem Wasser aufgießen, Salz und Gewürze hinzufügen sowie die abgezogenen, zerschnittenen Tomaten. 15 Minuten kochen lassen. In dieser Zeit den Reis oder die Spaghetti in reichlich Salzwasser gar kochen und – gut abgetropft – als Einlage in die fertige Suppe geben. Den Parmesankäse zum Bestreuen in einem Schälchen zur Selbstbedienung auf den Tisch stellen. Die Suppe ist sättigend – ein süßes Omelette wäre ein guter Nachtisch dazu und könnte in der Kochzeit der Suppe zubereitet werden.

Linsensuppe mit Blutwurst

15 Minuten
pro Portion
ca. 1300 Kalorien

1 Dose Linsen mit Fleischbrühe
50 g fetter Speck
1 EL Mehl
1/4 l Wasser
Thymian, Rosmarin
2 EL Sahne oder Dosenmilch
250 g leicht geräucherte Blutwurst
Fett zum Braten

Den Speck in Würfel schneiden, ausbraten, mit Mehl bestäuben und mit dem Wasser und der Fleischbrühe aus der Dose aufgießen. Die Kräuter hinzufügen und kräftig durchkochen. Die Linsen in die Suppe geben, heißwerden lassen und mit der Sahne abschmecken. In der Kochzeit der Suppe die Blutwurst in Scheiben schneiden, von beiden Seiten knusprig braten und als Einlage in die fertige Suppe geben. Wenn die Suppe zu dick ist, kann sie mit etwas Fleischbrühe verlängert werden. Diese Suppe ist ein Hauptgericht, das als Abschluß nur noch eine Süßspeise oder frische Früchte braucht.

Spargelcremesuppe mit Mandeln

5 Minuten
pro Portion ca. 290 Kalorien

1 Dose Spargelcremesuppe
2 EL Sahne oder Dosenmilch
1 Scheibe gekochter Schinken
2 EL gehobelte Mandeln
Butter zum Rösten

Eine Spargelcremesuppe aus der Dose nach Vorschrift zubereiten. Den Schinken in feine Streifen schneiden, die Mandeln in etwas heißer Butter hellgelb rösten. Den Schinken in der Suppe aufkochen lassen und mit der Sahne legieren. In Tassen füllen und mit den gerösteten Mandeln garnieren. Sie können die Suppe noch mit ein paar Spargelstückchen verfeinern.

Muscheln

Muscheln müssen vor dem Kochen gründlich gewaschen werden. Das geschieht am besten unter fließendem Wasser, bis das Wasser klar bleibt. Die Bartbüschel der Muscheln werden entfernt und jede einzelne Muschel untersucht, ob sie noch fest geschlossen ist. Jede geöffnete Muschel wegwerfen, Muscheln dürfen sich erst beim Kochen öffnen. Wegen dieser langen Vorarbeit sind Muscheln eigentlich kein Schnellgericht, aber dafür geht das Kochen der Muscheln dann um so schneller. Für ausgelöste Muscheln in Saucen eignen sich Dosenmuscheln sehr gut.

Muschelsuppe – italienische Art

25 Minuten
pro Portion ca. 400 Kalorien

1 kg Muscheln
½ Lorbeerblatt
1 Zwiebel
Thymian
1 Glas Weißwein
Pfeffer
einige dünne Scheiben Weißbrot
1 Knoblauchzehe

Die Muscheln sorgfältig waschen. Das Lorbeerblatt, die in Scheiben geschnittene Zwiebel und ein Zweiglein Thymian in einen Kochtopf geben. Die Muscheln darüber geben und mit dem Weißwein übergießen. So lange kochen lassen, bis sich alle Muscheln geöffnet haben. Das dauert etwa 15 Minuten. Nicht salzen, nur kräftig mit der Pfeffermühle überstreuen. Das Weißbrot leicht mit etwas zerdrückter Knoblauchzehe einreiben und auf die beiden Teller geben. Die Muschelsuppe darüberfüllen.

Tomatensuppe mit Fleischklößchen

10 Minuten
pro Portion ca. 210 Kalorien

1 Schächtelchen Tomatencremesuppe (½ Packung)
½ l Wasser
1 Bratwurst
1 Stückchen Butter
1 EL gehackter Dill

Das Wasser erwärmen und den Inhalt des Suppenpäckchens unter Rühren mit dem Schneebesen hinzufügen. Die Suppe aufkochen lassen. Den Inhalt der Bratwurst zu kleinen Bällchen formen und in die Tomatensuppe geben. 5 Minuten kochen lassen. Die Suppe mit einem Stückchen frischer Butter und dem Dill abschmecken.

Tomatensuppe – Country Club

10 Minuten
pro Portion ca. 400 Kalorien

1 Dose Tomatencremesuppe
¼ l Milch
einige Blättchen Rosmarin
1 Scheibe Weißbrot
1 Scheibe Speck
½ EL Butter

Die Tomatencremesuppe mit der Milch vermischen, den Rosmarin hinzufügen und unter Rühren mit dem Schneebesen zum Kochen bringen. Das Weißbrot und den Speck in kleine Würfel schneiden und in der Butter goldgelb rösten. Die Suppe 3 Minuten kochen lassen und in 2 Teller oder Tassen füllen. Mit den Semmel- und Speckwürfeln als Einlage auftragen.

Kalte bulgarische Tomatensuppe

5 Minuten
pro Portion ca. 290 Kalorien

1 Dose Tomatencreme-suppe
2 Becher Joghurt
1 EL feingehackter Dill
eventuell 1 EL Sherry oder Portwein

Die Tomatencremesuppe aus der Dose mit einem Schneerädchen oder dem Elektroquirl mit dem Joghurt gründlich vermischen. Zum Schluß den Dill unter die Suppe geben. Nach Geschmack mit Sherry oder Portwein verfeinern. In Öl geröstete Semmelwürfel sind eine gute Einlage für die erfrischende Suppe.

Französische Zwiebelsuppe

25 Minuten
pro Portion ca. 280 Kalorien

3 mittelgroße Zwiebeln
1 EL Butter
½ Päckchen kochfertige Klare Fleischsuppe
2 EL Sahne oder Dosenmilch
Salz, Pfeffer
1 Brötchen
2 EL geriebener Käse

Die Zwiebeln in dünne Scheiben schneiden und in der Butter unter Rühren hellgelb rösten. Mit ¾ l Wasser aufgießen und den Suppenwürfel hinzufügen. 10 Minuten kochen lassen. In dieser Zeit den Backofen vorheizen und das Brötchen in dünne Scheiben schneiden. Das Brot im Backofen toasten. Die fertige Suppe herzhaft mit Salz und frischgemahlenem Pfeffer abschmecken und mit der Sahne legieren (die Sahne kann auch fortgelassen werden). In 2 feuerfeste Schalen füllen, mit den Weißbrotscheiben bedecken und dick mit Käse bestreuen. Im Backofen überbacken, bis der Käse leicht gebräunt ist.

Ein guter Tip für Fertigsoßen: Variieren und Verfeinern

Mein Saucenkapitel ist kurz, weil in jedem Rezept, zu dem eine Sauce gehört, auch gleich deren Zubereitung angegeben ist. Das erspart Ihnen zeitraubendes Nachschlagen. So finden Sie hier nur noch die Saucenrezepte für Schnellgerichte ohne Rezept wie kurzgebratenes Fleisch, gekochte Gemüse, harte Eier, Teigwaren oder Reis.
Der beste Saucenfond ist das Bratfett oder die Schmorflüssigkeit der verwendeten Nahrungsmittel. Ein Feinschmecker wird sich lieber mit zwei Eßlöffeln reinen Bratensaftes begnügen als seinen Teller mit einer alles nivellierenden Tunke überschwemmen. Es gibt auch viele Gerichte, deren Eigengeschmack am besten unter dem klaren Duft von geschmolzener Butter herauskommt. Langweilige Saucen braucht es in keiner Küche zu geben. Das möchte man manchem Koch und mancher Köchin ins Stammbuch schreiben.
Die kulinarische Fachsprache kennt zwei Grundsaucen, die weiße Béchamel und die braune Espagnol. Die Kunst der Saucenzubereitung besteht im Abschmecken, Variieren und Verfeinern dieser beiden Grundsaucen. Die kochfertigen Soßenpäckchen sind für die Schnellküche ideal, die Saucen sind im Handumdrehen fertiggestellt. Sie haben einen herzhaften Fleischgeschmack und die gefürchtete Klümpchenbildung beim Binden der Saucen entfällt. Man hat dann die Möglichkeit, aus diesen Saucen jedesmal eins der 600 Saucenrezepte zuzubereiten, die in den Kochbüchern stehen. Neu sind Instant-Soßen in Gläsern, die teelöffelweise zum Binden und Würzen an jeden Saucenfond gegeben werden können. Die ganz kniffligen, zeitraubenden Saucen, wie die echte Sauce Hollandaise – Sauce Béarnaise – Sauce Cumberland können Sie fertig zubereitet in Döschen und Gläsern kaufen. Versuchen Sie zu gebratenem Fisch und Fleisch auch

die vielen pikanten englischen kalten Saucen und Relishes. Die können Sie gleich im Glas auf den Tisch stellen.

Und wenn es um die Rechtschreibung im Saucenkapitel geht: Die kochfertigen Saucen der Industrie werden zur Unterscheidung von den tischfertigen Saucen mit ß geschrieben.

Polnische Bier-Sauce

5 Minuten
pro Portion ca. 85 Kalorien

1 Päckchen Bratensoße
⅛ l Wasser
1 Nelke
1 Stückchen Lorbeerblatt
⅛ l dunkles Bier
1 Prise Zucker
1 EL Rosinen
1 EL Mandelstifte

Das Wasser mit der Nelke und dem Lorbeerblatt erwärmen und den Inhalt des Soßenpäckchens unter Rühren hinzufügen. Aufkochen lassen, das Bier an die Sauce gießen und erneut aufkochen lassen. Mit einer Prise Zucker abschmekken und die gewaschenen Rosinen und die Mandelstifte an die Sauce geben.

Zu Bratwürstchen, gekochtem Schinken, Karpfen

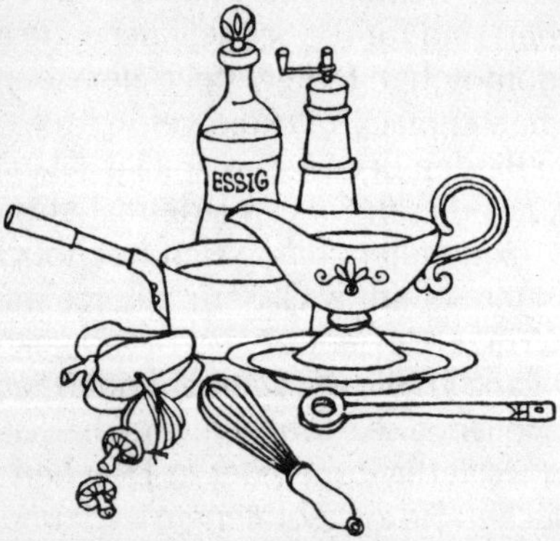

Dill-Sauce

5 Minuten
pro Portion ca. 180 Kalorien

1 Päckchen Helle Soße
⅛ l Milch
⅛ l Wasser
1 EL frischer, gehackter Dill oder 1 TL getrocknete Dillspitzen
1 EL Butter

Die Milch und das Wasser erwärmen und den Inhalt des Soßenpäckchens unter Rühren mit dem Schneebesen hinzufügen. Den getrockneten Dill ebenfalls an die Sauce geben. Zum Aufkochen bringen und 2 Minuten kochen lassen. Von der Kochstelle nehmen und mit der Butter und dem frischen Dill vermischen. Genauso wird eine Sauce mit Schnittlauch, Petersilie oder gemischten Kräutern zubereitet.

Zu Fisch, Hammelfleisch, Klopsen

Curry-Sauce

10 Minuten
pro Portion ca. 170 Kalorien

1 Zwiebel
½ Apfel
1 EL Butter
1 EL Mehl
1 TL Curry
¼ l Fleischbrühe (aus Würfel zubereitet)
Salz, Pfeffer

Zwiebel und Apfel in Würfel schneiden. Die Zwiebelwürfel in der Butter hellgelb rösten, die Apfelwürfel hinzufügen und ebenfalls etwas durchrösten. Mit Mehl und Curry bestreuen und mit der Fleischbrühe auffüllen. 5 Minuten durchkochen lassen. Mit Salz und Pfeffer abschmecken. Die Sauce kann noch mit geraspelter Kokosnuß, Rosinen und gestiftelten Mandeln angereichert werden.

Zu Fisch, Kalbfleisch, Huhn, Reis

Einfache Holländische Sauce

5 Minuten
pro Portion ca. 240 Kalorien

1 Päckchen Helle Soße
⅛ l Milch
⅛ l Wasser (am besten Gemüsewasser)
1 EL Butter
1 Eigelb
1 TL Zitronensaft

Milch und Wasser erwärmen und den Inhalt des Soßenpäckchens unter Rühren hinzufügen. Zum Aufkochen bringen und 2 Minuten kochen lassen. Die Sauce von der Kochstelle nehmen und die Butter unter Rühren in Flöckchen hinzugeben. Mit dem Eigelb legieren und mit Zitronensaft abschmecken.

Zu gekochtem Blumenkohl, Spargel

Meerrettich-Sahne

5 Minuten
pro Portion ca. 100 Kalorien

½ Tasse eisgekühlte Schlagsahne
2 EL geriebener Meerrettich (aus der Tube)
Essig
Salz, Pfeffer
1 Prise Zucker

Die Sahne schlagen und mit dem Meerrettich vermischen. Mit Essig, Salz, Pfeffer und einer Prise Zucker abschmecken. Sehr gut schmeckt die Meerrettichsahne mit etwas abgeriebener Orangenschale und Orangensaft. Bis zum Auftragen in das Tiefkühlfach des Kühlschrankes stellen.

Zu gegrilltem und gebratenem Fisch und Fleisch, zu gekochtem Fisch

Meerrettich-Sauce

5 Minuten
pro Portion ca. 190 Kalorien

1 Päckchen Helle Soße
1/8 l Milch
1/8 l Fleischbrühe (aus Würfeln)
2 EL geriebener Meerrettich (aus der Tube)
1/2 EL Butter
1/2 Zitrone

Milch und Fleischbrühe erwärmen und den Inhalt des Soßenpäckchens unter Rühren hinzufügen. Aufkochen und 2 Minuten durchkochen lassen. Mit dem Meerrettich, der Butter und dem Zitronensaft abschmecken. Sehr gut schmekken geriebene Mandeln in einer Meerrettich-Sauce.

Zu gekochtem Fisch und Fleisch

Mornay-Sauce

5 Minuten
pro Portion ca. 200 Kalorien

1 Päckchen Helle Soße
1/4 l Wasser
3 EL geriebener Käse
3 EL Sahne oder Dosenmilch
1 Eigelb

Das Wasser erwärmen und den Inhalt des Soßenpäckchens unter Rühren mit dem Schneebesen hinzufügen. Zum Aufkochen bringen und 2 Minuten durchkochen lassen. Die Soße von der Kochstelle nehmen. Den Käse und die Sahne unterrühren und zum Schluß mit dem Eigelb legieren. Diese Sauce eignet sich sehr gut zum Überbacken von Fleisch, Gemüsen, Teigwaren und Resten.

Zu gekochtem Fenchel, Blumenkohl, Teigwaren

Malteser Orangen-Sauce

10 Minuten
pro Portion ca. 120 Kalorien

1 Päckchen Bratensoße
reichlich ⅛ l Wasser
1 ungespritzte Apfelsine
2 EL Sahne oder Dosenmilch
1 EL Sherry oder Portwein

Die Schale von der Apfelsine in feine Streifen schneiden und mit dem Wasser erwärmen. Den Inhalt des Soßenpäckchens hinzufügen und unter Rühren 3 Minuten kochen lassen. Den Saft von ½ Apfelsine, die Sahne und den Sherry hinzufügen und nur noch bis zum Kochen bringen.

Zu Geflügel- und Wildgerichten

Paprika-Sahne-Sauce

10 Minuten
pro Portion ca. 470 Kalorien

50 g durchwachsener Speck
etwas Butter
1 Zwiebel
1 TL Paprika
1 TL Tomatenmark
⅛ l Wasser
1 Päckchen Bratensoße
⅛ l saure Sahne

Den Speck in Würfel schneiden und in etwas Butter glasig rösten. Die ebenfalls in Würfel geschnittene Zwiebel hinzufügen und hellgelb rösten. Mit Paprika bestreuen, Tomatenmark darübergeben und mit dem Wasser aufgießen. Den Inhalt des Soßenpäckchens mit der sauren Sahne verrühren und an die Sauce geben. 3 Minuten durchkochen lassen.

Zu Fisch, Schweine- und Kalbfleisch, Reis

Sahne-Sauce

5 Minuten
pro Portion ca. 240 Kalorien

1 Päckchen Bratensoße
⅛ l Wasser
⅛ l Sahne
1 EL Rotwein

Das Wasser erwärmen und den Inhalt des Soßenpäckchens unter Rühren hinzufügen. Aufkochen lassen und die Sahne und den Rotwein an die Sauce geben. Unter Rühren einige Minuten kochen lassen.

Zu gebratenem und gegrilltem Fleisch, Fleischresten

Senf-Sauce

5 Minuten
pro Portion ca. 215 Kalorien

⅛ l Weißwein
⅛ l Wasser
1 Päckchen Helle Soße
1 EL Butter
1 EL scharfer Senf
2 EL Sahne oder Dosenmilch

Wein und Wasser erwärmen und den Inhalt des Soßenpäckchens unter Rühren mit dem Schneebesen hinzufügen. Zum Aufkochen bringen und 2 Minuten durchkochen lassen. In dieser Zeit in einer Pfanne die Butter zerlassen und den Senf darin kurz durchbraten. In die helle Soße geben und mit der Sahne abschmecken.

Zu gekochtem Fisch, gekochten Eiern

Italienische Tomaten-Sauce

15 Minuten
pro Portion ca. 250 Kalorien

1 Zwiebel
2 EL Olivenöl
1 EL tiefgekühltes Suppengrün
2 EL Tomatenmark
1 gehäufter EL Mehl
½ TL Oregano
eine Prise Basilikum und Rosmarin
Salz, Pfeffer
¼ l Wasser
1 Prise Zucker
6 EL Milch oder Sahne
Fleischwürze

Die Zwiebel in Würfel schneiden und in dem Olivenöl glasig braten. Das Suppengemüse und das Tomatenmark hinzufügen, kurz durchschmoren und das Mehl darüberstreuen. Mit dem Wasser unter Rühren mit dem Schneebesen aufgießen. Zucker und Gewürze hinzufügen und 5 Minuten kochen lassen. Die Milch oder die Sahne an die Sauce geben und mit Fleischwürze abschmecken. Durch ein Sieb passieren.

Zu allen Teigwaren, Reis, Fisch

Tomaten-Sauce mit Fleisch

10 Minuten
pro Portion ca. 250 Kalorien

1 Päckchen Tomatensoße
1 Zwiebel
1 EL Butter
100 g gemischtes Hackfleisch
Rosmarin
Paprika
¼ l Wasser
3 EL Milch

Die Zwiebel in Würfel schneiden und in der Butter glasig rösten. Das Hackfleisch klein zerpflücken, hinzugeben und durchrösten. Mit Rosmarin und Paprika bestreuen und mit dem Wasser aufgießen. Den Inhalt des Soßenpäckchens unter Rühren hinzufügen und 3 Minuten kochen lassen. Zum

Schluß die Milch an die Sauce gießen und noch einmal aufkochen lassen.

Zu Teigwaren und Reis

Das echte Fondue

Urform aller Fondues ist das Schweizer Käsefondue, Gesellschaftsspiel und Mahlzeit zugleich. Wer nicht gerne kocht, aber gerne Gäste hat, kann mit einem Fondue 6 bis 8 Gäste vergnüglich bewirten. Voraussetzung ist ein Rechaud mit einem Spirituskocher und eine Fonduepfanne aus Steingut, die die Schweizer »Caquelon« nennen. Jeder Gast hat eine lange Fonduegabel und einen Teller vor sich stehen. Würfel von geschnittenem Weißbrot (nicht zu frisches Brot verwenden) stehen in einem Korb auf dem Tisch. Jeder Gast spießt einen Brotwürfel auf die Gabel und tunkt ihn in die leise brodelnde Fonduemasse. Wer sein Brotstück in die Käsemasse fallen läßt, muß einen Schnaps ausgeben – Damen können die Schuld mit einem Kuß ablösen.
Getrunken wird zum Fondue derselbe Wein, mit dem das Fondue zubereitet wird. Nach der Halbzeit gibt es traditionell für jeden ein Gläschen eisgekühltes Kirschwasser. Die Schweizer sagen: »Fondue ischt guet und git a gueti Luune.«

Neuenburger Fondue

(6 Personen)

750 g Käse (halb Emmentaler, halb Gruyère)
½ l säuerlicher Wein (am besten Mosel)
1 Knoblauchzehe
2 gestrichene TL Stärkepuder
2 Gläschen Kirschwasser
Pfeffer
Muskatnuß

Die Fonduepfanne mit der halbierten Knoblauchzehe ausreiben. Den Wein hinzugeben. Den Käse in feine Scheibchen schneiden. Den Wein bei leichter Hitze erwärmen, den Käse nach und nach unter Rühren hinzufügen. Immer in Form einer Acht rühren. Den Stärkepuder mit dem Kirschwasser verrühren und an die Käsemasse geben, wenn sie zu kochen beginnt. Unter Rühren einmal aufkochen lassen und mit frischgemahlenem Pfeffer und Muskat würzen. Auf den Rechaud setzen und sofort mit dem Eintunken der Brotwürfel beginnen.

Fondue Bourguignonne

Auch für das Fleischfondue braucht man einen Rechaud. Außerdem gehört ein Topf aus Messing oder Kupfer dazu, in dem gutes Öl vor sich hinbrodelt (vorher in der Küche erhitzen). Jeder Gast bekommt einen bunten Keramikteller mit rohen Fleischwürfeln (pro Person 150–200 g zartes Rinderfilet) vor sich hingestellt sowie eine Fonduegabel und eine normale Gabel. In verschiedenen Schüsseln stehen pikante Saucen bereit sowie kleingeschnittene Gurken, Oliven, Zwiebeln und Senffrüchte. Eine große Pfeffermühle und einige Salzfäßchen gehören auf den Tisch. Am besten passen die langen französischen Weißbrote als Beilage. Getrunken wird samtiger Rotwein. Die Saucen können Sie zum Teil fertig kaufen. Eine Sauce Béarnaise gibt es tiefgekühlt und in Dosen, Remouladensauce in Tuben und Gläsern. Sie kön-

nen auch alle Dippingrezepte von Seite 171 und die Meerrettichsahne auf Seite 82 verwenden.
Jeder füllt sich kleine Tupfer der verschiedenen Saucen auf seinen Teller. Dann wird ein Fleischstückchen auf die Fondueagabel gesteckt und in dem siedenden Öl blutig-medium oder gar gebraten. Den Fleischwürfel auf die kalte Gabel stecken und immer wieder in eine andere Sauce stippen.

Für Sie herausgefischt: Die besten Rezepte aus aller Welt

Eigentlich sollte Fisch der Schnellküche liebstes Kind sein. Kein Nahrungsmittel ist so schnell und mühelos zubereitet wie Fisch. Die Statistiker beweisen leider, daß unser Fischverbrauch sehr gering ist. Dabei hat Fisch so viele vorzügliche Eigenschaften: er ist leicht verträglich, arm an Kalorien, aber reich an wertvollem Eiweiß und an Mineralstoffen. Das Angebot an Fisch ist reich und vielseitig. Also muß es an der Zubereitung liegen, daß in Deutschland so wenig Fisch gegessen wird. Ich habe unseren Nachbarn in Frankreich, Holland, Italien und Spanien, die große Fischesser sind, in die Pfannen gesehen und für Sie die besten Fischrezepte aufnotiert. Es kann gar nicht sein, daß Sie darunter nicht auch Ihr Lieblingsrezept finden. Und wer meint, Fisch sei nicht sättigend genug, der sollte ihn mit einer Gemüsebeilage servieren. Spinat, Erbsen, Paprika, gegrillte Tomaten, Sauerkraut, Zwiebeln und gebratene Bananen sind vorzügliche Beilagen zu Fisch.
Lassen Sie den Fisch beim Einkauf gleich bratfertig herrichten. Ich kaufe übrigens lieber Fischkoteletts als Filets, der Fisch bleibt herzhafter, wenn er an der Gräte hängend gebraten wird. Oder suchen Sie sich Fisch aus der Tiefkühltruhe aus. Er ist von bester Qualität, vorbereitet, portioniert, häufig schon paniert und kann unaufgetaut verwendet werden. Außerdem gibt es fertige tiefgekühlte Fischgerichte, die Sie schon wegen der dazu benötigten Mittelmeerfische gar nicht selbst zubereiten können. Ich denke z. B. an eine Bouillabaisse, die es übrigens auch in Dosen gibt.
Fisch soll am Einkaufstag zubereitet werden. Einmal aufgetauter Fisch aus der Tiefkühltruhe darf auf keinen Fall wieder eingefroren werden.
Für die Zubereitung von Fisch gilt immer noch das bewährte

3-S-System: Säubern, säuern, salzen. Also nach dem Waschen (tiefgekühlter Fisch wird nicht gewaschen) mit Zitronensaft beträufeln, etwas stehen lassen und salzen. Paniert wird der Fisch erst unmittelbar vor dem Braten, damit er eine knusprige Kruste bekommt. Tiefgekühlter unaufgetauter Fisch, der sofort in die Pfanne kommt, hat naturgemäß eine etwas längere Bratzeit als frischer Fisch. Darum soll die Hitze, nach dem Hineingeben in das heiße Bratfett, etwas herabgedreht werden, damit der Fisch nicht zu braun wird.
»Maledictus Piscis in tertia aqua« sagten die alten Römer – Verflucht sei der Fisch im dritten Wasser. Das heißt: Fisch, der in Wasser geschwommen und in Wasser gekocht wurde, sollte auf keinen Fall mit Wasser begossen werden. Ein Glas spritziger, säuerlicher Mosel ist die Lösung.

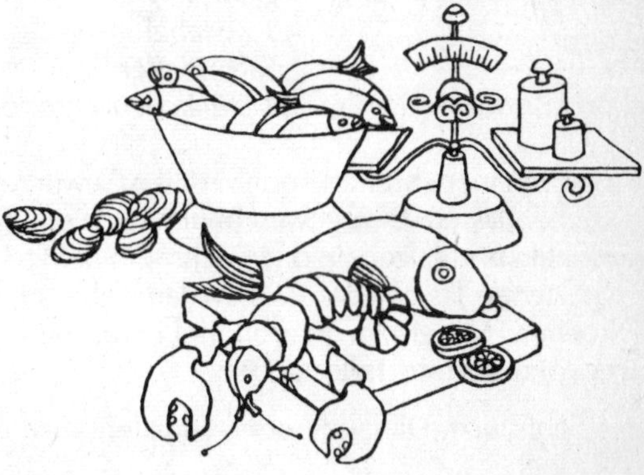

Kochfisch

30 Minuten
pro Portion ca. 200 Kalorien

Fisch wird nur noch selten gekocht, weil ein Teil der wertvollen Nährstoffe der Fische dabei in das Kochwasser gelangt. Forellen, Karpfen und Schleie bilden die Ausnahmen von der Regel. Aber auch wer seine Kalorien zählen muß oder aus Diätgründen fettfrei leben soll, wird den besonders leicht verträglichen Kochfisch wählen.

2 Portionen Fisch (Karpfen, Zander, Salm, Steinbutt, Schellfisch)
Zitrone
Salz

Sud:
½ l Wasser
½ Lorbeerblatt
1 EL tiefgekühltes Suppengrün
1 Zwiebel
Salz, Pfeffer
1 Stückchen Zitrone

Das Wasser in einem breiten Topf mit allen Gewürzen 10 Minuten kochen lassen. Den gewaschenen Fisch mit Zitronensaft beträufeln und salzen. In den Fischsud hineingeben und darin gar ziehen lassen, das Wasser darf dabei nicht sprudelnd kochen. Mit einem Schöpflöffel herausnehmen und auf zwei vorgewärmte Teller geben.

Beilage: Senfsauce, Dillsauce oder Tomatensauce aus dem Saucenkapitel
Petersilienkartoffeln

Fisch im eigenen Saft

25 Minuten
pro Portion ca. 280 Kalorien

Der feine Geschmack von Fisch und der volle Nährwert bleiben erhalten, wenn der Fisch im eigenen Saft gedünstet wird. Für diese Zubereitungsart gart man den Fisch in einer feuerfesten Form oder in Aluminiumfolie.

2 Portionsfische oder
2 Portionsstücke Fisch
(Forelle, Renken, kleine Schellfische, Fischkoteletts, Fischfilet)
Zitrone
Salz
1 EL Butter
gehackte Petersilie
frischer oder getrockneter Dill oder einige Rosmarinblättchen

Den Backofen vorheizen. Den Fisch mit Zitronensaft beträufeln und salzen. Die Auflaufform dick mit Butter einstreichen oder 2 Aluminiumfolien in dreifacher Größe der Fischportionen schneiden und mit Butter bestreichen. Den Fisch in die Form geben respektive auf die Folien. Die restliche Butter in Flöckchen sowie die Kräuter auf dem Fisch verteilen. Die Form mit dem Deckel schließen oder die Folien über dem Fisch zusammenfalten und gut schließen. Im Backofen in 15–20 Minuten gar dünsten.

Beilage: Salzkartoffeln, Seite 226, Zubereitung 25 Minuten
Gurkensalat, Seite 242

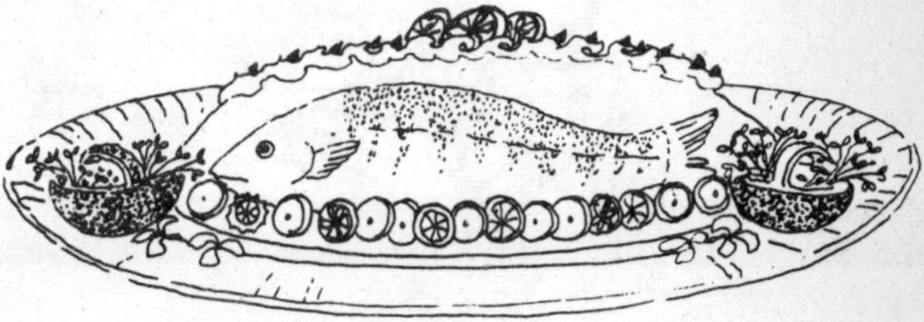

Bratfisch

15 Minuten
pro Portion ca. 400 Kalorien

Darüber, ob Fisch vor dem Braten nur in Mehl oder außerdem noch in Ei und Semmelbröseln gewendet werden soll, gehen die Meinungen auseinander. Liebhaber von Fisch protestieren gegen die geschmackbindende Umhüllung einer Panade, während alle, die nicht so gerne Fisch essen, vor allem Kinder, diese knusprige Zubereitungsart vorziehen.

2 Scheiben Fischfilet
Fischkoteletts oder
2 kleine Forellen, Heringe,
Schollen
Zitrone
Salz
Mehl
1 Ei
3 EL Semmelbrösel
Fett zum Braten

Den gewaschenen Fisch mit Zitronensaft beträufeln und salzen. Auf drei Tellern Mehl, verquirltes Ei und Semmelbrösel anrichten. Fett in der Pfanne erhitzen. Den Fisch zuerst in Mehl, dann in Ei und zuletzt in den Semmelbröseln wenden. In die Pfanne geben und in dem heißen Fett von beiden Seiten in 8–10 Minuten goldgelb braten.

Beilage: Kartoffelsalat, Seite 235, Zubereitung 10 Minuten
Meerrettichsahne, Seite 82, Zubereitung 5 Minuten

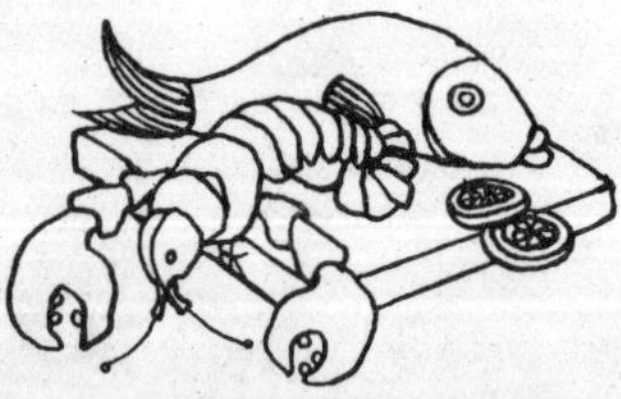

Indonesischer Curryfisch

20 Minuten
pro Portion ca. 540 Kalorien

2 Fischfilets (je 200 g) oder
1 Päckchen tiefgekühltes
Goldbarsch-, Kabeljau-
oder Seelachsfilet
Zitronensaft
Salz
Mehl
Fett zum Braten
1 Stückchen Butter
1 Zwiebel
1 Apfel
1 TL Curry
⅛ l Wasser
⅛ l Milch
1 Päckchen kochfertige
Helle Soße
1 EL Mandelstifte
1 EL Rosinen

Den Fisch in Streifen schneiden, den tiefgekühlten Fisch unaufgetaut verwenden. Mit Zitronensaft beträufeln und salzen. Leicht in Mehl wenden und in heißem Fett von beiden Seiten hellgelb braten. Den Fisch aus der Pfanne nehmen. Ein Stückchen frische Butter in die Pfanne geben. Zwiebel und Apfel in Würfel schneiden und in der Pfanne weichdünsten. Mit dem Curry bestreuen und mit Wasser und Milch aufgießen. Den Inhalt des Soßenpäckchens unter Rühren mit dem Schneebesen hinzufügen und 3 Minuten kochen lassen. Den Fisch in der Soße durchziehen lassen, Mandeln und gewaschene Rosinen an die Soße geben und auftragen.

Beilage: Butterreis, Seite 266, Zubereitung 20 Minuten
Bananengemüse, Seite 191, Zubereitung 15 Minuten

Fischfrikassee

25 Minuten
pro Portion ca. 400 Kalorien

2 Fischfilets (je 200 g) oder
1 Päckchen tiefgekühltes
Goldbarsch-, Kabeljau-
oder Seelachsfilet
Zitrone
Salz
1 Päckchen kochfertige
Helle Soße
1 Döschen Champignons
knapp ¼ l Wasser
1 TL Senf
Saft von ½ Zitrone
1 Eigelb
1 EL Butter

Das Fischfilet in Würfel schneiden, tiefgekühlten Fisch etwas auftauen lassen zum Schneiden. Mit Zitronensaft beträufeln und salzen. Das Wasser mit dem Champignonwasser zusammen leicht erwärmen und unter Rühren mit dem Schneebesen den Inhalt des Soßenpäckchens einstreuen. Aufkochen lassen, die Fischwürfel und die Champignons hineingeben und in etwa 15 Minuten gar ziehen lassen. Die Sauce mit Senf und Zitronensaft abschmecken und mit einem Eigelb legieren. Zum Schluß die Butter unter die Sauce geben.

Beilage: Butterreis, Seite 266, Zubereitung 20 Minuten
Junge Erbsen, Seite 200, Zubereitung 10 Minuten

Fischbraten

35 Minuten
pro Portion ca. 580 Kalorien

1 mittelgroßer Zander,
Dorsch oder
Kabeljau (¾ kg)
Zitronensaft
Salz
1 Scheibe Speck
1 EL Butter
1 Zwiebel
½ entkernte Paprika
3 Tomaten
⅛ l Sahne
1 TL scharfer Senf
1 gehäufter TL Mehl

Den Backofen vorheizen. Den vorbereiteten Fisch waschen, mit Zitronensaft beträufeln und salzen. Den Rücken des Fisches ein paar Mal mit einem scharfen Messer einschneiden und je eine kleine Speckscheibe in die Einschnitte geben. Die Butter in einer feuerfesten Form zerlassen und den Fisch hineingeben. Die Zwiebel in Scheiben schneiden, die entkernte Paprika in Streifen, die gebrühten, abgezogenen Tomaten in Viertel. Zu dem Fisch geben. 20 Minuten backen lassen. In dieser Zeit Sahne, Senf und Mehl miteinander verrühren. Über den Fisch gießen und weitere 10 Minuten backen lassen.

Beilage: Salzkartoffeln, Seite 226, Zubereitung 25 Minuten
Gurkensalat, Seite 242

Fischkoteletts – cubanische Art

20 Minuten
pro Portion ca. 550 Kalorien

2 dicke Scheiben Fischkoteletts (Heilbutt, Kabeljau oder Schellfisch)
Zitronensaft
Salz
Mehl
1 Ei
Semmelbrösel
Fett zum Braten
Belag:
1 Paprikaschote
2 EL Öl
2 EL Mandeln
2 Bananen

Den gewaschenen Fisch mit Zitronensaft beträufeln und salzen. Die Paprikaschote entkernen und in Streifen schneiden. Das Ei mit Salz verquirlen. Den Fisch in Mehl, dann in dem Ei und zum Schluß in den Semmelbröseln wenden. In dem heißen Fett von beiden Seiten knusprig braun braten. In einer zweiten Pfanne das Öl erhitzen und die Paprikastreifen darin weichdünsten. Die Bananen in Scheiben schneiden und mit den Mandeln zu den Paprikastreifen geben. Wenn die Bananen weich sind, auf die Fischkoteletts häufen. Man kann noch eine in Würfel geschnittene Ingwerfrucht zu dem Paprikagemüse geben, das ist sehr pikant.

Beilage: Tomatenreis, Seite 269, Zubereitung 20 Minuten

Fischfilet – Holländerart

20 Minuten
pro Portion ca. 450 Kalorien

2 Fischfilets (je 200 g) oder
1 Päckchen tiefgekühltes
Goldbarsch-, Kabeljau-
oder Seelachsfilet
Zitronensaft
Salz
1 Ei
Mehl
Butter zum Braten
1 kleine Dose
Champignons
2 Tomaten
1 Prise Paprika
½ Tasse Sahne

Den Fisch in fingerdicke Scheiben schneiden, tiefgekühlten Fisch unaufgetaut verwenden. Den Fisch mit Zitronensaft beträufeln und salzen. Das Ei mit einer Gabel gut verschlagen. Den Fisch zuerst in Mehl und dann in Ei wenden und in der heißen Butter von beiden Seiten goldbraun braten. In dieser Zeit die Champigons aus der Dose in Blättchen schneiden und die gebrühten Tomaten in Würfel. Den Fisch aus der Pfanne nehmen und warmstellen. Etwas frische Butter in die Pfanne geben, die abgetropften Champignons darin durchschwenken, die Tomatenwürfel hinzufügen, Salz und Paprika darüberstreuen und mit der Sahne aufgießen. Kurz einkochen lassen und über den Fisch geben.

Beilage: Butterreis, Seite 266, Zubereitung 20 Minuten
Kopfsalat, Seite 243

Schweizer Fischspießchen

25 Minuten
pro Portion ca. 470 Kalorien

1 Packung (300 g) tief-
gekühlte Fischstäbchen
Öl zum Braten
2 Zwiebeln
1 Paprikaschote
50 g durchwachsener Speck
50 g vollfetter Käse

Den Backofen oder Grill vorheizen. Die unaufgetauten Fischstäbchen in dem heißen Öl von beiden Seiten in 2 Minuten goldgelb braten und halbieren. Die Zwiebeln in Scheiben, die entkernte Paprikaschote in Stücke schneiden. Speck und Käse in kleine Scheibchen schneiden. Fischstäbchen, Zwiebelscheiben, Paprikastückchen, Speck und Käse und wieder Fischstäbchen auf Spieße reihen und im Backofen oder Grill braten, bis der Käse zu bräunen beginnt. Die Fischstäbchen können auch in der Pfanne gebraten werden.

Beilage: Kartoffelpüree, Seite 226, Zubereitung 10 Minuten oder Weißbrot

Fischkoteletts – provençalische Art

20 Minuten
pro Portion ca. 300 Kalorien

2 dicke Scheiben Fischkoteletts (Heilbutt, Kabeljau oder Schellfisch)
Zitronensaft
Salz
Mehl
3 EL Olivenöl
2 Zwiebeln
1 Knoblauchzehe
6 Tomaten
einige Oliven
Rosmarin
Thymian
Paprika
Salz, Pfeffer

Den gewaschenen Fisch mit Zitronensaft beträufeln und salzen. In etwas Mehl wenden und in heißem Olivenöl von beiden Seiten schnell anbraten. In einer zweiten Pfanne die in Streifen geschnittenen Zwiebeln und die feingewiegte Knoblauchzehe in etwas Olivenöl glasig braten und die gebrühten, abgezogenen und in Stücke geschnittenen Tomaten hinzufügen. Alle Gewürze über die Tomaten geben, die in Scheiben geschnittenen Oliven mit den Tomaten vermischen und in der offenen Pfanne 10 Minuten dünsten lassen. Den Fisch mit der Tomatensauce übergießen.

Beilage: Safranreis, Seite 268, Zubereitung 20 Minuten
Kopfsalat, Seite 243

Fischröllchen mit Krabbensauce

20 Minuten
pro Portion ca. 500 Kalorien

2 Fischfilets (je 200 g)
Zitronensaft
Salz
Senf
1 Stückchen Butter
2 EL Wasser
1 Päckchen Helle Soße
6 EL Sahne oder
Dosenmilch
Saft von ½ Zitrone
50 g Krabben

Die gewaschenen Fischfilets der Länge nach einmal durchschneiden, mit Zitronensaft beträufeln und salzen. Mit Senf bestreichen und aufrollen. Mit Holzstäbchen befestigen. Mit einem Stückchen Butter und etwas Wasser im zugedeckten Topf 10 Minuten kochen lassen und herausnehmen. Den Fischsaft mit einer Tasse Wasser aufgießen, den Inhalt des Soßenpäckchens hineinschütten und unter Rühren aufkochen lassen. Mit der Sahne oder Dosenmilch verrühren, den Zitronensaft hinzugeben und die Krabben. Die Fischröllchen wieder in die Sauce setzen und noch 5 Minuten durchziehen lassen. Wenn Sie frischen Dill bekommen, geben Sie 2 Teelöffel davon an die Sauce.

Beilage: Butterreis, Seite 266, Zubereitung 20 Minuten
Kopfsalat, Seite 243

Fischspießchen – türkische Art

30 Minuten
pro Portion ca. 350 Kalorien

400 g Fischfilet oder
1 Päckchen tiefgekühltes
Goldbarschfilet
Zitronensaft
Salz
Senf
2 Zwiebeln
2 Tomaten
2 Lorbeerblätter
2 EL Olivenöl
1 Eiweiß

Den Fisch in dicke Würfel schneiden, den tiefgekühlten Fisch unaufgetaut verwenden. Mit Zitronensaft beträufeln, salzen und mit Senf bestreichen. Die Zwiebeln und die Tomaten in Scheiben schneiden. Abwechselnd auf 2 Spießchen Fischwürfel, Stückchen Lorbeerblatt, Tomaten- und Zwiebelscheiben stecken und gut mit Olivenöl einpinseln. Mit Pfeffer bestreuen. In leicht geschlagenem Eiweiß wenden. Im vorgeheizten Grill in 20 Minuten von allen Seiten bräunen oder in der Pfanne in heißem Fett in 10 Minuten gar braten.

Beilage: Kartoffelpüree, Seite 226, Zubereitung 10 Minuten
Gegrillte Tomaten, Seite 220, Zubereitung 10 Minuten

Überbackener Fisch – lombardische Art

25 Minuten
pro Portion ca. 400 Kalorien

2 große Fischfilets (je 250 g)
Zitronensaft
Salz
Rosmarin
Salbei
Mehl
2 EL Olivenöl
½ Dose Tomatensuppe
2 EL Sahne oder Dosenmilch
4 EL geriebener Parmesankäse

Den Backofen vorheizen. Die gewaschenen Fischfilets mit Zitronensaft beträufeln und salzen. Rosmarin und Salbei mit etwas Mehl vermischen und die Fische darin wenden. Öl in einer Pfanne erhitzen und die Fischfilets kurz darin von beiden Seiten anbraten. Eine feuerfeste Form mit Öl auspinseln und die Fische hineinlegen. Die Tomatensuppe mit Sahne sowie 2 Eßlöffeln Parmesankäse verrühren und über den Fisch gießen. Den restlichen Käse darüberstreuen. In den vorgeheizten Backofen geben und 15 Minuten backen lassen.

Beilage: Reis, Seite 266, Zubereitung 20 Minuten
Kopfsalat, Seite 243

Forelle blau

15–20 Minuten
pro Portion ca. 100 Kalorien

2 frischgeschlachtete oder
2 tiefgekühlte Forellen
Salz
1 l Wasser
2 EL Essig

Forellen sollten frischgeschlachtet eingekauft werden, dann lassen sie sich besonders gut blau kochen. Preiswerter und leichter erhältlich sind jedoch tiefgekühlte Forellen. Zum Blaukochen können sie unaufgetaut verwendet werden. Zum Braten sollten sie eine halbe Stunde antauen.
Frischgeschlachtete Forellen ausnehmen und vorsichtig waschen. Die Schleimhaut darf nicht verletzt werden, wenn der Fisch richtig »blau« werden soll. Das Wasser mit Salz und Essig zum Kochen bringen, die Forellen hineingeben und bei leichter Hitze in 10 Minuten (tiefgekühlte Forellen 15 Minuten) gar ziehen lassen. Mit Zitronenspalten garniert anrichten.

Beilage: Zerlassene helle oder braune Butter
oder Sahnemeerrettich, Seite 82, Zubereitung 5 Minuten

Forelle mit Mandeln

20 Minuten
pro Portion ca. 280 Kalorien

2 frischgeschlachtete oder
2 tiefgekühlte Forellen
Zitronensaft
Salz, Pfeffer
Butter zum Braten
½ Päckchen blättrig geschnittene Mandeln

Die tiefgekühlten Forellen antauen lassen. Frischgeschlachtete Forellen ausnehmen und vorsichtig waschen. Die Forellen mit Zitronensaft beträufeln, salzen, leicht pfeffern und in Mehl wenden. Butter in einer Pfanne erhitzen und die Forellen darin bei nicht zu starker Hitze in 12–15 Minuten von beiden Seiten goldbraun braten. Die Forellen auf vorgewärmte Teller geben. Frische Butter in der Bratpfanne zerlassen, die Mandeln darin hellbraun rösten, etwas Zitronensaft hinzufügen und über die Forellen gießen.

Beilage: Salzkartoffeln, Seite 226, Zubereitung 25 Minuten
Gurkensalat, Seite 242

Heilbuttschnitten mit Kräutern

25 Minuten
pro Portion ca. 280 Kalorien

2 Heilbuttschnitten
Zitronensaft
Salz
1 TL getrocknete Dillspitzen
½ TL getrockneter oder frischer Rosmarin
feingehackte Petersilie
1 EL Butter
Aluminiumfolie

Den Backofen mit starker Hitze (300 Grad) vorheizen. Den gewaschenen Fisch mit einem sauberen Küchentuch abtrocknen, mit Zitronensaft beträufeln und salzen. Mit der Hälfte der Kräuter bestreuen. 2 Bögen Aluminiumfolie mit Butter bestreichen (breite Ränder freilassen), die Fische mit den Kräutern nach unten auf die Folie legen und mit den restlichen Kräutern bestreuen. Die Folie nicht zu eng über dem Fisch zusammenfalten, die Ränder fest andrücken und die Folien in den vorgeheizten Backofen geben. 20 Minuten garen lassen. In der Folie auf den Teller geben, aufreißen und Fisch und Saft herausgleiten lassen.

Beilage: Salzkartoffeln, Seite 226, Zubereitung 25 Minuten
Kopfsalat, Seite 243

Ingwerfisch – malayische Art

15 Minuten
pro Portion ca. 300 Kalorien

2 Fischfilets (je 250 g)
Zitronensaft
Salz
Mehl
2 EL Olivenöl
1 Knoblauchzehe
1 kandierte Ingwerfrucht
1 EL Essig
½ Tasse Wasser
1 TL Stärkepuder
1 Msp Nelken
1 EL Sojasauce
4 EL Sahne

Die gewaschenen Fischfilets mit Zitronensaft beträufeln und salzen. In Mehl wenden und in dem heißen Olivenöl in 6 bis 8 Minuten von beiden Seiten goldbraun braten. In dieser Zeit die Ingwerfrucht in Würfelchen schneiden und Essig, Wasser und Stärkepuder miteinander verrühren. Den Fisch aus der Pfanne nehmen und warmstellen. Die Knoblauchzehe in dem Bratfett bräunen und wieder herausnehmen. Ingwerwürfel in die Pfanne geben und unter Rühren das Essigwasser hinzugeben. Nelkenpulver, Sojasauce und Sahne hinzufügen und alles einmal aufkochen lassen. Über den Fisch gießen.

Beilage: Safranreis, Seite 268, Zubereitung 20 Minuten
Spinat, Seite 216, Zubereitung 15 Minuten

Krabben in Curryrahm

10 Minuten
pro Portion ca. 360 Kalorien

250 g tiefgekühlte Tiefseekrabben oder
1 Dose Krabben
1 kleine Zwiebel
1 EL Butter
¼ TL Currypuder
1 TL Mehl
⅛ l Sahne
Salz
1 EL Sherry oder Portwein

Die tiefgekühlten Krabben etwas auftauen lassen. Die Zwiebel in kleine Würfel schneiden und in der Butter glasig rösten. Die gut abgetropften Krabben hinzufügen. Kurz in der Butter durchschwenken. Mit Currypulver und Mehl bestäuben und mit der Sahne übergießen. Mit Salz abschmecken und mit Sherry. Etwas einkochen lassen. In Eierkuchen einrollen oder auf Reis servieren.

Beilage: Eierkuchen, Seite 294, Zubereitung 15 Minuten oder Schnellreis, Zubereitung 8 Minuten

Tomatenkrabben auf Reis

20 Minuten
pro Portion ca. 500 Kalorien

100 g Langkorn-Reis
200 g Krabben (frisch oder aus der Dose)
1 Stange Porree
2 EL Olivenöl
6 Tomaten
Salz, Pfeffer
1 Stückchen Lorbeerblatt
2 EL Sahne oder Dosenmilch

2 l Wasser mit einem Teelöffel Salz zum Kochen bringen und den gewaschenen Reis hineinschütten. 12–15 Minuten kochen lassen, bis die Reiskörner körnig weich sind. In dieser Zeit den Porree feinnudelig schneiden und in dem Öl durchrösten. Die gebrühten, abgezogenen und in Stücke geschnittenen Tomaten hinzufügen sowie Salz, Pfeffer und ein Stückchen Lorbeerblatt. 5 Minuten bei starker Hitze kochen lassen, die Krabben hinzugeben, einmal aufkochen lassen und mit Sahne oder Dosenmilch abschmecken. Den gut abgetropften Reis entweder mit den Krabben vermischen oder die Krabben auf dem Reis anrichten.

Beilage: Gurkensalat, Seite 242

Kedgeree – anglo-indisches Fischgericht

30 Minuten
pro Portion ca. 750 Kalorien

150 g Patna-Reis
2 Eier
350 g geräucherter Fisch (Heilbutt, Fischfilet)
1 EL Butter
½ Tasse Sahne

Den gewaschenen Reis in reichlich kochendem Salzwasser in 15 Minuten gar kochen. In dieser Zeit die Eier hart kochen und grob hacken. Den Fisch in Stückchen zerpflücken, die Butter erhitzen und den Fisch darin durchschwenken. Den Reis auf einem Sieb abtropfen lassen. Die Sahne in einem Kochtopf erhitzen und mit dem Reis, dem Fisch und den Eiern vermischen. Ein wenig gehacktes Ei zurückbehalten und die beiden Portionen beim Anrichten damit bestreuen.

Beilage: Frische Wasserkresse oder Kressesalat

Gebackene Makrelen

20 Minuten
pro Portion ca. 480 Kalorien

2 große oder 4 kleine Makrelen
Zitronensaft
Salz
Sardellenpaste
1 EL gehackte Kräuter (Dill, Petersilie, Estragon)
50 g durchwachsener Speck
Butter für die Form

Die Makrelen beim Einkauf gleich bratfertig herrichten lassen (Köpfe nicht entfernen lassen). Waschen, mit Zitronensaft beträufeln und salzen. Den Backofen vorheizen. Mit einem scharfen Messer den Rücken der Fische zwei- bis dreimal einschneiden. Den Speck in Streifen schneiden. Die Makrelen von innen mit etwas Sardellenpaste und den Kräutern einreiben. Nebeneinander in eine gut gefettete, feuerfeste Form setzen. In die Rückeneinschnitte Speckstreifen geben. 15 Minuten im Ofen überbacken. Der herausgetretene Fischsaft kann mit etwas Sahne gebunden werden.

Beilage: Kartoffelsalat, Seite 235, Zubereitung 10 Minuten oder Reis mit Erbsen, Seite 270, Zubereitung 25 Minuten

Matjesheringe

Frische Matjesheringe gibt es im Juni. Das ist auch die Zeit, in der die ersten zarten Brechbohnen und kleine, neue Kartoffeln auf den Markt kommen. Kenner wissen diesen herzhaften Dreiklang zu schätzen.

Matjesfilets auf Eis

5 Minuten
pro Hering ca. 250 Kalorien

2 Matjesheringe (je 150 g)
1 Zwiebel
Eiswürfel

Die Matjesheringe von jeder Seite von den Gräten trennen, so daß 2 Filets entstehen. Unter fließendem kalten Wasser gründlich waschen. Eiswürfel auf eine Platte geben, die Heringsfilets darauf anordnen und mit Zwiebelringen bedekken.

Beilage: Neue Kartoffeln mit Dill, Seite 225, Zubereitung 25 Minuten
Speckbohnen, Seite 194, Zubereitung 15 Minuten

Sardinen – orientalische Art

25 Minuten
pro Portion ca. 430 Kalorien

2 Dosen Ölsardinen
2 EL Olivenöl
1 Porree (nur das weiße Ende)
1 Zwiebel
1 Knoblauchzehe
2 Tomaten
Salz, Pfeffer
1 Tasse Weißwein
1 Prise Safran
2 EL geriebener Käse

Den Backofen vorheizen. Porree in feine Scheiben, Zwiebel in Streifen schneiden. In einer Pfanne das Öl erhitzen und Porree und Zwiebel darin 5 Minuten durchrösten. In dieser Zeit die Knoblauchzehe fein wiegen, die Tomaten brühen, abziehen und in kleine Stückchen schneiden. In das Öl geben, Salz und Pfeffer hinzufügen sowie den Wein und den Safran. 5 Minuten durchkochen lassen. Die abgetropften Sardinen in eine feuerfeste Form geben und mit der Weinsauce übergießen. Mit dem geriebenen Käse überstreuen. 5 Minuten im Ofen überbacken.

Beilage: Frische Brötchen – Senfgurken oder Relish

Scampi am Spieß

15 Minuten
pro Portion ca. 450 Kalorien

¾ kg Scampi (tiefgekühlt)
1 EL Weinbrand
dünne Speckstreifen (von durchwachsenem Speck)
Salbei
Semmelbrösel

Die Scampi auftauen lassen. Den Grill oder Backofen vorheizen. Die Scampi auslösen und mit Weinbrand beträufeln. Jeden einzelnen mit einem Speckstreifen umwickeln (die Scampi sollen ganz eingehüllt sein von dem Speck). Auf 2 Spießchen stecken, dabei immer zwischen 2 Scampi ein Salbeiblättchen geben. In den Grill oder Backofen geben. Wenn der Speck glasig zu werden beginnt, etwas Semmelbrösel darüberstreuen. Weitere 5 Minuten unter Wenden garen, bis die Semmelbrösel eine braune Kruste bilden. Eine Pfeffermühle und Zitronenspalten dazustellen.

Beilage: Frisches Weißbrot

Schollenfilets in Folie

30 Minuten
pro Portion ca. 200 Kalorien

1 Packung tiefgekühlte Schollenfilets
Zitronensaft
Salz
Rosmarin
1 Paprikaschote
4 Tomaten
2 EL Butter
Aluminiumfolie

Den Backofen auf starke Hitze einstellen. Die unaufgetaute Packung öffnen. Die Enden der zwischen den Filets liegenden Folie kräftig auseinanderziehen. Die so freigewordenen Schollenfilets mit Zitronensaft beträufeln und salzen. Die Paprikaschote entkernen und in ganz feine Streifen schneiden, die Tomaten in Scheiben. 2 Stück Aluminiumfolie leicht mit Butter bestreichen. Die Schollenfilets mit Paprikaschote und Tomaten mischen, mit Salz und Rosmarin würzen und auf die beiden Folien verteilen. Die Folien über den Fischen sorgfältig schließen und im vorgeheizten Backofen in 20 Minuten gar dünsten lassen.

Beilage: Butterreis, Seite 266, Zubereitung 20 Minuten
Feldsalat mit Nüssen, Seite 240

Schollenfilets Bombay

15 Minuten
pro Portion ca. 580 Kalorien

1 Packung tiefgekühlte Schollenfilets
Zitronensaft
Salz
Mehl
Fett zum Braten
3 Bananen
Currypulver
Butter zum Braten

Die unaufgetaute Packung mit den Schollenfilets öffnen und die Filets nach Anweisung auf der Packung herauslösen. Mit Zitronensaft beträufeln und salzen. Fett in einer Pfanne erhitzen und die leicht in Mehl gewendeten Schollenfilets von beiden Seiten goldgelb braten. Die Bananen in Scheiben schneiden, mit dem Curry bepudern und in einer zweiten Pfanne in heißer Butter kurz überbraten. Auf die Schollenfilets häufen.

Beilage: Butterreis, Seite 266, Zubereitung 20 Minuten

Seezunge – Müllerinart

20 Minuten
pro Portion ca. 280 Kalorien

2 mittelgroße Seezungen
Zitronensaft
Salz, Pfeffer
Mehl
Butter zum Braten
Petersilie
½ Zitrone

Die Seezungen beim Einkauf bratfertig herrichten lassen. Sorgfältig waschen, mit Zitronensaft beträufeln, salzen und leicht pfeffern. Die Seezungen in Mehl wenden. Butter erhitzen und die Fische langsam darin von beiden Seiten in etwa 15 Minuten goldgelb backen. Aus der Pfanne nehmen und auf zwei vorgewärmte Teller geben. Mit gehackter Petersilie bestreuen. In der Pfanne ein frisches Stück Butter zerlassen und den Saft von einer halben Zitrone hinzufügen. Über die Seezungen gießen.

Beilage: Salzkartoffeln, Seite 226, Zubereitung 25 Minuten
Gurkensalat, Seite 242

Fleisch: Gebraten geht es am schnellsten

»Schnelle Küche – teure Küche« heißt es. Man denkt dabei an die hohen Preise für Steaks, Koteletts oder Schnitzel, die man in der schnellen Küche für Pfannen- und Grillgerichte verwendet. Aber mit ein bißchen Erfahrung lernt man dann auch die erschwinglicheren Fleischstücke kennen, die sich zum Braten in der Pfanne eignen. So muß es nicht immer Kalbsleber sein, wenn von Leber gesprochen wird. Schweineleber, richtig zubereitet, kann genauso zart sein. Dasselbe gilt für Kalbs- und Schweinenieren. Tiefgekühlte Hühner- und Poulardenleber sind gar nicht teuer und sehr delikat.
Überhaupt ist Geflügel im Augenblick mit das billigste Fleisch. Das überreiche Angebot in den Tiefkühltruhen wirkt sich günstig auf die Preise aus. Corned beef, Würstchen und Bratwürstchen sind auch immer ein sicherer Tip, wenn es um kleine Preise geht. Mit Hackfleisch läßt sich Wirtschaftsgeld auf das angenehmste strecken. Herzhaft gewürzt, merkt auch der kritischste Beobachter nicht, wenn der Brötchenanteil einmal etwas angestiegen ist. Hauptsache: Das Fleisch ist ganz frisch und wird sofort verbraucht.
Auf Seite 112 finden Sie eine »Kleine Fleischkunde«, die Sie über die einzelnen Fleischsorten genau unterrichtet.
»Salzt man Fleisch vor dem Braten oder nicht?« ist eine vielgestellte Frage. Die Antwort ist leicht: Salz zieht Flüssigkeit an, holt, auf rohes Fleisch gestreut, den Fleischsaft heraus. Also wird Fleisch erst nach dem Braten gesalzen. Eine Ausnahme bilden Fleischstücke, die eine Schutzhülle aus Mehl oder Semmelbröseln haben. Die können vor dem Panieren gesalzen werden.
Alles Fleisch soll Zimmertemperatur haben, wenn es gebraten wird. Ich würde auch tiefgekühltes Fleisch, allen Anwei-

sungen entgegen, erst vollkommen auftauen lassen, ehe ich es in die Pfanne gebe.

Kleine Fleischkunde

In dieser Aufstellung ist nur von den Fleischsorten die Rede, die für die Schnellküche in Frage kommen.

Rindfleisch

Gutes Rindfleisch ist dunkelrot und von leichten Fettadern durchzogen. Das Fett am Rand des Fleichstückes muß schneeweiß sein. Rindfleisch soll gut abgehangen sein, ehe es verkauft wird. Rindfleisch zum Grillen und Braten wird besonders zart, wenn man es ein paar Tage mit Olivenöl übergossen im Kühlschrank stehen läßt.
Am zartesten – und teuersten – ist das Rinderfilet. Das breite Ende des Filets liefert die Beefsteaks – die Filetsteaks –, das mittlere die Tournedos oder Medaillons und die Filetspitze das Filet Mignon. Rumpsteaks werden aus dem Rumpf der Blume geschnitten, häufig auch aus dem Roastbeef. Schabefleisch – Tatar – ist reines fett- und sehnenfreies Muskelfleisch. Am besten beim Einkauf frisch durchpassieren lassen.

Kalbfleisch

Gutes Kalbfleisch ist blaßrosa und fest. Es stammt von 4–10 Wochen alten Mastkälbern. Es ist so gut wie fettfrei, darum muß es bei der Zubereitung mit reichlich Fett gebraten oder mit Speck umwickelt werden. Es eignet sich besonders gut zum Garen in der Alufolie. Am zartesten ist das Filet – aber auch das Kotelette und die Schnitzel aus der Keule eignen sich gut zum Braten. Da Kalbfleisch überhaupt eine kurze Garzeit hat, ist es gut für die Schnellküche geeignet. Von den Innereien sind Bries, Hirn, Leber und Niere vorzüglich zu verwenden.

Schweinefleisch

Gutes Schweinefleisch soll zartrosa und fest sein und das daran anhaftende Fett schneeweiß. Fast jedes Stück Schweinefleisch läßt sich auch zum Braten verwenden. Da Schweinefleisch saftig und fett ist, kann es mit wenig Fett zubereitet werden. Schweinefleisch hat das kalorienreichste Fleisch von den Schlachttieren. Zum Braten eignen sich besonders gut Koteletts (gepökelt als Kasseler), Filet, Schnitzel aus der Keule, Nacken, Schinken und Speck. Von den Innereien sind Hirn, Leber und Nieren für die Schnellküche geeignet.

Hammel- und Lammfleisch

Gutes Hammelfleisch stammt von zwei- bis vierjährigen Tieren und ist hell- bis ziegelrot, bei Masttieren von festem weißen Fett umgeben. Das beste Lammfleisch stammt von 4–6 Monate alten Lämmern und kommt im Frühling auf den Markt. Zu junges Lammfleisch ist weich und fade. Für die Schnellküche sind nur die Kotelettstücke zu verwenden – Mutton-chops sind besonders saftige kleine Filetstückchen, die vom ganzen Sattel geschnitten werden. Sie haben ein Sternchen bei allen Feinschmeckern. Hammelfleisch eignet sich besonders gut zum Grillen, das Fett muß nach dem Braten knusprig dunkelbraun sein. Sehr heiß auf vorgewärmten Tellern servieren. Hammelleber und Nieren gelten bei Kennern als besonderer Genuß.

Grillgerichte

Ein Grill kann ein selbständiges Grillgerät oder in den Backofen eingebaut sein. Auch in einer Grillpfanne lassen sich kleine Fleischstücke gut grillen. Das Grillen selbst ist ein Garvorgang, bei dem das Grillgut fast fettfrei im eigenen Saft vollendet gargebräunt wird. Der Eigengeschmack der Speisen bleibt bei dieser Zubereitungsart ganz erhalten – die schlanke Linie übrigens auch. Aber so schnell wie das Braten in der Pfanne geht das Grillen nicht. Der Grill muß nämlich gut vorgeheizt werden, bevor mit dem Grillen begonnen wird. Man rechnet 10 Minuten Vorheizzeit. Grillgerichte, besonders aus Rind- und Hammelfleisch, werden zarter, wenn sie vor dem Grillen mit einer Marinade gebeizt oder mit Öl bestrichen werden. Das läßt sich auch in der Schnellküche erreichen. Man packt das Grillgut dazu am Vortag mit Öl oder Marinade bedeckt in den Kühlschrank. Der eigentliche Grillvorgang ist kurz, die Zeit gleicht der Bratzeit vom Fleisch.

Gegrillte Steaks

20 Minuten
pro Portion ca. 330 Kalorien

2 Filetbeefsteaks oder Rumpsteaks (200 g)
Pfeffer, Salz

Die Steaks am Vortag mit Öl einreiben und in den Kühlschrank geben. Den Grill 10 Minuten vorheizen und den Grillrost mit Öl bestreichen. Das Fleisch sorgfältig von allen Sehnen und Häuten befreien, bei den Rumpsteaks den Fettrand ein paarmal einschneiden. Die Steaks mit Öl bepinseln und auf den Grillrost legen. Von jeder Seite 3–4 Minuten grillen (3 Minuten halb durchgebraten, 4 Minuten rosa Kern). Mit Pfeffer und Salz bestreuen und sofort auftragen.

Beilage: Pommes frites, Seite 230, Zubereitung 10 Minuten
Meerrettich oder Kräuterbutter
Gegrillte Tomaten, Seite 220, Zubereitung 10 Minuten

Gegrillte Kalbskoteletts

15 Minuten
pro Portion ca. 300 Kalorien

2 Scheiben Kalbskotelett
Öl zum Bestreichen
Salz

Den Grill 8–10 Minuten vorheizen und den Grillrost einölen. Das Fleisch an den Knochen ein wenig einschneiden und zurückziehen. Mit Öl bepinseln und auf den Grillrost legen. Von jeder Seite etwa 3 Minuten grillen und mit Salz bestreuen.

Beilage: Kartoffelpüree, Seite 226, Zubereitung 10 Minuten
Kräuterbutter, Seite 115, Zubereitung 5 Minuten

Kräuterbutter

pro Portion 100 Kalorien

1 EL (25 g) Butter
1 EL feingehackte Kräuter (Dill, Petersilie, Schnittlauch, Estragon)
1 TL Zitronensaft
1 Spritzer Worcestersauce oder 1 Msp scharfer Senf

Die weiche Butter mit den Kräutern, dem Zitronensaft und der Worcestersauce oder dem Senf gründlich verkneten und in 2 Portionen geteilt auf das Grillgut geben. Wer häufig gegrilltes Fleisch ißt und Kräuterbutter schätzt, sollte die fünffache Menge des Rezeptes herstellen, eine Rolle davon formen, diese in Aluminiumfolie einschlagen und im Kühlschrank lagern. Wenn es gegrillten Fisch oder gegrilltes Fleisch gibt, kann dann jedesmal eine Scheibe Kräuterbutter portionsfertig abgeschnitten werden.

Gegrillte Schweinekoteletts

20 Minuten
pro Portion ca. 550 Kalorien

2 Scheiben Schweinekotelett
Öl
Pfeffer, Salz

Die Koteletts immer mit Knochen kaufen. Den Grill 10 Minuten vorheizen und den Grillrost einölen. Das Fleisch am Knochen ein wenig einschneiden und zurückziehen. Einen eventuellen Fettrand bis auf einen kleinen Rest abschneiden und die Rundung des Koteletts zwei- bis dreimal einschneiden, damit es sich nicht wirft. Leicht pfeffern und mit Öl bestreichen. Auf den Grillrost legen und in 6–8 Minuten hellbraun grillen. Es müssen sich kleine Saftperlen auf dem Fleisch bilden. Zum Schluß mit Salz bestreuen.

Beilage: Kartoffelpüree, Seite 226, Zubereitung 10 Minuten
Sauerkrautsalat, Seite 248

Gegrillte Hammelkoteletts

30 Minuten
pro Portion ca. 500 Kalorien

2 große oder 4 kleine Hammelkoteletts
Öl
Knoblauch
Salz, Pfeffer

Die Koteletts immer mit Knochen kaufen. Das Fleisch am Knochen ein wenig einschneiden und zurückziehen. Am Vortag mit Öl und einer Knoblauchzehe einreiben und in den Kühlschrank geben. Den Grill 10 Minuten vorheizen, den Grillrost einölen. Die Hammelkoteletts leicht mit Öl bestreichen und auf den Grillrost legen. Von jeder Seite etwa 8–10 Minuten grillen. Das Fleisch ist gar, wenn sich kleine

Saftperlchen bilden und das Fett knusprig dunkelbraun aussieht.

Beilage: Pommes frites, Seite 230, Zubereitung 10 Minuten
Frische Kresse

Mixed Grill am Spieß

20 Minuten
1 Grillspieß ca. 400 Kalorien

4 Scheiben Schweinefilet
1 Zwiebel
1 grüne Paprika
2 Scheiben durchwachsener Speck
1 Saftwürstchen
2 kleine Tomaten
Pfeffer
Olivenöl zum Bestreichen
Salz

Den Grill 10 Minuten vorheizen und den Grillrost einölen. In dieser Zeit die Zwiebel in Scheiben schneiden, die entkernte Paprika und den Speck in Streifen. Das Würstchen in fingerdicke Scheiben zerteilen, die Tomaten halbieren, die Filetscheiben ebenfalls. Abwechselnd auf 2 Grillspießchen ein Stückchen Schweinefilet, eine Zwiebelscheibe, Speck, Paprika, Würstchen und wieder Fleisch stecken. Mit der zweiten Tomatenhälfte abschließen. Die Spießchen pfeffern, mit Öl einpinseln und im vorgeheizten Grill oder in der heißen Grillpfanne von allen Seiten in etwa 8 Minuten braun grillen. Die fertigen Grillspießchen mit Salz bestreuen.

Beilage: Frisches Weißbrot oder Pommes frites, Seite 230, Zubereitung 10 Minuten
Grüner Salat, Seite 243

Spießchen Hawaii

15 Minuten
pro Portion ca. 650 Kalorien

1 kleine Dose Cocktailwürstchen
50 g Speck
2 Scheiben Ananas
1 fingerdicke Scheibe fetter Käse
Senf
Öl zum Bestreichen
Semmelbrösel

Den Grill vorheizen und den Grillrost einölen. Den Speck in kleine Scheibchen schneiden, die Ananas in Stückchen, den Käse in Würfel. Abwechselnd ein Cocktailwürstchen, 1 Stückchen Speck, 1 Stückchen Ananas, einen Käsewürfel und wieder ein Cocktailwürstchen auf 2 Spießchen stecken, bis die Zutaten verbraucht sind. Leicht mit Senf bestreichen und dann mit Öl. Mit Semmelbröseln bestreuen. Im vorgeheizten Grill oder in einer heißen Grillpfanne von allen Seiten goldbraun grillen, Herausnehmen, wenn der Käse zu schmelzen beginnt.

Beilage: Kartoffelpüree, Seite 226, Zubereitung 10 Minuten

Schaschlik

25 Minuten
pro Portion ca. 560 Kalorien

250 g Hammelfleisch (aus der Keule)
Olivenöl
1 Zwiebel
4 in Scheiben geschnittene Zwiebeln
1 Lorbeerblatt
2 Scheiben durchwachsener Speck
Salz, Pfeffer

Das Hammelfleisch am Vortag kaufen und gleich beim Einkauf in Würfel schneiden lassen. 24 Stunden in eine Marinade aus Olivenöl, mit einer geriebenen Zwiebel gewürzt, einlegen. Den Grill 10 Minuten vorheizen und den Grillrost einölen. Abwechselnd einen Fleischwürfel, Zwiebelscheiben, ein Stückchen Lorbeerblatt und ein Speckstückchen, dann wieder einen Fleischwürfel auf 2 Spießchen stecken. Mit der Ölmarinade bestreichen. Im vorgeheizten Grill oder in einer Grillpfanne unter Wenden in 12–15 Minuten grillen, bis das Fleisch von allen Seiten knusprig braun gebraten ist. Mit Salz und Pfeffer würzen.

Beilage: Curryreis, Seite 266, Zubereitung 20 Minuten
Paprikasalat, Seite 246

Steak-Spießchen

25 Minuten
pro Portion ca. 560 Kalorien

250 g Beefsteak (Filet)
Olivenöl
4 kleine Zwiebeln
1 Lorbeerblatt
1 Scheibe durchwachsener Speck
1 Stückchen Paprikaschote
Salz, Pfeffer

Das Fleisch in Würfel schneiden und mit Öl bestreichen. Den Grill 10 Minuten vorheizen und den Grillrost einölen. Abwechselnd einen Fleischwürfel, ein Stückchen Speck, eine Zwiebel, ein Stückchen Lorbeerblatt oder ein Stückchen Paprika und wieder einen Fleischwürfel auf 2 Spießchen stekken. Mit Öl bestreichen. Im vorgeheizten Grill oder in einer Grillpfanne unter Wenden in 12–15 Minuten grillen, bis das Fleisch von allen Seiten knusprig braun gebraten ist. Mit Salz und Pfeffer würzen.

Beilage: Curryreis, Seite 266, Zubereitung 25 Minuten
Paprikasalat, Seite 246

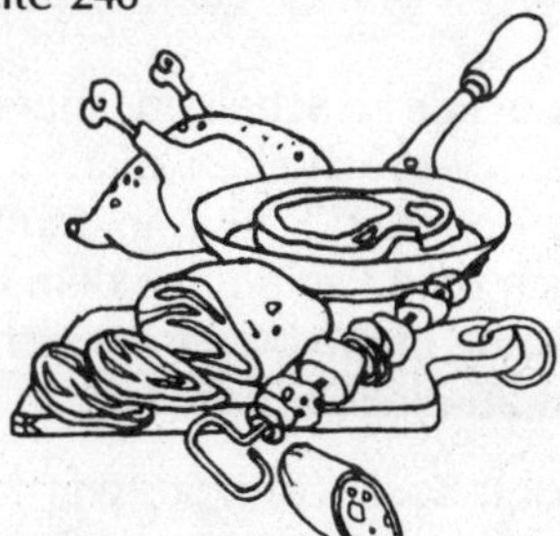

Panierte Fleischstücke

Das klassische Vorbild aller panierten Fleischstücke ist ein saftiges Wiener Schnitzel mit goldbrauner Kruste aus Ei und Semmelbröseln. Fleischstücke, die paniert werden, bleiben beim Braten besonders saftig, dafür steigt ihr Kaloriengehalt durch die fettaufnahmefähige Panade an. 3 Teller gehören zum richtigen Panieren: einer mit Mehl, ein zweiter mit verquirltem Ei und ein dritter mit Semmelbröseln. Die Schnitzel oder Koteletts sollen ganz gleichmäßig mit der Bröselmasse überzogen sein. Leichter und zarter als die Bröselmasse ist eine Umhüllung aus reiner Eimasse – das ist dann ein Pariser Schnitzel.

Bei der Zubereitung wird erst die Pfanne mit reichlich Fett erhitzt und in dieser Zeit das Bratgut mit den bereitstehenden Zutaten nacheinander paniert (damit die Panade nicht durchweichen kann). Die Wiener braten für jeden Tischgast ein Stückchen Petersilie in dem Bratfett mit. Zitronenschnitzel nicht vergessen. Sauce zu panierten Fleischstücken ist eine kulinarische Todsünde.

Corned-beef-Schnitzel

10 Minuten
pro Portion ca. 350 Kalorien

1 Dose Corned beef

Mehl
1 Ei
Semmelbrösel
Fett zum Braten

Von dem Corned beef dicke Scheiben schneiden. Das Ei verquirlen. Die Corned-beef-Scheiben zuerst in Mehl, dann in dem verquirlten Ei und zum Schluß in den Semmelbröseln wenden. Sofort nach dem Panieren in dem heißen Fett von beiden Seiten knusprig braun braten (vorsichtig wenden, da die Schnitzel leicht auseinanderfallen).

Beilage: Blumenkohl, Rosenkohl, Erbsen, Karotten

Paniertes Kalbshirn

20 Minuten
pro Portion ca. 380 Kalorien

1 Kalbshirn
Salz
Mehl
1 Ei
Pfeffer
Semmelbrösel
Butter zum Braten

Das gewaschene Kalbshirn in kaltem Salzwasser aufsetzen, bis zum Kochen bringen und in kaltes Wasser geben. Häuten und die Adern entfernen. Das Hirn in dicke Scheiben schneiden. Das Ei mit Salz und Pfeffer würzen und verquirlen. Die Hirnscheiben zuerst in Mehl, dann in dem Ei und zuletzt in den Semmelbröseln wenden. In heißer Butter von beiden Seiten goldbraun braten. Mit Zitronenspalten und Petersilie garnieren. Man kann die beiden Hirnhälften auch nur in kaltes Wasser legen, abziehen, panieren und braten.

Beilage: Kartoffelsalat mit Mayonnaise, Seite 235, Zubereitung 10 Minuten

Gebackene Leber

10 Minuten
pro Portion ca. 450 Kalorien

200 g Kalbs- oder Schweineleber
Mehl
Salbei
Salz, Pfeffer
1 Ei
Semmelbrösel
Öl oder Fett zum Braten
½ Zitrone

Die Leber in Scheiben schneiden. Das Mehl mit einem zerriebenen Salbeiblatt, Salz und Pfeffer vermischen und die Leber darin wenden und abklopfen. Das Ei verquirlen. Reichlich Fett in einer Pfanne erhitzen. Die Leberscheiben in dem Ei und in den Semmelbröseln wenden und dann in das heiße Fett geben. Von beiden Seiten in 5 Minuten knusprig braun braten. Mit Zitronenspalten garniert auftragen.

Beilage: Kartoffelsalat, Seite 235, Zubereitung 10 Minuten

Kalbsschnitzel Cordon bleu

20 Minuten
pro Portion ca. 650 Kalorien

2 lange, dünne Kalbsschnitzel (je 150 g)
Salz
1 Scheibe roher Schinken
1 Scheibe Schweizer Käse
Mehl
1 Ei
Semmelbrösel
Butter zum Braten

Den Schinken und den Käse halbieren. Die Kalbsschnitzel klopfen und leicht salzen. Die Hälfte von jedem Schnitzel mit je einer Schinken- und Käsescheibe belegen und die zweite Hälfte darüberklappen. Käse und Schinken dürfen nicht über den Rand des Schnitzels hinausragen. Auf drei Tellern Mehl, ein verquirltes Ei und die Semmelbrösel bereitstellen. Butter erhitzen und die Schnitzel in Mehl, Ei und Semmelbröseln wenden. Langsam in der heißen Butter von beiden Seiten goldbraun braten.

Beilage: Junge Erbsen, Seite 200, Zubereitung 15 Minuten

Pariser Schnitzel

10 Minuten
pro Portion ca. 340 Kalorien

2 Kalbsschnitzel (je 125 g)
Salz, Pfeffer
Mehl
1 Ei
Fett zum Braten

Die Schnitzel klopfen, salzen, mit Pfeffer bestreuen und in Mehl wenden. Das Ei in einem Teller mit der Gabel verquirlen. Reichlich Fett erhitzen. Das gemehlte Fleisch sorgfältig in dem Ei wenden, es soll von der Eimasse ganz überzogen sein. In das heiße Fett geben und von beiden Seiten langsam in etwa 8 Minuten goldgelb braten.

Beilage: Spargel oder anderes junges Gemüse

Parmaschnitzel

15 Minuten
pro Portion ca. 450 Kalorien

4 kleine Kalbsschnitzel
(je 75 g)
Mehl
Salz, Pfeffer
1 Ei
3 EL Semmelbrösel
3 EL geriebener Parmesankäse
Fett zum Braten

3 Teller bereitstellen: einen mit Mehl, mit Salz und Pfeffer vermischt, einen zweiten mit einem verquirlten Ei und einen dritten mit Semmelbröseln mit Parmesankäse vermischt. Das Fett erhitzen. Das Fleisch zuerst in Mehl, dann in Ei und zum Schluß in dem Brösel-Käse-Gemisch wenden. In dem heißen Fett langsam von beiden Seiten 8–10 Minuten goldbraun backen. Das Fett darf nicht zu heiß sein, weil der Käse sonst dunkel wird.

Beilage: Kartoffelpüree, Seite 226, Zubereitung 10 Minuten
Spargel, Seite 215, Zubereitung 15 Minuten

Römische Schinkensteaks

10 Minuten
pro Portion ca. 620 Kalorien

2 fingerdicke Scheiben
Kasseler (ohne Knochen)
1 Ei
30 g geriebener Parmesankäse
Fett oder Öl zum Braten

Das Ei mit einem Schneebesen leicht verquirlen und den geriebenen Käse daruntermischen. Kurz etwas stehen lassen. Das Fleisch von beiden Seiten dick mit der Käsecreme bestreichen und in dem heißen Fett von beiden Seiten goldbraun braten. Tomatenketchup dazustellen.

Beilage: Kartoffelpüree, Seite 226, Zubereitung 10 Minuten
Blattspinat, Seite 216, Zubereitung 10 Minuten

Schnitzel Piccata

15 Minuten
pro Portion ca. 450 Kalorien

4 kleine, dünne Kalbsschnitzel (je 75 g)
Mehl
Salz, Pfeffer
1 Ei
3 EL Semmelbrösel
3 EL geriebene Mandeln
Butter zum Braten
Zitronenspalten

3 Teller bereitstellen, einen mit Mehl, mit Salz und Pfeffer vermischt, einen mit einem verquirlten Ei und einen dritten mit Semmelbröseln und Mandeln vermischt. Das Fett erhitzen. Das Fleisch zuerst in Mehl, dann in Ei und zum Schluß in dem Brösel-Mandel-Gemisch wenden. In der heißen Butter langsam von beiden Seiten in 8–10 Minuten knusprig braun braten. Mit Zitronenspalten garniert auftragen.

Beilage: Kartoffelpüree, Seite 226, Zubereitung 10 Minuten
Junge Erbsen, Seite 201, Zubereitung 15 Minuten

Wiener Schnitzel

15 Minuten
pro Portion ca. 400 Kalorien

2 dünne, lange Kalbsschnitzel (je 125 g)
Mehl
Salz, Pfeffer
1 Ei
1 EL Wasser
1 EL Öl
Semmelbrösel
Fett oder Öl zum Braten
1 Zitrone und Petersilie zum Garnieren

3 Teller bereitstellen: 1. Mehl mit Salz und Pfeffer vermischt, 2. Ei mit Wasser und Öl verquirlt und 3. Semmelbrösel. Das Fett in der Pfanne erhitzen. Die Schnitzel zuerst leicht in Mehl, dann in dem Ei und zum Schluß gleichmäßig in den Semmelbröseln wenden (überschüssige Semmelbrösel abklopfen). In dem heißen Fett langsam von beiden Seiten in

ca. 8 Minuten goldbraun braten. Mit Petersilie und Zitronenvierteln garniert auftragen.

Beilage: Kartoffelsalat, Seite 235, Zubereitung 10 Minuten oder Salzkartoffeln und feines Gemüse

Kopenhagener Schweinebauch

15 Minuten
pro Portion ca. 600 Kalorien

2 fingerdicke Scheiben Schweinebauch (je 125 g)
Mehl
Salz
1 Ei
Semmelbrösel
Schmalz zum Braten
2 Zwiebeln
2 Äpfel
1 EL Zucker

Den Schweinebauch an der Schwarte 2–3mal einschneiden, in Mehl mit Salz vermischt wenden und überflüssiges Mehl abklopfen. In dem verquirlten Ei und zum Schluß in den Semmelbröseln wenden. In heißem Schmalz von beiden Seiten in 6 Minuten goldbraun backen. In dieser Zeit in einer zweiten Pfanne die Zwiebelscheiben in heißem Schmalz hellgelb rösten, aus dem Fett herausnehmen und die in Scheiben geschnittenen Äpfel darin anbraten. Den Zucker hinzufügen und weiterbraten, bis der Zucker zu schmelzen beginnt. Den Schweinebauch mit den Zwiebeln und Äpfeln zusammen anrichten. Panierter Schweinebauch schmeckt auch vorzüglich ohne Apfel und Zwiebeln zu einem Kartoffelsalat.

Beilage: Kartoffelpüree, Seite 226, Zubereitung 10 Minuten

Panierte Schweinekoteletts

15 Minuten
pro Portion ca. 500 Kalorien

2 Schweinekoteletts
Mehl
Salz, Pfeffer
1 Ei
Semmelbrösel
Fett oder Öl zum Braten

Den Fettrand der Koteletts 2- bis 3mal etwas einschneiden. Drei Teller bereitstellen: 1. Mehl mit Salz und Pfeffer vermischt, 2. das verquirlte Ei und 3. Semmelbrösel. Fett zum Braten in der Pfanne erhitzen. Das Fleisch zuerst in Mehl, dann in dem Ei und zum Schluß in den Semmelbröseln wenden. In das heiße Fett geben und von beiden Seiten in 10–12 Minuten langsam knusprig braun braten.

Beilage: Salzkartoffeln, Pellkartoffeln, Kartoffelpüree, Gemüse oder Salat

Unpanierte Fleischstücke

In einer, besser noch zwei Bratpfannen lassen sich mit unpanierten Fleischstücken und Gemüse oder Früchten in kürzester Zeit richtige Mahlzeiten zubereiten. Da zu allen Pfannengerichten knusprig frisches Weißbrot gut schmeckt, reicht das vielzitierte »nur ein Viertelstündchen« oft aus, um sich nach einem anstrengenden Arbeitstag gleich an den Eßtisch setzen zu können. Das Bratfett des Fleisches ist immer ein guter Saucenfond, der mit Wein oder Sahne aufgegossen wird. Wer reichlich Sauce möchte, nimmt noch ein halbes Päckchen kochfertige Sauce dazu. Vor allem aber können Sie, in der Zeit, in der das Fleisch gebraten wird, in der Pfanne selbst oder in einer zweiten Pfanne so appetitliche Beilagen wie Tomaten, Paprika, Äpfel, Zwiebel, Bananen mitdünsten und das Pfannengericht damit vervollständigen.

Beefsteak mit Zwiebeln

10 Minuten
pro Portion ca. 600 Kalorien

2 Scheiben Filetsteak
(je 150–200 g)
2 Zwiebeln
3 EL Butter
Pfeffer, Salz

Die Filetsteaks, wenn möglich, am Vortag mit Öl bestreichen und in den Kühlschrank geben. Die Zwiebeln in Scheiben schneiden. Eine Pfanne erhitzen und die beiden Steaks hineingeben, 1 Minute braten lassen und wenden. 1 Eßlöffel Butter hinzufügen und das Steak pfeffern. Erneut wenden und weitere 6 Minuten braten. In einer zweiten Pfanne die restliche Butter erhitzen und die Zwiebelringe darin hellbraun braten. Auf die beiden Steaks häufen.

Beilage: Pommes frites, Seite 230, Zubereitung 10 Minuten
Grüner Salat, Seite 243

Deutsches Beefsteak

10 Minuten
pro Portion ca. 250 Kalorien

250 g reines Beefsteakhack
2 EL Wasser
Salz, Pfeffer
Butter oder Margarine zum Braten
1 große Zwiebel

Das Beefsteakhack mit Wasser, Salz und Pfeffer zu einem Fleischteig verkneten und mit nassen Händen zwei Fleischplätzchen formen. Das Fett erhitzen und die deutschen Beefsteaks darin von beiden Seiten je 3 Minuten braten, der Kern soll noch rosa sein. Auf eine vorgewärmte Platte legen. In dem Bratfett die in Scheiben geschnittene Zwiebel hellgelb rösten und auf die Beefsteaks häufen.

Beilage: Kartoffelpüree, Seite 226, Zubereitung 10 Minuten
Alle Gemüsesorten

Bratwurst mit Apfelringen

15 Minuten
pro Portion ca. 700 Kalorien

2 Schweinsbratwürstchen (je 100 g)
Fett zum Braten
2 mürbe Äpfel
Zitronensaft
etwas Butter
1–2 TL Zucker, mit 1 Prise Zimt vermischt

Die Bratwürstchen in heißem Wasser 5 Minuten ziehen lassen, abtrocknen, ein paarmal mit der Gabel einstechen und leicht mit Mehl bepudern. In heißem Fett von beiden Seiten in 10 Minuten langsam braun braten. In dieser Zeit das Kerngehäuse der gewaschenen Äpfel mit einem Apfelstecher herausbohren. Die Äpfel in fingerdicke Scheiben schneiden und mit Zitronensaft beträufeln. In einer zweiten Pfanne in heißer Butter von beiden Seiten braun braten. Zum Schluß mit dem Zucker bestreuen und noch ein paarmal wenden. Die Bratwürstchen mit den Apfelringen zusammen anrichten.

Beilage: Kartoffelpüree, Seite 226, Zubereitung 10 Minuten

Serbische Čevapčiči

10 Minuten
pro Portion ca. 300 Kalorien

250 g reines Beefsteakhack
50 g Schweinehack
Salz
Paprika
Olivenöl zum Braten
1 große Zwiebel

Schweinekoteletts Teneriffa ▷
(Rezept Seite 148)

Das Fleisch vermischen, scharf und pikant mit Salz und Paprika abschmecken. Mit nassen Händen halbfingerlange Würstchen formen. In dem heißen Olivenöl von allen Seiten knusprig braun braten. Dazu einen Teller mit in Würfel geschnittener roher Zwiebel servieren. Die Čevapčiči werden darin vor dem Essen gewendet. Wer Zwiebeln nicht mag, kann Würfel von Paprikaschoten dafür nehmen.

Beilage: Frisches Weißbrot und roter Landwein

Fleischklößchen in Tomatensauce

15 Minuten
pro Portion ca. 380 Kalorien

100 g Beefsteakhack
100 g Schweinehack
1 Ei
Salz, Pfeffer
Senf
Saft von ½ Zitrone
Mehl
Semmelbrösel
Fett zum Braten
1 Tasse Wasser
½ Päckchen Tomatensoße
2 EL Sahne oder
Dosenmilch

Das Ei verquirlen und die Hälfte der Eimasse mit dem Fleisch, Salz, Pfeffer, Senf und Zitronensaft vermischen. 8 kleine Fleischklopse formen und in Mehl, der restlichen Eimasse und zuletzt in Semmelbröseln wenden. In dem heißen Fett von beiden Seiten knusprig braun braten. Aus der Pfanne nehmen und warmstellen. Den Bratensaft mit dem Wasser aufgießen. Die Tomatensoße hinzugeben, unter Rühren 3 Minuten kochen lassen und mit der Sahne oder Dosenmilch abschmecken. Die Fleischklößchen mit der Tomatensauce übergießen.

Beilage: Makkaroni, Zubereitung 15 Minuten
Kopfsalat, Seite 243

◁ *Specklinsen*
(Rezept Seite 209)

Amerikanische Cheeseburgers

15 Minuten
pro Portion ca. 600 Kalorien

250 g gemischtes Hack
2 EL Semmelbrösel
3 EL Milch
1 Zwiebel
Salz, Pfeffer
Butter oder Margarine zum Braten
2 Scheiben vollfetter Käse (je 50 g)
1 rundes Brötchen

Die Zwiebel in Würfel schneiden. Das Fleisch mit den Semmelbröseln, der Milch, den Zwiebelwürfeln, Salz und Pfeffer zu einem Fleischteig verkneten und daraus 2 Fleischplätzchen formen. In heißem Fett von beiden Seiten in 8 Minuten gar braten. Mit je einer Käsescheibe bedecken und einen Deckel auf die Pfanne geben. Wenn der Käse zu schmelzen beginnt, das Fleisch aus der Pfanne nehmen. Jeden Cheeseburger auf ein halbes Brötchen setzen.

Beilage: Tomaten-Ketchup – Mango Chutney

Russische Fleischklößchen mit Gurkensauce

15 Minuten
pro Portion ca. 350 Kalorien

150 g Beefsteakhack
50 g Schweinehack
2 EL Semmelbrösel
½ Tasse Milch
1 Zwiebel
4 Sardellen
Salz, Pfeffer
Butter oder Margarine zum Braten
2 Gewürzgurken
2 EL Tomaten-Ketchup
Gurkenessig
3 EL Dosenmilch

Die Semmelbrösel mit der Milch vermischen. Die Zwiebel in kleine Würfel schneiden, die Sardellen feinwiegen. Alles mit dem Hackfleisch vermischen und mit Salz und Pfeffer abschmecken. Mit nassen Händen kleine Fleischklößchen formen. Das Fett erhitzen und die Klößchen darin von beiden Seiten knusprig braun braten. In dieser Zeit die Gurken in kleine Würfel schneiden. Die Fleischklößchen aus der Pfanne nehmen. Die Gurkenwürfel in dem Bratfett durchschwenken, das Ketchup hinzugeben sowie 6 Eßlöffel von dem Gewürzessig der Gurken. Durchkochen lassen und zum Schluß die Kondensmilch an die Sauce geben. Über die Fleischklößchen gießen. Ein erfrischendes Fleischgericht für heiße Tage.

Beilage: Frisches Weißbrot oder Brötchen

Frikadellen

(Fleischlaibchen)

20 Minuten
pro Portion ca. 350 Kalorien

200 g gemischtes Hack
2 EL Semmelbrösel
1 Ei
1 kleine und 1 große Zwiebel
Salz, Pfeffer
Fett zum Braten

Das Hackfleisch mit Semmelbröseln, Ei, einer kleinen, in Würfel geschnittenen Zwiebel, Salz und Pfeffer schnell mit den Händen zu einem Fleischteig verkneten. Die Hände anfeuchten, 2 Fleischbällchen formen und flachdrücken. Das Fett in der Pfanne erhitzen, die Frikadellen darin von beiden Seiten in 10 Minuten goldbraun braten und warmstellen. Die große Zwiebel in Scheiben geschnitten in dem Bratfett hellgelb braten und auf die Frikadellen häufen. – Schneller geht es, wenn die Zwiebelringe gleichzeitig in einer zweiten Pfanne gebraten werden.

Beilage: Sahnesauce, Seite 85, Zubereitung 5 Minuten oder Tomatensauce, Seite 86, Zubereitung 15 Minuten

Hackbeefsteak alla pizzaiola

20 Minuten
pro Portion ca. 480 Kalorien

250 g gemischtes Hack
2 EL Semmelbrösel
3 EL Milch
1 Zwiebel
Salz, Pfeffer
3 EL Olivenöl
1–2 Knoblauchzehen
6 Tomaten
Petersilie
Oregano

Die Zwiebel in Würfel schneiden. Das Fleisch mit den Semmelbröseln, den Zwiebelwürfeln, der Milch sowie Salz und Pfeffer zu einem herzhaft abgeschmeckten Fleischteig verkneten. 2 Fleischplätzchen formen. Das Öl erhitzen und die Fleischlaibchen darin von beiden Seiten in 10 Minuten gar braten. In dieser Zeit die Knoblauchzehen fein hacken und die Tomaten brühen, abziehen und in Stückchen schneiden, dabei das kernige Mark zurücklassen. Knoblauch in dem Bratfett anrösten, die Tomatenstückchen hinzufügen und mit gehackter Petersilie, Oregano, Salz und Pfeffer würzen. 5 Minuten schmoren lassen und dann die Beefsteaks noch einmal in der Sauce erhitzen. Sehr gut schmecken auch Beefsteak und Kalbsschnitzel »alla pizzaiola«.

Beilage: Kartoffelpüree, Seite 226, Zubereitung 10 Minuten
Verschiedene Salate

Amerikanische Hamburgers

10 Minuten
pro Portion ca. 500 Kalorien

300 g Beefsteakhack
Salz, Pfeffer
Worcester Sauce
1 kleine feingehackte Zwiebel
Butter zum Braten und für Brötchen
2 runde Brötchen

Das Fleisch mit Salz, Pfeffer, 1 Teelöffel Worcester Sauce und den Zwiebelwürfeln vermischen. 2 Fleischplätzchen formen. In heißer Butter von beiden Seiten in 8 Minuten gar braten. In dieser Zeit die durchgeschnittenen Brötchen mit Butter bestreichen. Die fertigen Fleischplätzchen zwischen die Brötchenhälften legen.

Beilage: Chili Sauce – Tomaten-Ketchup – Saure Sahne mit Meerrettich verrührt

Kalbfleischvögel – neapolitanische Art

20 Minuten
pro Portion ca. 580 Kalorien

2 dünne, lange Scheiben Kalbsschnitzel
Salz, Pfeffer
2 Scheiben gekochter Schinken
2 kleine Scheiben vollfetter Käse
Mehl
Butter oder Margarine zum Braten
½ Glas Weißwein
Fleischwürze

Das Kalbfleisch mit Salz und Pfeffer bestreuen. Den gekochten Schinken so auf das Fleisch legen, daß der Rand des Fleisches freibleibt und auf die eine Hälfte des Fleisches die kleine Käsescheibe geben. Das Fleisch auf die Hälfte zusammenklappen, leicht in Mehl wenden und in dem heißen Fett von beiden Seiten in 12 Minuten langsam gar braten. Das Fleisch aus der Pfanne nehmen und warmstellen. Das Bratfett mit dem Wein aufgießen, durchkochen lassen und mit etwas Fleischwürze abschmecken. Über das Fleisch gießen.

Beilage: Frisches Weißbrot oder Kartoffelpüree, Seite 226, Zubereitung 10 Minuten
Junge Erbsen, Seite 200, Zubereitung 10 Minuten

Hammelkoteletts

20 Minuten
pro Portion ca. 400 Kalorien

2 große oder 4 kleine Hammelkoteletts
1 Knoblauchzehe oder Knoblauchsalz
Salz, Pfeffer
2 EL Olivenöl zum Braten
1 Stückchen frische Butter

Den Fettrand der Koteletts mit einem scharfen Messer ein paarmal einschneiden. Die Hammelkoteletts von beiden Seiten mit der durchgeschnittenen Knoblauchzehe einreiben. Das Öl in der Pfanne stark erhitzen und die Hammelkoteletts unter häufigem Wenden darin in 20 Minuten gar braten (kleinere Koteletts 15 Minuten). Das Öl muß während des Bratens sehr heiß sein und das Hammelfett soll eine dunkelbraune Kruste bilden. Salzen, pfeffern und mit einem Stückchen frischer Butter belegen. Auf heißen Tellern sofort auftragen.

Beilage: Weiße Bohnen mit Rosmarin, Seite 196, Zubereitung 10 Minuten
oder Grüne Bohnen, Seite 193, Zubereitung 10 Minuten
Pommes frites, Seite 230, Zubereitung 10 Minuten

Hammelkoteletts mit Kräutern

20 Minuten
pro Portion ca. 400 Kalorien

2 große oder 4 kleine Hammelkoteletts
1 Knoblauchzehe oder Knoblauchsalz
2 TL getrockneter Thymian
½ TL Basilikum
Salz, Pfeffer
2 EL Olivenöl
1 Stückchen frische Butter

Den Fettrand der Koteletts ein paarmal einschneiden und das Fleisch mit der durchgeschnittenen Knoblauchzehe einreiben. Thymian und Basilikum vermischen und die Koteletts damit bestreuen und fest andrücken. Wenn es die Zeit erlaubt, die Koteletts etwas durchziehen lassen. Das Öl erhitzen und die Hammelkoteletts darin in 15–20 Minuten – je nach Größe – gar braten. Das Hammelfett soll eine appetitliche dunkelbraune Kruste bekommen. Mit Salz und Pfeffer bestreuen. Mit einem Stückchen frischer Butter belegen. Auf heißen Tellern sofort auftragen.

Beilage: Tomatenbohnen, Seite 196, Zubereitung 10 Minuten
oder Grüne Bohnen, Seite 194, Zubereitung 20 Minuten
Pommes frites, Seite 230, Zubereitung 10 Minuten

Hammelkoteletts Berlin

25 Minuten
pro Portion ca. 560 Kalorien

2 große oder 4 kleine Hammelkoteletts
Salz, Pfeffer
4 EL Öl zum Braten
2 Zwiebeln
2 Kartoffeln
1 Msp Kümmel

Den Fettrand der Hammelkoteletts ein paarmal mit dem Messer einschneiden. Die Koteletts mit Salz und Pfeffer einreiben und in dem heißen Fett von beiden Seiten in 15–20 Minuten braun und gar braten. Die Zwiebeln und die Kartoffeln in Würfel schneiden und in einer zweiten Pfanne in heißem Öl unter Wenden goldgelb braten. Den Kümmel hinzugeben und mit Salz und Pfeffer abschmecken. Die Zwiebelkartoffeln auf die Koteletts häufen und auf vorgewärmte Teller geben. Sofort servieren.

Beilage: Frische Kresse

Kalbsschnitzel Café Royal

15 Minuten
pro Portion ca. 550 Kalorien

2 Kalbsschnitzel (je 125 g)
Mehl
Butter zum Braten
Pfeffer, Salz
1 kleine Dose Champignons
⅛ l Sahne
2 EL Sherry oder Portwein

Die Kalbsschnitzel leicht in Mehl wenden, abklopfen, mit Salz und Pfeffer bestreuen und in heißer Butter hellbraun braten (jede Seite 3–4 Minuten). In dieser Zeit die Champignons aus der Dose in Scheibchen schneiden. Das Fleisch aus der Pfanne nehmen und die Champignons in dem Bratfett durchschwenken. Mit der Sahne aufgießen, die Hälfte des Champignonwassers hinzufügen, etwas einkochen lassen und den Sherry an die Sauce geben. Das Fleisch noch einmal in der Sauce aufkochen lassen und sofort auftragen. Mit frischen Champignons (200 g) schmeckt das Kalbsschnitzel noch pikanter, die Zubereitungszeit beträgt dann aber 10 Minuten mehr, weil das Putzen der Pilze hinzukommt.

Beilage: Curryreis, Seite 266, Zubereitung 20 Minuten
Gewürzter Fruchtsalat, Seite 242, Zubereitung 10 Minuten

Kalbsschnitzel Grandhotel

30 Minuten
pro Portion ca. 500 Kalorien

2 Kalbsschnitzel (je 125 g)
Salz, Pfeffer
Butter
1 kleine Dose Erbsen extra fein
3 Blättchen Rosmarin
1 kleine Dose Stangenspargel
2 dünne Scheiben Schinken
Aluminiumfolie

Den Backofen vorheizen. Die Kalbsschnitzel leicht klopfen, mit Salz und Pfeffer bestreuen und in heißer Butter von beiden Seiten in 5 Minuten goldbraun braten. In dieser Zeit die Erbsen in dem Gemüsewasser mit dem Rosmarinblättchen erhitzen, salzen und auf ein Sieb zum Abtropfen geben. Die Erbsen mit einem Stückchen Butter vermischen. Die abgetropften Spargelstangen in die Schinkenscheiben rollen, zwei Aluminiumfolien in fünffacher Größe der Schnitzel schneiden. Dick mit Butter bestreichen. Die Kalbsschnitzel darauflegen, mit den Erbsen bedecken und den Spargel darüberlegen. Die Folie locker falten und die Ränder gut andrücken. In den Backofen geben und 15 Minuten backen lassen. Im Silberhemd auf den Teller legen – jeder öffnet sich sein Päckchen selbst. Dieses glanzvolle Rezept ist das Richtige für anspruchsvolle Gäste.

Beilage: Pommes frites, Seite 230, Zubereitung 10 Minuten

Kalbsschnitzel in Marsalawein

(Scaloppine al marsala)

12 Minuten
pro Portion ca. 320 Kalorien

4 dünne Kalbsschnitzel
(je 60 g)
Mehl
Salz, Pfeffer
Butter zum Braten
½ Glas Marsalawein
1 Stückchen frische Butter

Die Kalbsschnitzel klopfen und unmittelbar vor dem Braten in Mehl, mit Salz und Pfeffer vermischt, wenden. Die Butter erhitzen und die Kalbsschnitzel darin von beiden Seiten in 5–6 Minuten braun braten. Den Marsala hinzufügen, etwas einkochen lassen und zum Schluß ein Stückchen frische Butter in die Pfanne geben. Die Kalbsschnitzel in der Sauce wenden. Sie müssen von der Sauce richtig glasiert sein.

Beilage: Grüne Erbsen, Seite 200, Zubereitung 10 Minuten oder Chicorée belgische Art, Seite 199, Zubereitung 15 Minuten

Kalbsschnitzel St. Tropez

15 Minuten
pro Portion ca. 400 Kalorien

2 Kalbsschnitzel (je 125 g)
Salz, Pfeffer
Butter oder Margarine zum Braten
1 Knoblauchzehe
3 Tomaten
Rosmarin
1 Scheibe gekochter Schinken
2 EL gefüllte Oliven

Die Kalbsschnitzel salzen und mit Pfeffer bestreuen. Das Fett in der Pfanne erhitzen und die Kalbsschnitzel darin von beiden Seiten in 7 Minuten hellbraun braten. Die Knoblauchzehe mit in dem Bratfett hellgelb braten und warmstellen. In der Bratzeit der Schnitzel die Tomaten brühen, abziehen und in kleine Stücke schneiden, den Schinken in Streifen und die Oliven in Scheiben. Die Tomaten mit etwas Rosmarin in die Pfanne geben und weitere 5 Minuten schmoren lassen. Mit Salz und Pfeffer abschmecken. Schinkenstreifen und Olivenscheiben hinzufügen und erhitzen. Die Kalbsschnitzel mit dem Tomaten-Oliven-Schinken-Gemisch belegen. Schneller geht es, wenn die Tomatenbeilage in einer zweiten Pfanne gebraten wird.

Beilage: Frisches Weißbrot oder Butterreis, Seite 266, Zubereitung 20 Minuten

Römische Kalbsschnitzel
(Saltimbocca)

20 Minuten
pro Portion ca. 375 Kalorien

4 dünne Kalbsschnitzel (je 60 g)
Salz
4 hauchdünne Scheiben Schinken
4 Salbeiblätter
Butter zum Braten
2 EL Weißwein
1 Stückchen frische Butter

Die Kalbsschnitzel flach klopfen, nur leicht salzen und mit je einer Schinkenscheibe belegen. In die Mitte ein Salbeiblatt geben und die Schnitzel auf die Hälfte zusammenklappen. Butter in einer Pfanne erhitzen und die Kalbsschnitzel darin langsam von beiden Seiten in 12 Minuten gar braten. Aus der Pfanne nehmen und warmstellen. Den Bratensaft mit dem Wein aufgießen, ein Stückchen frische Butter hinzufügen und 3 Minuten durchkochen lassen. Über die Kalbsschnitzel gießen.

Beilage: Junge Erbsen, Seite 200, Zubereitung 10 Minuten
Spaghetti, Zubereitung 15 Minuten

Kalbssteak mit Bananen

15 Minuten
pro Portion ca. 570 Kalorien

2 Kalbssteaks (je 125 g)
Salz, Pfeffer
Mehl
2 EL Butter oder Margarine
1 Banane
1 Apfel
4 EL Sahne
½ Ingwerfrucht in Sirup
½ Zitrone
Fleischwürze

Die Kalbssteaks mit Salz und Pfeffer einreiben und leicht mit Mehl bepudern. Die Hälfte des Fettes erhitzen und die Kalbssteaks darin langsam in 7 Minuten von beiden Seiten goldbraun braten. Inzwischen die Banane in Scheiben und den Apfel in Würfel schneiden. Bananenscheiben und die Apfelwürfel in einer zweiten Pfanne in dem restlichen Fett weichdünsten und auf die Kalbssteaks häufen. Warmstellen. Das Bratfett der Steaks mit etwas Wasser und der Sahne aufgießen und die in Würfelchen geschnittene Ingwerfrucht an die Sauce geben. Mit Zitronensaft und Fleischwürze abschmecken und über die Kalbssteaks gießen.

Beilage: Butterreis, Seite 266, Zubereitung 20 Minuten

Kalbssteak mit Orangen

15 Minuten
pro Portion ca. 300 Kalorien

2 Kalbssteaks
Pfeffer
Fett zum Braten
Salz
2 Apfelsinen

Die Kalbssteaks mit Pfeffer bestreuen und in dem heißen Fett von beiden Seiten langsam in 7 Minuten knusprig braun braten. Salzen und warmstellen. Die geschälten Apfelsinen in Scheiben schneiden und in dem Bratfett schnell von beiden Seiten braten. Auf das Fleisch häufen.

Beilage: Butterreis, Seite 266, Zubereitung 20 Minuten
Grüner Salat, Seite 243, oder Chicorée-Salat, Seite 240

Lammkoteletts Sevilla

20 Minuten
pro Portion ca. 500 Kalorien

4 Lammkoteletts
1 Knoblauchzehe
Salz, Pfeffer
2 EL Olivenöl
4 Tomaten
3 EL gefüllte Oliven
1 EL Butter

Die Knoblauchzehe halbieren und mit der Schnittfläche die Koteletts einreiben. Das Fleisch mit Salz und Pfeffer bestreuen und in dem heißen Öl von beiden Seiten langsam braun braten. Die Tomaten brühen, abziehen und in Viertel schneiden, die Oliven in Scheibchen. In einer zweiten Pfanne die Tomaten in heißer Butter weich dünsten. Die Oliven hinzufügen, mit Salz und Pfeffer abschmecken. Einen Augenblick zu den Lammkoteletts geben.

Beilage: Bandnudeln mit Erbsen, Seite 261, Zubereitung 20 Minuten
Frische Kresse

Kasseler Koteletts

10 Minuten
pro Portion ca. 500 Kalorien

2 Scheiben Kasseler (mit Knochen)
Butter zum Braten

Das Kasseler, auch Rippchen genannt, soll nur geräuchert, nicht aber gekocht sein. Die Butter in der Pfanne erhitzen und das Fleisch darin von beiden Seiten (je Seite 4 Minuten) goldbraun braten, der Fettrand der Kasseler Koteletts muß knusprig sein. Das würzige Bratfett wird als Sauce mitserviert.

Beilage: Grünkohl, Seite 202, Zubereitung 45 Minuten
Sauerkraut, Seite 213, Zubereitung 15 Minuten
Kartoffelpüree, Seite 226, Zubereitung 10 Minuten

Gebratene Leber mit Salbei

10 Minuten
pro Portion ca. 300 Kalorien

200 g Kalbs- oder Schweineleber
1 große Zwiebel
Öl zum Braten
Mehl
Salz
1 Salbeiblatt
1 Stückchen frische Butter

Die Zwiebel in Streifen schneiden und in dem heißen Öl hellgelb braten. Inzwischen die Leber in kleine Stückchen schneiden und in Mehl, mit Salz vermischt, wenden. Die gebräunten Zwiebeln aus der Pfanne nehmen. In dem heißen Öl die Leberstückchen mit einem zerkrümelten Salbeiblatt zusammen ganz schnell von beiden Seiten knusprig braun braten. Ein Stückchen frische Butter und die Zwiebeln in die Pfanne geben, kurz durchschwenken und sofort auf angewärmten Tellern auftragen.

Beilage: Kartoffelpüree, Seite 226, Zubereitung 10 Minuten
Tomatensalat, Seite 249

Leber – Berliner Art

15 Minuten
pro Portion ca. 400 Kalorien

2 Scheiben Kalbs- oder Schweineleber (je 100 g)
Mehl
Salz, Pfeffer
2 dünne Scheiben durchwachsener Speck
Butter oder Margarine zum Braten
1 große Zwiebel
1 säuerlicher Apfel

Die Zwiebel und den geschälten Apfel in Scheiben schneiden. Das Mehl mit Salz und Pfeffer vermischen. Die Speckscheiben in dem heißen Fett knusprig braten und aus dem Fett nehmen. Die Leber in dem Mehl wenden und in dem heißen Fett von beiden Seiten in 5 Minuten braun braten. In einer zweiten Pfanne zuerst die Zwiebelscheiben glasig braten und dann die Apfelstückchen hinzufügen und weich dünsten. Die Leberscheiben mit dem Apfel-Zwiebel-Gemisch belegen und die Speckscheiben darübergeben.

Beilage: Kartoffelpüree, Seite 226, Zubereitung 10 Minuten
Grüner Salat, Seite 243

Zürcher Leberspießli

10 Minuten
pro Portion ca. 450 Kalorien

200 g Kalbsleber
75 g durchwachsener Speck in Scheiben
4 Salbeiblätter
1 EL Butter
Salz, Pfeffer

Die Leber in daumendicke Würfel schneiden, die Speckscheiben halbieren. Jeden Leberwürfel mit einem Stückchen Salbeiblatt belegen und mit einer halben Speckscheibe umwickeln. Auf Spießchen stecken, deren Länge in eine Bratpfanne hineinpaßt. Butter in einer Pfanne erhitzen und die Spießchen darin von allen Seiten etwa 5 Minuten braten.

Leicht mit Salz und Pfeffer bestreut auf grünen Bohnen anrichten.

Beilage: Grüne Bohnen, Seite 193, Zubereitung 10 Minuten
Kartoffelpüree, Seite 226, Zubereitung 10 Minuten

Leber – Tiroler Art

10 Minuten
pro Portion ca. 400 Kalorien

2 Scheiben Kalbs- oder Schweineleber (je 100 g)
Mehl
Salz, Pfeffer
Butter oder Margarine zum Braten
2 Scheiben Speck
½ Tasse saure Sahne
1 TL Mehl
1 Stückchen Zitronenschale
einige Kapern

Mehl mit Salz und Pfeffer vermischen und die Leber darin wenden. Fett in einer Pfanne erhitzen und die Leber schnell darin von beiden Seiten braun braten. Die saure Sahne mit Mehl verrühren, die Zitronenschale in Streifchen schneiden und mit der Sahne an die Leber geben. Die Kapern hinzugeben, 3 Minuten schmoren lassen und sofort auftragen.

Beilage: Kartoffelpüree, Seite 226, Zubereitung 10 Minuten
Kopfsalat, Seite 243

Leber mit Weintrauben

10 Minuten
pro Portion ca. 320 Kalorien

2 Scheiben Kalbs- oder Schweineleber (je 100 g)
Mehl
Salz, Pfeffer
Butter oder Margarine zum Braten
1 Glas Weißwein
½ Päckchen Rahmbratensoße
1 Handvoll grüne Weintrauben

Die Leber in Mehl, mit Salz und Pfeffer vermischt, wenden und in dem heißen Fett von beiden Seiten in 4–5 Minuten braun braten. Die Leber aus der Pfanne nehmen und warmstellen. Das Bratfett mit dem Wein aufgießen, die Bratensoße hinzugeben und unter Rühren aufkochen. Die halbierten, entkernten Weintrauben hinzufügen und ein Stückchen frische Butter. 3 Minuten kochen lassen und über die Leberscheiben gießen.

Beilage: Kartoffelpüree, Seite 226, Zubereitung 10 Minuten

Niere mit Senfsahne

10 Minuten
pro Portion ca. 270 Kalorien

1 Kalbsniere oder 2 Schweinenieren
1 EL Butter
Salz, Pfeffer
½ Tasse Sahne
1 TL Mehl
1 TL scharfer Senf

Die Niere enthäuten, halbieren, von den weißen Strängen befreien und in Scheiben schneiden (vielleicht macht's der Metzger gleich beim Einkauf). Die Butter erhitzen und die Nierenscheiben hinzufügen. Unter Wenden rasch durchbraten, bis die Niere nicht mehr blutig ist. In dieser Zeit die

Sahne mit Mehl und Senf glattrühren. Zu den Nierenscheiben geben, einmal aufkochen lassen und sofort servieren.

Beilage: Kartoffelpüree, Seite 226, Zubereitung 10 Minuten
Junge Erbsen, Seite 200, Zubereitung 10 Minuten

Nieren mit Paprika

15 Minuten
pro Portion ca. 420 Kalorien

2 Schweinenieren
½ Knoblauchzehe
Kümmel
Majoran
Pfeffer
1 Zwiebel
2 EL Öl
Salz
1 Msp scharfer Paprika
1 TL Mehl
⅛ l Sahne
½ Zitrone

Die Nieren gleich beim Einkauf von Röhren und Sehnen befreien lassen – reicht die Zeit, eine halbe Stunde in Milch legen. Die Nieren in dünne Scheiben schneiden und mit der zerdrückten Knoblauchzehe und den Gewürzen einreiben. Die Zwiebel in Würfel schneiden. Das Öl erhitzen und die Nierenscheiben darin von beiden Seiten schnell gar braten. Mit einem Schöpflöffel aus der Pfanne nehmen. Die Zwiebel in dem Bratfett glasig braten. Salz und Paprika darüberstreuen und mit Mehl bestäuben. Mit ½ Tasse Wasser und mit der Sahne aufgießen und etwas einkochen lassen. Mit Zitronensaft abschmecken. Die Nieren in der fertigen Soße einmal aufkochen lassen. Nach dem gleichen Rezept wird Paprikaleber zubereitet.

Beilage: Bandnudeln, Zubereitung 15 Minuten
oder frisches Weißbrot
Salate nach Saison

Französische Pfeffersteaks

10 Minuten
pro Portion ca. 450 Kalorien

2 abgehangene Filetsteaks (je 200 g)
1 EL grobgemahlener Pfeffer (fertig zu kaufen)
Salz
Butter oder Margarine zum Braten
1 Gläschen Cognac oder Weinbrand

Die Steaks, wenn möglich, am Vortag mit Öl bestreichen und in den Kühlschrank geben. Die Steaks in dem Pfeffer wenden und diesen fest andrücken. Eine Pfanne erhitzen und die beiden Steaks hineingeben. 1 Minute braten lassen und wenden. Die Butter hinzufügen, erneut wenden und im ganzen 8 Minuten braten. Den Cognac über die Beefsteaks gießen, anzünden und die Beefsteaks darin wenden. Zum Schluß ein Stückchen frische Butter in die Pfanne geben.

Beilage: Pommes frites, Seite 230, Zubereitung 10 Minuten
Junge Erbsen, Seite 200, Zubereitung 10 Minuten

Tessiner Peperonisteaks

10 Minuten
pro Portion ca. 420 Kalorien

2 Filetsteaks (je 150 g)
Butter zum Braten
Salz, Pfeffer
1 Glas Weinbrand
2 EL Olivenöl
1 Zwiebel
1 Knoblauchzehe
⅓ Glas eingelegte, streifig geschnittene rote Paprika

Die Steaks, wenn möglich, am Vortag mit Öl bestreichen und in den Kühlschrank geben. Eine Pfanne erhitzen und die beiden Steaks hineingeben. 1 Minute braten lassen und wenden. Die Butter hinzufügen und von beiden Seiten in 8 Minuten braun braten. Mit Salz und Pfeffer bestreuen, mit dem

Weinbrand übergießen und anzünden. Inzwischen in einer zweiten Pfanne in heißem Öl die in Scheiben geschnittene Zwiebel sowie die feingehackte Knoblauchzehe anbraten und die Paprikastreifen hinzugeben. 5 Minuten durchrösten lassen und auf die Steaks häufen.

Beilage: Spaghetti, Zubereitung 5 Minuten
Kopfsalat, Seite 243

Debrecziner Paprikasteaks

20 Minuten
pro Portion ca. 520 Kalorien

2 Rumpsteak (je 150 g)
2 grüne Paprikaschoten
3 EL Öl
1 EL Tomatenmark
1 Msp Rosenpaprika
6 EL Wasser
Salz
1 Paar Debrecziner Würstchen oder Landjäger
1 Stückchen Butter

Die Fleischscheiben mit dem flachen Messer leicht klopfen und die Randsehnen ein paarmal einschneiden. Von den Paprikaschoten das Stielende mit den anhaftenden Kernen abschneiden und die Paprika in Streifen schneiden. Die Paprikastreifen in 2 Eßlöffeln Öl anbraten, Tomatenmark, Salz und Paprikapulver hinzufügen und das Wasser. Die Würstchen in Scheiben geschnitten an das Paprikagemüse geben und 10 Minuten schmoren lassen. In dieser Zeit die Rumpsteaks in einer zweiten Pfanne von beiden Seiten in heißem Öl in 8 Minuten braten und dann salzen. Das Fleisch während des Bratens mit dem Bratenfett begießen, damit es saftig bleibt. Zum Schluß ein Stückchen frische Butter in die Pfanne geben. Das Paprikagemüse auf die Rumpsteaks häufen.

Beilage: Butterreis, Seite 266, Zubereitung 20 Minuten
oder frisches Weißbrot

Italienische Pfeffersteaks

15 Minuten
pro Portion ca. 500 Kalorien

2 abgehangene Filetsteaks (je 200 g)
1 EL Öl zum Braten
Salz
1 EL sehr grob gemahlener Pfeffer
1 Gläschen Cognac oder Weinbrand
1 EL Butter
½ Glas Wein
6 EL konzentrierte Brühe (aufgelöster käuflicher Bratensaft)
½ Tasse Sahne

Die Steaks, wenn möglich, am Vortag mit Öl bestreichen und in den Kühlschrank geben. Eine Pfanne erhitzen und die beiden Steaks hineingeben. 1 Minute braten lassen und wenden. Das Öl hinzugeben und die Steaks in weiteren 6 Minuten von beiden Seiten braun braten. Salzen, mit dem Pfeffer bestreuen, den Cognac in die Pfanne geben, anzünden und die Beefsteaks darin wenden. Das Fleisch aus der Pfanne nehmen und warmstellen. Butter, Wein, Bratensaft und Sahne in die Pfanne geben, etwas einkochen lassen und die Steaks noch einmal kurz unter Wenden darin erhitzen.

Beilage: Pommes frites, Seite 230, Zubereitung 10 Minuten
Chicorée, Seite 199, Zubereitung 15 Minuten
oder junger Blattspinat, Seite 216, Zubereitung 10 Minuten

Schweinekoteletts Teneriffa

(Abb. S. 128)

15 Minuten
pro Portion ca. 650 Kalorien

2 Schweinekoteletts
Fett zum Braten
Salz
2 Paprikaschoten
3 Tomaten
2 Bananen

Die Schweinekoteletts an den Fetträndern zwei- bis dreimal einschneiden. In heißem Fett von beiden Seiten in 10 Minuten goldbraun braten und salzen. In einer zweiten Pfanne zur gleichen Zeit eine entkernte, in Streifen geschnittene Paprika weichdünsten, die in Viertel geschnittenen Tomaten hinzufügen und zum Schluß die in Scheiben geschnittenen Bananen. Das gebratene Gemüse mit Salz abschmecken und auf die Fleischscheiben häufen.

Beilage: Curryreis, Seite 266, Zubereitung 20 Minuten
Kartoffelpüree, Seite 226, Zubereitung 10 Minuten

Rumpsteak gebraten

10 Minuten
pro Portion ca. 400 Kalorien

2 Rumpsteaks (je 200 g)
Senf
Pfeffer
Butter oder Margarine zum Braten
Salz

Die Fleischscheiben mit dem flachen Messer leicht klopfen und die Randsehnen ein paarmal einschneiden, damit sich die Fleischscheiben beim Braten nicht wölben. Dünn mit Senf bestreichen und mit Pfeffer bepudern. In dem heißen Fett von beiden Seiten braun braten – jede Seite 4 Minuten. Das Fleisch während des Bratens mit dem Bratenfett begießen, damit es saftig bleibt. Die fertigen Rumpsteaks salzen.

Beilage: Pommes frites, Seite 230, Zubereitung 10 Minuten
Geriebener Meerrettich und Kräuterbutter
oder Sauce Béarnaise (fertig käuflich)

Schinken – Mailänder Art

15 Minuten
pro Portion ca. 400 Kalorien

2 etwa 1 cm dicke Scheiben gekochter Schinken
Senf
Mehl
Butter zum Braten
4 Tomaten

Den Schinken von beiden Seiten mit Senf bestreichen, mit Mehl bepudern und in der heißen Butter von beiden Seiten kurz braten. Warmstellen. In dem Bratfett die in Scheiben geschnittenen Tomaten durchbraten, mit Salz und Pfeffer abschmecken und auf die Schinkenscheiben häufen.

Beilage: Kartoffelpüree, Seite 226, Zubereitung 10 Minuten
oder Bandnudeln, Zubereitung 15 Minuten
Kopfsalat, Seite 243

Schinken in Burgunder Sauce

15 Minuten
pro Portion ca. 650 Kalorien

2 etwa 1 cm dicke Scheiben gekochter Schinken
Butter zum Braten
2 TL Mehl
1 Glas Rotwein
4 EL Sahne oder Dosenmilch
Salz, Pfeffer
eine Prise Nelken

Den Schinken in der Butter von beiden Seiten braten und warmstellen. In das Bratfett das Mehl geben, mit dem Rotwein aufgießen und die Sahne hinzufügen. Mit Salz, Pfeffer und Nelkenpulver milde abschmecken und die Schinkenscheiben noch einmal in der Sauce aufkochen lassen.

Beilage: Kartoffelpüree, Seite 226, Zubereitung 10 Minuten
Junge Erbsen, Seite 200, Zubereitung 10 Minuten

Schinkenbananen

5 Minuten
pro Portion ca. 390 Kalorien

4 Bananen
etwas Butter zum Braten
4 Scheiben (ca. 75 g) gekochter Schinken

Die Bananen der Länge nach durchschneiden, von beiden Seiten in etwas Butter anbraten und je 2 halbe Bananen in eine Schinkenscheibe rollen.

Beilage: Ingwerreis, Seite 267, Zubereitung 20 Minuten oder frisches Weißbrot

Schlemmerwürstchen

10 Minuten
pro Portion ca. 350 Kalorien

2 dicke, leicht geräucherte Würstchen
etwas Senf
50 g vollfetter Käse
2 Streifen durchwachsener Speck
Butter zum Braten
Hölzerne Zahnstocher

Die Würstchen längsseitig bis zu zwei Drittel tief aufschlitzen, aufklappen und mit Senf bestreichen. Den Käse in 2 fingerdicke Streifen schneiden und in jedes Würstchen einen Käsestreifen geben. Mit je einem Speckstreifen umwickeln und diese an jedem Ende mit je einem halbierten Zahnstocher befestigen. Butter in der Pfanne erhitzen und die Würstchen von beiden Seiten langsam braten, bis der Käse zu schmelzen beginnt.

Beilage: Kartoffelpüree, Seite 226, Zubereitung 10 Minuten oder frische Brötchen

Schweinebauch mit Senfsauce

15 Minuten
pro Portion ca. 750 Kalorien

4 dünne Scheiben durchwachsener Schweinebauch (je 75 g)
Salz
Butter zum Braten
1 TL scharfer Senf
⅛ l Wasser
½ Päckchen Bratensoße
2 EL Dosenmilch

Den Schweinebauch an der Schwarte zwei- bis dreimal einschneiden, salzen und in heißer Butter in 5 Minuten von beiden Seiten knusprig braun braten. Das Fleisch aus der Pfanne nehmen und warmstellen. Den Senf in das Fett geben, durchrösten und das Bratfett mit dem Wasser aufgießen. Die kochfertige Bratensoße hinzugeben, rühren und aufkochen lassen. Mit der Dosenmilch abschmecken.

Beilage: Pellkartoffeln, Zubereitung 25 Minuten
Rotkohl, Seite 211, Zubereitung 5 Minuten

Schweinekoteletts – Düsseldorfer Art

20 Minuten
pro Portion ca. 550 Kalorien

2 Schweinekoteletts
Salz, Pfeffer
Düsseldorfer Senf
Mehl
Fett zum Braten
1 TL Senf
½ Tasse Sahne
½ Glas Weißwein

Die Koteletts an den Fetträndern einschneiden, mit Salz und Pfeffer einreiben. Das Fett zum Braten erhitzen. Die Koteletts von beiden Seiten mit Senf bestreichen und in Mehl wenden. In dem heißen Fett von beiden Seiten in 10–12 Minuten knusprig braun braten und warmstellen. Das Bratfett mit dem Senf vermischen und Wein und Sahne hinzufügen. In der offenen Pfanne bei starker Hitze kochen lassen. Mit Salz und Pfeffer abschmecken und über die Koteletts gießen.

Beilage: Kartoffelpüree, Seite 226, Zubereitung 10 Minuten
Gurkensalat, Seite 242

Schweinekoteletts – polnische Art

20 Minuten
pro Portion ca. 600 Kalorien

2 Schweinekoteletts
Butter oder Margarine zum Braten
1 große Zwiebel
½ Dose Tomatensuppe
4 EL Sahne
1 Gewürzgurke
1 EL Gurkenessig
Salz, Pfeffer
1 TL feingewiegter Dill

Die Schweinekoteletts an den Fetträndern zwei- bis dreimal einschneiden. Fett in einer Pfanne erhitzen und die Koteletts darin langsam von beiden Seiten 8 Minuten braten lassen und salzen. Die in Streifen geschnittene Zwiebel hinzufügen und zugedeckt weitere 5 Minuten braten lassen. In dieser Zeit die Gurke in feine Streifen schneiden und den Dill hakken. Die Tomatensuppe und die Sahne in die Pfanne geben sowie die Gurkenstreifen und den Essig. Durchkochen lassen, mit Salz und Pfeffer abschmecken und zuletzt den Dill an die Sauce geben.

Beilage: Kartoffelpüree, Seite 226, Zubereitung 10 Minuten
Blumenkohl – polnische Art, Seite 192, Zubereitung 25 Minuten

Schweinekoteletts – normannische Art

15 Minuten
pro Portion ca. 600 Kalorien

2 Schweinekoteletts
Pfeffer
2 EL Öl
Salz
1 EL Butter
3 aromatische Äpfel (Cox Orange, Boskop)
1 Prise Curry

Die Schweinekoteletts an den Fetträndern einschneiden, pfeffern, in dem heißen Öl von beiden Seiten in 10 Minuten goldbraun braten und salzen. In dieser Zeit die Äpfel in Scheibchen schneiden. Das Fleisch aus der Pfanne nehmen und warmstellen. Die Butter in der Pfanne zerlassen und die Apfelscheiben hinzufügen. Weichdünsten und leicht mit Curry bepudern. Auf die Fleischscheiben häufen. Ganz normannisch wird das Gericht, wenn die Koteletts nach dem Braten mit Calvados übergossen und flambiert werden.

Beilage: Kartoffelpüree, Seite 226, Zubereitung 10 Minuten
Kopfsalat, Seite 243

Schweinekoteletts mit Rosmarin

15 Minuten
pro Portion ca. 600 Kalorien

2 Schweinekoteletts
Salz, Pfeffer
2 Zwiebeln
2 Äpfel
einige Rosmarinblätter
Fett zum Braten

Die Zwiebeln in Ringe schneiden, die Äpfel in Scheibchen. Die Schweinekoteletts an den Fetträndern zwei- bis dreimal einschneiden und mit Salz und Pfeffer einreiben. In dem heißen Fett von beiden Seiten goldbraun braten. Die Zwiebelringe und Rosmarin hinzufügen und glasig rösten – evtl. noch etwas Fett hinzufügen. Die Koteletts aus der Pfanne nehmen und warmstellen. Die Äpfel zu den Zwiebeln geben und weichdünsten. Das Apfel-Zwiebel-Gemisch auf die Koteletts häufen.

Beilage: Kartoffelpüree, Seite 226, Zubereitung 10 Minuten oder frisches Weißbrot

Schweineschnitzel mit Paprika-Rahmsauce

15 Minuten
pro Portion ca. 620 Kalorien

2 Schweineschnitzel
(je 125 g)
Salz
Mehl
2 EL Olivenöl
1 Zwiebel
1 Knoblauchzehe
1 TL Paprika
1 EL Tomatenmark
1 Tasse saure Sahne
1 TL Mehl

Die Schnitzel mit Salz einreiben und leicht in Mehl wenden. In heißem Olivenöl von beiden Seiten in 10 Minuten goldbraun braten. Aus der Pfanne nehmen. Die streifig geschnittene Zwiebel und die feingehackte Knoblauchzehe in dem Fett anrösten, mit dem Paprika bestreuen und das Tomatenmark hinzufügen. Die saure Sahne mit dem Mehl verrühren und in die Pfanne gießen. Aufkochen lassen, die Schnitzel hineinlegen und 2 Minuten in der Sauce kochen lassen.

Beilage: Bandnudeln, Zubereitung 10 Minuten
Gurkensalat, Seite 242

Szegediner Schweinekoteletts

20 Minuten
pro Portion ca. 550 Kalorien

2 Schweinekoteletts
Pfeffer, Salz
Fett zum Braten
250 g Sauerkraut
einige Kümmelkörner
½ TL Paprika
½ Tasse Sahne
1 TL Mehl

Das Sauerkraut fein schneiden, in etwas Fett anrösten, Kümmel und Paprika hinzufügen sowie 2 Eßlöffel Wasser und schmoren lassen. Inzwischen die Schweinekoteletts an den Fetträndern einschneiden, pfeffern und in dem heißen Fett von beiden Seiten in 10 Minuten goldbraun braten und salzen. Sahne und Mehl verquirlen und über das Sauerkraut gießen. Etwas einkochen lassen und auf die gebratenen Koteletts häufen.

Beilage: Überbackenes Kartoffelpüree, Seite 227, Zubereitung 30 Minuten
oder frische Brötchen

Zunge – mallorquinische Art

10 Minuten
pro Portion ca. 350 Kalorien

200 g gekochte Zunge
⅛ l Wasser
½ Päckchen Bratensoße
etwas abgeriebene Zitronenschale
2 EL Rotwein oder Sherry
1 Stückchen frische Butter
1 Prise Zimt
1 EL gestiftete Mandeln
1 EL Rosinen

Die gekochte Zunge beim Einkauf in fingerdicke Scheiben schneiden lassen. Das Wasser in einen Topf gießen, die kochfertige Bratensoße sowie die Zitronenschale hinzugeben und unter Rühren mit dem Schneebesen 3 Minuten kochen lassen. Rotwein oder Sherry, Butter, Zimt, Mandeln und Rosinen an die Sauce geben. Die Zungenscheiben darin erhitzen und auftragen. Wer viel Sauce mag, kann das Saucenrezept verdoppeln.

Beilage: Safranreis, Seite 268, Zubereitung 20 Minuten
oder frisches Weißbrot

Zwiebelrostbraten

10 Minuten
pro Portion ca. 350 Kalorien

2 Lendenschnitten
(je 150 g)
Pfeffer
1 EL Öl
1 EL Butter
2 Zwiebeln
Salz

Die Lendenschnitten, wenn möglich, am Vortag mit Öl bestreichen und in den Kühlschrank geben. Die Lendenschnitten leicht klopfen und die Sehne am Rand zwei- bis dreimal einschneiden. Pfeffern und in dem heißen Öl von beiden Seiten in 6 Minuten gar braten. Die Zwiebeln in Scheiben schneiden und leicht in Mehl wenden. Die Zwiebelscheiben in Butter in einer zweiten Pfanne knusprig braun braten. Die Lendenschnitten salzen und darauf die Zwiebel häufen. Die Zwiebel soll nicht wie bei Beefsteak glasig goldgelb sondern richtig kroß und hellbraun sein.

Beilage: Kartoffelpüree, Seite 226, Zubereitung 10 Minuten
Junge Erbsen, Seite 200, Zubereitung 10 Minuten

Gebratene Würstchen

10 Minuten
pro Portion ca. 400 Kalorien

2 große Saftwürstchen
Senf
Butter zum Braten

Die Würstchen in Abständen dreimal schräg einschneiden und etwas Senf in die Kerben streichen. Butter erhitzen und die Würstchen darin von beiden Seiten knusprig braun braten. Das ist ein ganz schnelles Schnellgericht, wenn die Würstchen in ein durchgeschnittenes Brötchen gesteckt werden.

Beilage: Kartoffelpüree, Seite 226, Zubereitung 10 Minuten
Sauerkrautsalat, Seite 248

Überbackener Schinken – Southern Style

20 Minuten
pro Portion ca. 470 Kalorien

2 fingerdicke Scheiben Rollschinken
Butter für die Form
6 Nelken
2 Ananansscheiben
3 EL Ananassaft
1½ EL Zucker
1 Msp Ingwerpulver
1 TL Senf

Den Backofen vorheizen. Die Schinkenscheiben in eine flache feuerfeste Form geben. Die Ananasscheiben mit den Nelken auf den Schinken stecken. Den Ananassaft mit Zukker und Ingwer zu Sirup kochen, den Senf hinzufügen und über die Schinkenscheiben gießen. Bei mittlerer Hitze 15 Minuten backen lassen. Dabei Ananas und Schinken hin und wieder mit dem Ananassaft begießen. In der Backzeit des Schinkens das Kartoffelpüree zubereiten.

Beilage: Kartoffelpüree, Seite 226, Zubereitung 10 Minuten

Schlachtplatte

35 Minuten
pro Portion
ca. 1500 Kalorien

2 frische Blutwürste
2 frische Leberwürste
2 Scheiben gekochter Schweinebauch (Wammerl) oder Kasseler
250 g Sauerkraut
½ Apfel
1 EL Öl
2 Wacholderbeeren
1 Paket Kartoffelpüree
¼ l Milch
½ l Wasser
½ TL Salz
½ Dose tischfertiges Erbsenpüree
1 Zwiebel
etwas Fett zum Braten

Zuerst den Apfel schälen, in Scheibchen schneiden und in dem Öl anrösten, das kleingeschnittene Sauerkraut hinzufügen sowie die Wacholderbeeren und etwas Wasser. 15 Minuten kochen lassen. Blut- und Leberwürste in heißem Wasser gar ziehen lassen. Schweinebauch oder Kasseler auf dem Sauerkraut wärmen. Ein Kartoffelpüree nach Vorschrift auf der Packung zubereiten und das Erbsenpüree erwärmen. Die Zwiebeln in Scheiben schneiden und hellgelb rösten. Auf einer Platte in der Mitte des Kartoffelpüree anrichten, links davon das Sauerkraut, rechts das Erbsenpüree, mit den Zwiebelringen übergießen. Mit Fleisch und Wurst garnieren. Süßen und scharfen Senf dazu auf den Tisch stellen. Ein kühles Bier nicht vergessen!

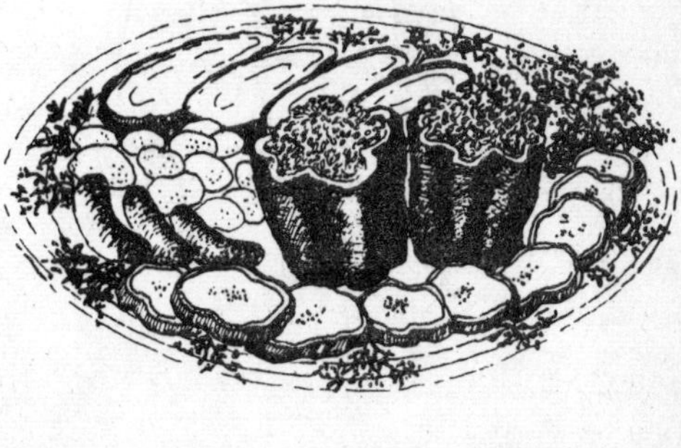

Rundstück, warm

10 Minuten
pro Portion – 1 Brötchen
ca. 400 Kalorien

4 Scheiben fertiger Schweinebraten (je 50 g)
¼ l Wasser
einige Blättchen Rosmarin
etwas abgeriebene Zitronenschale
1 Päckchen Bratensoße
2 EL Sahne oder Dosenmilch
2 frische Brötchen
1 Salzgurke

Den Schweinebraten fertig von Ihrem Metzger mitbringen. Das Wasser in eine Pfanne geben, Rosmarin und abgeriebene Zitronenschale hinzufügen und unter Rühren den Inhalt des Soßenpäckchens hineinstreuen. Die Sauce 3 Minuten kochen lassen. Mit der Sahne oder Dosenmilch abrunden und die Schweinebratenscheiben in der Sauce erwärmen. Die Brötchen halbieren und mit je einer Bratenscheibe belegen. Die heiße Bratensauce darübergießen. Zu jeder Portion eine halbe in Scheiben geschnittene Salzgurke servieren.

Schmorfleisch aus der Pfanne

Alle Schmorfleischgerichte haben vorzügliche Saucen – leider ist die Garzeit sehr lang. Es gibt aber Schmorfleischgerichte aus der Pfanne, die sind in Minutenschnelle fertig. Dazu gehört das Schweizer »Geschnetzelte« – pfenniggroße Fleischstücke in sehr pikanter Sauce. In der Schweiz kann man das Fleisch von Rind, Kalb, Schwein und Leber fertig »geschnetzelt« kaufen – mein Metzger macht mir das auf Wunsch auch. Aber auch kulinarische Klassiker, wie Filetgoulasch und Bœuf Stroganoff, sind Schmorfleischgerichte aus der Pfanne.
Für das Gelingen sind ein paar Dinge unerläßlich:

1. Es darf nur bestes, abgehangenes Fleisch verwendet werden, die gleichen Stücke, die Sie auch zum Braten in der Pfanne kaufen.
2. Das Fleisch muß sehr kleingeschnitten werden, je nach Rezept in kleine Würfel, Streifen oder Blättchen.
3. Das kleingeschnittene Fleisch wird in heißes Fett gegeben und gebraten, bis es nicht mehr blutig ist und sanft zu bräunen beginnt.
4. Danach das Fleisch kurz aus der Pfanne nehmen, die Saucenzutaten in dem Bratfett gar schmoren und dann das Fleisch noch einmal ganz kurz wieder in die Pfanne geben.
5. Wird dagegen eine Flüssigkeit wie Wein, Brühe oder Sahne zu dem Fleisch gegeben, bleibt das Fleisch in der Pfanne, darf aber nur wenige Minuten darin schmoren.

Halten Sie diese Regeln ein, haben Sie ganz zartes Schmorfleisch. Verlängern Sie die Gardauer, wird es hart und fest. Dann hilft nur noch ein langsames Garschmoren von 1–2 Stunden.

Bœuf Stroganoff

12 Minuten
pro Portion ca. 450 Kalorien

250 g Rinderfilet (Filet Mignon)
2 EL Öl
1 kleine Zwiebel
100 g Champignons (frisch oder aus der Dose)
1 Stückchen Butter
½ Glas Wein
1 Gewürzgurke
⅛ l Sahne
½ TL scharfer Senf
1 TL Mehl
Salz, Pfeffer

Das Fleisch gleich beim Einkauf in Streifen schneiden lassen. Das Öl erhitzen, das Fleisch ganz schnell darin durchbraten, herausnehmen und warmstellen. Die Zwiebel in Würfel, die Champignons in Blättchen schneiden und in der Bratpfanne unter Hinzugabe von etwas Butter durchrösten. Mit dem Wein aufgießen und die in Streifen geschnittene Gurke an die Sauce geben. Die Sahne und den Senf mit dem Mehl verrühren und hinzufügen. Durchkochen lassen, das Fleisch wieder an die Sauce geben und noch einmal aufkochen lassen. Mit Salz und Pfeffer abschmecken.

Beilage: Frisches Weißbrot oder Bandnudeln, Zubereitung 15 Minuten
Grüner Salat, Seite 243

Zürcher Geschnetzeltes

15 Minuten
pro Portion ca. 310 Kalorien

250 g Kalbsfilet oder Schnitzel
Mehl
1 kleine Zwiebel
1 EL Butter
½ Glas Weißwein
Salz, Pfeffer

Das Kalbfleisch mit einem scharfen Messer in dünne pfenniggroße Scheiben schneiden und leicht mit Mehl bestäuben. Die Zwiebel in kleine Würfelchen schneiden. Die Butter zerlassen, die Zwiebel glasig rösten und das Kalbfleisch hinzufügen. Bei starker Hitze braten, bis das Fleisch zu bräunen beginnt. Mit dem Weißwein aufgießen und 2–3 Minuten durchschmoren lassen. Mit Salz und Pfeffer abschmekken. 1/4 Glas Weißwein und 1/4 Glas Sahne sind auch erlaubt.

Beilage: Rösti, Seite 229, Zubereitung 20 Minuten

Filetgulasch Singapour

20 Minuten
pro Portion ca. 650 Kalorien

250 g Rinderfilet (Filet Mignon)
1 große Zwiebel
3 EL Öl
1 kleine Dose Champignons
2 Tomaten
Salz
1/2 TL Curry
2 EL Rosinen
1–2 EL Mandelstifte
1 EL Mango Chutney
1 Tasse Sahne

Das Fleisch in kleine Würfel schneiden. Die streifiggeschnittene Zwiebel in dem Öl hellgelb rösten und das Fleisch hinzufügen. Wenn das Fleisch nicht mehr blutig ist und zu bräunen beginnt, aus der Pfanne nehmen. Die in Scheiben geschnittenen Champignons und die gebrühten, abgezogenen und in Viertel geschnittenen Tomaten in die Pfanne geben und mit Salz und Curry würzen. Bei leichter Hitze 10 Minuten schmoren lassen. Rosinen, Mandeln und Mango Chutney an das Gulasch geben, mit der Sahne aufgießen und das Fleisch wieder hinzufügen. Kräftig durchkochen lassen und sofort auftragen.

Beilage: Butterreis, Seite 266, Zubereitung 20 Minuten
oder frisches Weißbrot
Kopfsalat, Seite 243

Hackfleischragout

30 Minuten
pro Portion ca. 580 Kalorien

100 g Beefsteakhack
100 g Schweinehack (oder Bratwurstbrät)
Salz, Pfeffer
1 Zwiebel
2–3 EL Öl
1 Paprikaschote
3 Tomaten
½ TL Paprikapulver
1 TL Mehl
1 Glas Weißwein
⅛ l Sahne
Fleischwürze

Das Hackfleisch mit Salz, Pfeffer sowie der in kleine Würfel geschnittenen Zwiebel sorgfältig abschmecken. In kleine Stückchen – wie Streusel – zerpflücken und in dem heißen Öl knusprig braun braten. Die entkernte Paprikaschote in feine Streifen schneiden und kurz in dem Fett mit durchrösten. Die Tomaten abziehen, in Stückchen schneiden und in die Pfanne geben, Paprika und Mehl darüberstreuen und mit dem Weißwein aufgießen. 5 Minuten durchkochen lassen und mit der Sahne aufgießen. Weitere 5 Minuten einkochen lassen und mit Fleischwürze abschmecken.

Beilage: Bandnudeln, Zubereitung 15 Minuten
Kopfsalat, Seite 243

Pikantes Kalbfleischragout

15 Minuten
pro Portion ca. 600 Kalorien

200 g Kalbfleisch
1 EL Butter zum Anbraten
100 g gekochter Schinken
1 kleine Dose Champignons
Salz, Pfeffer
Mehl
1 Glas Weißwein oder Madeira
⅛ l Sahne

Das Kalbfleisch gleich beim Einkauf in kleine Streifen schneiden lassen. Das Kalbfleisch unter Wenden in der heißen Butter hellbraun braten, den ebenfalls streifig geschnittenen Schinken und die abgetropften Champignons sowie Salz und Pfeffer hinzufügen, 3 Minuten durchschmoren, einen gehäuften Teelöffel Mehl darüberstreuen und mit dem Wein aufgießen. Aufkochen lassen, die Sahne an das Ragout geben und im offenen Topf 3 Minuten durchkochen lassen. Sofort auftragen.

Beilage: Butterreis, Seite 266, Zubereitung 20 Minuten

Lebergeschnetzeltes – Schweizer Art

10 Minuten
pro Portion ca. 300 Kalorien

250 g Kalbs- oder Schweineleber
1 Zwiebel
1 EL Butter oder Margarine
1 TL Mehl
½ Glas Weißwein
Majoran
Salz, Pfeffer
3 EL Sahne oder Dosenmilch

Die Leber enthäuten, von den Sehnen befreien und in pfenniggroße Stückchen schneiden. Die Zwiebel in Würfel schneiden. Das Fett erhitzen, Leber und Zwiebel bei starker Hitze braten, bis die Leber nicht mehr blutig ist. Dann Mehl darüberstäuben, mit dem Wein aufgießen und Majoran hinzufügen. 2 Minuten durchkochen lassen. Sahne hinzufügen, mit Salz und Pfeffer abschmecken und sofort auftragen.

Beilage: Rösti, Seite 229, Zubereitung 20 Minuten

Minutengulasch

10 Minuten
pro Portion ca. 270 Kalorien

250 g Rinderfilet (Filet Mignon)
1 Zwiebel
1 EL Butter
1 reichliche TLsp Paprika
Salz

Das Fleisch mit einem scharfen Messer in sehr kleine Würfel schneiden. Die Zwiebel ebenfalls in Würfel schneiden. Die Butter in einer Pfanne erhitzen und bei starker Hitze Fleisch und Zwiebel darin unter ständigem Wenden so lange braten, bis das Fleisch zu bräunen beginnt. Mit Paprika bestreuen und mit 3 Eßlöffeln Wasser ablöschen, 1 Minute kochen lassen und mit Salz abschmecken.

Beilage: Frisches Weißbrot oder Bandnudeln, Zubereitung 15 Minuten

Königsberger Klops

20 Minuten
pro Portion ca. 350 Kalorien

100 g Beefsteakhack
100 g Schweinehack
2 EL Semmelbrösel
1 Ei
1 kleine Zwiebel
Salz, Pfeffer
¼ l Wasser
1 Päckchen Helle Soße
Saft von ½ Zitrone
2 EL Kapern
1 Eigelb oder 3 EL Sahne

Das Fleisch mit den Semmelbröseln, dem Ei, der in Würfel geschnittenen Zwiebel, Salz und Pfeffer zu einem Fleischteig verkneten. Das Wasser aufsetzen, den Inhalt des Soßenpäckchens hinzugeben und unter Rühren aufkochen lassen. Aus dem Fleischteig 6 Klöße formen und in der Sauce in 10 Minuten gar ziehen lassen. Zum Schluß die Sauce mit den Kapern vermischen und mit dem Eigelb oder der Sahne legieren.

Beilage: Butterreis, Seite 266, Zubereitung 20 Minuten
Kopfsalat, Seite 243

Rotes Corned-beef-Haschee

25 Minuten
pro Portion ca. 400 Kalorien

1 Dose Corned beef
3 große Pellkartoffeln
½ Glas rote Bete
1 Zwiebel
4 EL Milch
Salz, Pfeffer
1 EL Butter oder Margarine zum Braten

Das Corned beef in feine Stückchen hacken, die Pellkartoffeln auf der groben Seite der Rohkostreibe raffeln, die rote Bete ebenfalls fein hacken. Alle Zutaten mit der Milch, Salz und Pfeffer zu einem Teig vermischen. Das Fett in der Pfanne erhitzen und die Fleischmischung hineingeben. Unter gelegentlichem Umrühren braten, bis das Haschee heiß ist. Dann langsam braten lassen, bis die Unterseite eine Kruste gebildet hat. Auf eine Platte geben, dabei wie eine Omelette auf die Hälfte zusammenfalten.

Italienische »Lerchen«

30 Minuten
pro Portion ca. 540 Kalorien

4 sehr dünne, lange Kalbsschnitzel
50 g geräucherter Schinken
1 EL getrocknete Pilze
1 EL Semmelbrösel
1 EL Milch
Salz, Pfeffer
Basilikum
1 EL Butter
½ Glas Wein

Die Semmelbrösel in der Milch einweichen, die Pilze in Wasser. Den Schinken fein hacken, die Pilze ebenfalls. Schinken, Pilze und Semmelbrösel vermischen und mit Salz und Gewürzen abschmecken. Die Paste auf die Kalbfleischscheiben streichen und diese aufrollen. Die Rouladen etwas flachdrücken und mit einem Baumwollfaden oder einem dünnen Bindfaden in 4 Quadrate teilen. Die Butter erhitzen und die Kalbfleischpakete darin unter Wenden 10 Minuten braten lassen. Mit dem Wein aufgießen und weitere 10 Minuten schmoren lassen. Vor dem Auftragen den Bindfaden entfernen.

Beilage: Risotto mit Erbsen, Seite 270, Zubereitung 25 Minuten

Florentiner Schweinefilet

15 Minuten
pro Portion ca. 550 Kalorien

4 dünne Scheiben Schweinefilet (etwa 200 g)
Salz
Paprika
1 Kalbsbratwürstchen
1 Lorbeerblatt
Majoran
Mehl
Fett oder Öl zum Braten
2 EL Rotwein
⅛ l Sahne

Das Fleisch mit Salz und Paprika bestreuen. Den Inhalt des Bratwürstchens herausdrücken und auf die 4 Fleischscheiben streichen. Zwischen jede Filetscheibe und den Bratwurstbelag ¼ Lorbeerblatt stecken. Die Fleischscheiben mit Majoran bestreuen und in Mehl wenden. In dem heißen Fett von beiden Seiten langsam 6 Minuten braten lassen. Den Rotwein hinzugießen und zum Schluß die Sahne. Das Fleisch in der Sauce 3 Minuten durchkochen lassen. Eine Garnitur von roten Paprikastreifen sieht sehr appetitlich aus.

Beilage: Schnellreis, Zubereitung 8 Minuten
Spinat, Seite 216, Zubereitung 15 Minuten

Schweinefleisch – chinesische Art

25 Minuten
pro Portion ca. 380 Kalorien

2 Schweineschnitzel
½ Stange Porree
2 EL Öl
Salz
¼ TL Zucker
Pfeffer
¼ Würfel Hühnersuppe
1 kleine Dose Sojabohnen-Sprossen
1 EL getrocknete Pilze
1 EL Stärkepuder
1 EL Sojasauce

Die getrockneten Pilze in etwas Wasser einweichen. Die Schweineschnitzel in feine Streifen schneiden, den Porree in dünne Scheiben. Das Öl erhitzen und Fleisch und Porree darin bei starker Hitze unter Umrühren 5 Minuten durchrösten. Salz, Zucker und Pfeffer darüberstreuen und weitere 5 Minuten durchbraten. Mit dem Gemüsewasser der Sojabohnenkeime und ½ Tasse Wasser aufgießen und die Hühnersuppenpaste darin auflösen. Die Pilze hinzugeben, 5 Minuten kochen lassen und mit dem kalt angerührten Stärkepuder binden. Die Sojabohnenkeime hinzufügen, durchkochen und mit der Sojasauce herzhaft abschmecken.

Beilage: Bandnudeln, Zubereitung 15 Minuten

Wiener Wurstgulasch

20 Minuten
pro Portion ca. 450 Kalorien

4 Knackwürstchen
2 grüne Paprikaschoten
50 g Speck
1 kleine Zwiebel
1 EL Öl
1 EL Tomatenmark
Salz
Paprika

Die Würstchen schälen und in feine Scheiben schneiden. Die entkernten Paprikaschoten in Streifen schneiden, Speck und Zwiebel in Würfel. Die Speckwürfel in dem Öl glasig braten. Die Zwiebelwürfel und die Paprikastreifen hinzugeben und unter Wenden in dem Fett 5 Minuten durchdünsten. Das Tomatenmark und 1 Tasse Wasser hinzugeben und weitere 10 Minuten schmoren lassen. Die Würstchenscheiben an die Sauce geben. Mit Salz und Paprika abschmecken.

Beilage: Makkaroni oder Bandnudeln, Zubereitung 15 Minuten

Party-Ideen
Die vergnügte Dip-Party

»Dipping« ist amerikanisch und heißt eintauchen. Kleine, mundgerecht geschnittene Häppchen aus Gemüse, Aufschnitt, Schalentieren und weiteren Zutaten werden in pikante Saucen getaucht. Dipping ist eigentlich eine kalte Variante des Fondues. Aber während sich beim warmen Fondue alles um den Fonduetopf scharen muß, also die Teilnehmerzahl beschränkt ist, können Gäste in großer Zahl zum »dippen« geladen werden.
Die Platten mit den Appetithäppchen stellt man am besten auf einen Servierwagen, den die Gastgeber herumfahren. Schälchen mit pikanten Saucen sowie Körbe mit knusprigen

Salzstangen, langen französischen Weißbroten und Landbrot werden auf die verschiedenen Tische verteilt. Wollen Sie es sich einfach machen, kaufen Sie für die Dip-Party bunte Pappteller mit dazu passenden Servietten. Dann haben Sie nach der Party nur noch die Gläser und Platten zum Abspülen.
Als Getränk paßt ein leichter Rosé sowie roter oder weißer Landwein.
Die Appetithäppchen werden in fingerlange Streifen geschnitten. Gemüse kann einfach in die Hand genommen werden. Käse, Fleisch und Fisch werden auf kleine Cocktailspießchen gesteckt.

Appetithäppchen

Streifen von rohem Paprika, Karotten, Salatgurken, Gewürzgurken.
Stangensellerie, Tomatenviertel, Radieschen (mit Blättchen zum Anfassen), gekochte Champignonköpfe, Blätter von Chicorée.
Streifen von rohem Schinken, Cervelatwurst, Braten, geräuchertem Lachs.
Crevetten, Kartoffelchips, Cracker

Die vorgeschlagenen Dips reichen für eine Party von 12 Personen.

Curry-Dip

500 g Mayonnaise
1 EL Currypuder
4 EL Mango Chutney
5 EL geschlagene Sahne

Den Mango Chutney in kleine Stückchen schneiden und mit der Mayonnaise, dem Currypulver und der Sahne vermischen.

Dip Mexico

500 g Mayonnaise
6 EL Tomatenketchup
6 EL Hot Chili-Sauce
2 EL Meerrettich

Alle Zutaten zu einer glatten Creme verrühren.

Orangen-Dip

500 g Mayonnaise
1 Orange
2 EL scharfer Senf
5 EL geschlagene Sahne

Die Schale der Orange abreiben und den Saft auspressen. Die Mayonnaise mit allen Zutaten zu einer glatten Creme verrühren.

Dip-Sauce Vinaigrette

¼ l Olivenöl
6 EL Essig
1 EL scharfer Senf
1 EL Salz
Pfeffer
2 Zwiebeln
3 EL gehackte Kräuter (Dill, Kerbel, Petersilie, Schnittlauch)

Die Zwiebeln in kleine Würfel schneiden und alle Zutaten mit einem Schneebesen zu einer glatten Marinade verrühren.

Auch der Meerrettich-Dip von Seite 27 paßt zum Dipping

Junge Hähnchen – sanft gebraten …

dazu kann man, frei nach Wilhelm Busch, auch in der Schnellküche nur »dringend raten«. Brathähnchen gibt es in vielen Supermärkten und Gaststätten jederzeit frisch vom Grill. Die knusprigen Bratvögel werden auf dem Heimweg erstanden und sind noch ofenwarm, wenn man sie zu Hause aus dem Warmhaltebeutel zieht. Das simple Brathähnchen wird dann in wenigen Minuten mit Hilfe einer delikaten Sauce in ein »Hähnchen alla cacciatora« oder in ein Paprikahähnchen verwandelt. Raffinierte Rezepte dazu finden Sie in diesem Kapitel.
Kaufen Sie das Hühnchen oder Hähnchen zum Selberbraten aus der Tiefkühltruhe, dann bringen Sie es besser am Vortag mit. Es kann dann über Nacht langsam im Kühlschrank auftauen – aber bitte vorher aus der Verpackung nehmen. Portionierte Geflügelteile wie Hühnerbrust zum Beispiel müssen nur soweit angetaut werden, daß man die einzelnen Teile voneinander lösen kann.
Soll die halbe Stunde Kochzeit eingehalten werden, die ich mir in diesem Kochbuch zum Ziel gesetzt habe, müssen wir auf Ente, Gans und Rehkeule verzichten. Dabei wird sicher auch in mancher Schnellküche an einem ruhigen Sonntag eine zarte Ente zu knuspriger Vollkommenheit gebraten werden. Aber das ist ein anderes Kapitel.
Liebhaber von Wildgerichten brauchen auch in der Schnellküche nicht auf dieses wohlschmeckende Fleisch zu verzichten. Aus gut abgehangenem Reh- und Hirschfleisch lassen sich saftige Steaks, Schnitzel und Medaillons schneiden. Tiefgekühltes Wild ist besonders zart. Verwenden Sie reichlich Butter bei der Zubereitung von Wildgerichten und braten Sie das Fleisch nur kurz, damit es noch einen ganz zarten rosa Kern hat. Dann ist es bestimmt saftig und zart.

Kaltes Hähnchen mit Currymayonnaise

5 Minuten
pro Portion ca. 550 Kalorien

1 fertiges Brathähnchen

½ Tube Mayonnaise
1 EL Joghurt
1–2 EL Mango Chutney
1 TL Currypuder

Das Brathähnchen in 4 Portionsstücke zerlegen und auf eine Platte geben. Die Mayonnaise mit dem Joghurt glattrühren, die Stückchen aus dem Mango Chutney in feine Würfel schneiden und Mango Chutney und Currypuder mit der Mayonnaise verrühren. Entweder die Hähnchenstücke mit der Mayonnaise überziehen oder die Mayonnaise getrennt dazu reichen. Dieses Hähnchengericht ist besonders gut für heiße Sommertage geeignet und auch für die Bewirtung von Gästen zu empfehlen.

Beilage: Frisches Weißbrot oder Reissalat

Das saftige Hähnchen von Dijon

20 Minuten
pro Portion ca. 800 Kalorien

1 fertiges Brathähnchen
2 Scheiben roher Schinken

2 Scheiben vollfetter Käse
⅛ l Sahne
1 TL scharfer Senf
Butter für die Form

Den Backofen anheizen. Das Hähnchen in vier Teile zerlegen und in eine gutgebutterte Auflaufform legen. Jedes der Geflügelteile mit einer Scheibe Schinken und einer Scheibe Käse belegen. Die Sahne mit Senf verrühren und in die Form geben. Im vorgeheizten Backofen in 10–15 Minuten knusprig backen. Rotwein oder Bier sind das richtige Getränk dazu.

Beilage: Frisches Weißbrot

Brathähnchen »alla cacciatora«

20 Minuten
pro Portion ca. 600 Kalorien

1 fertiges Brathähnchen
1 große Zwiebel
1 Knoblauchzehe
1 Paprikaschote
1 Karotte
3 EL Olivenöl
1 kleine Dose geschälte Tomaten
einige Blättchen Rosmarin
Salz, Pfeffer
½ Glas Weißwein

Die Zwiebel in Würfel schneiden, die Knoblauchzehe fein hacken, die entkernte Paprika in feine Streifen schneiden. Die Karotte auf der Rohkostreibe raspeln. Das Olivenöl erhitzen, das Gemüse hineingeben und leicht anbräunen. Die Tomaten durch ein grobes Sieb hinzufügen. Rosmarin, Salz und Pfeffer darüberstreuen und mit dem Weißwein aufgießen. Das Hähnchen in 4 Teile zerlegen und in den Topf zu der Sauce geben. 5 Minuten durchschmoren lassen.

Beilage: Butterreis, Seite 266, Zubereitung 20 Minuten oder Bandnudeln, Zubereitung 15 Minuten

Curry-Huhn

15 Minuten
pro Portion ca. 570 Kalorien

1 fertiges Brathuhn
1 Zwiebel
1 Apfel
2 EL Butter
1 EL Mehl
1 TL Currypuder
¼ l Hühnerbrühe (aus Würfeln)
2 EL Sahne oder Dosenmilch
Salz
1 EL Rosinen
1 EL Mandelstifte

Die Zwiebel und den Apfel in Würfel schneiden und mit einem Eßlöffel Butter weichdünsten. Mit dem Mehl und dem Currypuder bestreuen und mit der Hühnerbrühe aufgießen. Die Sauce etwas einkochen lassen. Das Huhn mit einer Küchenschere in 4 Teile zerlegen und in der restlichen Butter in einer zweiten Pfanne anbraten. Die Currysauce mit Sahne abrunden und mit Salz abschmecken. Die gewaschenen Rosinen und die Mandeln in der Sauce erhitzen. Die Hühnerviertel auf zwei Tellern anrichten und mit der Currysauce übergießen.

Beilage: Butterreis, Seite 266, Zubereitung 20 Minuten

Paprika-Hähnchen

15 Minuten
pro Portion ca. 750 Kalorien

1 fertiges Brathähnchen
50 g durchwachsener Speck
1 mittelgroße Zwiebel
1 grüne Paprikaschote
2 EL Öl
1 TL Paprikapulver
⅛ l Wasser
½ Päckchen Tomatensoße
½ Tasse Sahne

Den Speck und die Zwiebel in Würfel schneiden, die entkernte Paprika in Streifen. Die Zutaten in dem Öl unter Rühren 5 Minuten durchrösten. Mit dem Paprikapulver bestreuen und mit dem Wasser aufgießen. Das Soßenpulver unter Rühren hineinstreuen, aufkochen lassen und die Sahne hinzugeben. Das Hähnchen in 8 Teile schneiden und in der Sauce unter Wenden 5 Minuten durchschmoren lassen.

Beilage: Bandnudeln, Zubereitung 15 Minuten
Kopfsalat, Seite 243

Brathähnchen mit Oliven

20 Minuten
pro Portion ca. 730 Kalorien

1 fertiges Brathähnchen
1 Mohrrübe
1 Zwiebel
50 g durchwachsener Speck
3 EL Öl
4 Tomaten
1 Glas Rotwein
½ Glas gefüllte Oliven

Das Hähnchen mit der Geflügelschere in Viertel schneiden. Die Mohrrübe auf der Rohkostreibe raffeln. Zwiebel und Speck in Würfel schneiden und alles zusammen in dem Öl in einem Schmortopf so lange rösten, bis Speck und Zwiebel glasig sind. Die Tomaten enthäuten, kleinschneiden und hinzufügen. Mit einem Glas Rotwein aufgießen. Die Hähnchenviertel dazugeben, den Deckel auf den Topf geben. Bei leichter Hitze 10 Minuten durchschmoren. Zum Schluß die in Scheiben geschnittenen Oliven darüberstreuen, und die Oliven in der Sauce heißwerden lassen.

Beilage: Bandnudeln, Zubereitung 15 Minuten
oder Safranreis, Seite 268, Zubereitung 20 Minuten

Hähnchen, mit Whisky flambiert

20 Minuten
pro Portion ca. 650 Kalorien

1 fertiges Brathähnchen
1 EL Butter
1 TL scharfer Senf
1 kleine Dose getrüffelte Leberpastete
½ Glas Weißwein
½ Tasse Bratensaft (aus kochfertigem Bratensaft)
Pfeffer
Paprika
Rosmarin
2 EL Sahne
1 Glas Whisky

Alle Zutaten bereitstellen – Bratensaft zubereiten. Das Hähnchen in 4 Portionsstücke zerlegen und warmstellen. Die Butter in der Flambierpfanne zerlassen und den Senf und die Leberpastete hinzufügen. Schmelzen lassen und mit Wein und Bratensaft aufgießen. Gewürze hinzufügen und einkochen lassen, bis die Sauce sämig ist. Die Sahne an die Sauce geben. Das Hähnchen darin kurz durchschmoren lassen. Den erwärmten Whisky über das Hähnchen gießen, sofort anzünden und auftragen.

Beilage: Frisches Weißbrot
Selleriesalat mit Rahm, Seite 44

Wiener Backhendl

25 Minuten
pro Portion ca. 800 Kalorien

1 junges Hähnchen
Salz, Pfeffer
Mehl
1 Ei
Semmelbrösel
Petersilie
Backfett oder Öl
Zitrone

Reichlich Backfett verwenden, die Hähnchen müssen schwimmend gebacken werden. Das Backfett erhitzen, bis sich an einem Holzlöffelstiel beim Hineinhalten in das Öl Blasen bilden. Das Hähnchen in 4 Portionsviertel zerteilen und etwas flachklopfen. Mit Salz und Pfeffer einreiben. 3 Teller bereitstellen, einen mit Mehl, den zweiten mit dem verquirlten Ei und den dritten mit Semmelbröseln. Die Hühnerviertel zuerst in Mehl, dann in der Eimasse und zuletzt in den Semmelbröseln wenden. Das Fleisch muß gleichmäßig von den Bröseln umhüllt sein. Sofort in das heiße Fett geben und in 10–15 Minuten rundherum knusprig braun braten. Ein paar Petersilienzweige mitbacken. In eine Serviette gehüllt, mit der Petersilie und Zitronenvierteln garniert, sofort auftragen.

Hühnerbrust nach Café de la Paix

25 Minuten
pro Portion ca. 600 Kalorien

1 Paket tiefgekühlte Hühnerbrust
Salz, Pfeffer
Mehl
1 EL Butter
250 g Tomaten
½ TL Paprika
Oregano
⅛ l Sahne
1 EL Cognac
2 Scheiben Toastbrot
Butter zum Braten

Die Hühnerbrüste etwas auftauen lassen oder einen Augenblick in warmes Wasser tauchen, damit sich die Teile auseinanderlösen lassen. Abtrocknen, mit Salz und Pfeffer einreiben und mit Mehl bestäuben. In heißer Butter in einer Pfanne von allen Seiten hellbraun braten. Inzwischen die Tomaten brühen, abziehen und in kleine Würfel schneiden. Zu dem Geflügel geben. Paprika, 1 Messerspitze Oregano sowie Salz hinzufügen und 10 Minuten durchschmoren lassen. Dabei den Deckel auf die Pfanne geben. Mit der Sahne aufgießen und den Cognac hinzufügen. Weitere 5 Minuten in der offenen Pfanne einkochen lassen. Die Weißbrotscheiben in Butter braten und die Hühnerbrüste darauf anrichten. Das ist ein exquisites Sonntagsessen.

Beilage: Kressesalat

Poulardenleber vom Spießchen

15 Minuten
pro Portion ca. 360 Kalorien

200 g tiefgekühlte Poulardenleber
Öl
Paprika
50 g Speck
100 g kleine Champignons (frisch oder aus der Dose)
Salz

Den Grill 10 Minuten vorheizen und den Grillrost mit Öl bepinseln. Die Leberchen etwas auftauen lassen und in Viertel schneiden. Den Speck in Scheibchen schneiden. Die Champignons putzen, die Pilze aus der Dose gut abtropfen lassen. Abwechselnd Leber, mit Paprika bestreut, Speckscheiben und Pilze auf die Spießchen reihen und mit Öl bestreichen. Im vorgeheizten Grill etwa 6 Minuten unter Wenden gar grillen. Die Leberchen sollen innen noch rosa sein. Mit Salz bestreuen.

Beilage: Frisches Weißbrot oder Kartoffelpüree, Seite 226, Zubereitung 10 Minuten

Hähnchen – Jägerart

20 Minuten
pro Portion ca. 770 Kalorien

1 fertiges Brathähnchen
2 EL Butter oder Margarine
50 g Schinkenspeck
1 Zwiebel
1 kleine Dose Champignons
½ TL Paprikapulver
1 TL Mehl
½ Glas Weißwein
½ Glas Sahne
Salz

Das Hähnchen halbieren und in einer Pfanne in einem Eßlöffel Butter anbraten. Den Schinkenspeck in Streifen und die Zwiebel in Würfel schneiden, die abgetropften Champigons in Scheibchen. In einer zweiten Pfanne einen Eßlöffel

Butter erhitzen und den Schinkenspeck und die Zwiebel darin glasig braten. Die Champignons hinzufügen und mit dem Paprikapulver und dem Mehl bestreuen. Mit dem Champignonwasser, dem Wein und der Sahne aufgießen und etwas einkochen lassen. Die Hähnchen auf zwei Tellern anrichten und mit der Sauce übergießen.

Beilage: Nudeln, Zubereitung 15 Minuten

Rebhuhn mit Weintrauben

30 Minuten
pro Portion ca. 580 Kalorien

2 junge Rebhühner
Salz
zerdrückte Wacholder-beeren
50 g Butter
2 breite Scheiben Speck
⅛ l Sahne
Fleischwürze
12–15 Weintrauben

Den Backofen vorheizen. Die vorbereiteten Rebhühner leicht mit Salz einreiben. Die Leberchen zerdrücken und mit etwas Butter, Salz und zerdrückten Wacholderbeeren verkneten. In die Rebhühner geben. Mit dem Speck umwickeln. Noch schneller geht es, wenn Sie die Rebhühner gleich in Speck gewickelt kaufen. Die restliche Butter erhitzen und die Rebhühner darin anbraten. Im vorgeheizten Backofen unter ständigem Begießen mit der Butter in 15 Minuten gar braten, das Fleisch soll innen noch zartrosa sein. In der Garzeit des Rebhuhnes können Sauerkraut und Kartoffelpüree zubereitet werden. Die Rebhühnchen aus dem Topf nehmen. Den Bratenfond mit Sahne aufgießen und etwas einkochen lassen. Mit Fleischwürze abschmecken. Die halbierten, entkernten Trauben in der Sauce heißwerden lassen.

Beilage: Viertelstunden-Sauerkraut, Seite 213, Zubereitung 15 Minuten
Kartoffelpüree, Seite 226, Zubereitung 10 Minuten

Hasenfilet – Jägerart

25 Minuten
pro Portion ca. 320 Kalorien

2 ausgelöste Hasenfilets
Salz, Pfeffer
2 EL Butter
1 kleine Dose Champignons
½ Tasse Sahne
1 EL Sherry oder Portwein

Die Hasenfilets gründlich mit Salz und Pfeffer einreiben und in der heißen Butter unter häufigem Wenden von allen Seiten knusprig braun braten. Inzwischen die Champignons feinblättrig aufschneiden und hinzufügen. Nach 15 Minuten etwas Champignonwasser und die Sahne zu den Hasenfilets geben und kurz einkochen lassen. Mit Sherry oder Portwein abschmecken.

Beilage: Kartoffelcroquetten, Seite 230, Zubereitung 20 Minuten
oder Nudeln, Zubereitung 15 Minuten
Chicoréesalat, Seite 240

Rehkoteletts mit Wacholder

15 Minuten
pro Portion ca. 500 Kalorien

2 Rehkoteletts (je 200 g)
1 Scheibe fetter Speck
1 EL Butter
Salz, Pfeffer
Mehl
1 Glas Gin
½ Glas Weißwein
einige Wacholderbeeren
⅛ l Sahne

Den Speck in Scheiben schneiden und in der Butter glasig braten. Die Koteletts mit Salz und Pfeffer einreiben und mit Mehl bestäuben. In der heißen Butter von beiden Seiten langsam hellbraun braten. Mit dem Gin übergießen und anzünden. Das Fleisch warmstellen, es soll noch einen zartrosa Kern haben. Das Bratfett mit dem Wein aufgießen. Die Wacholderbeeren und die Sahne hinzugeben und etwas einkochen lassen. Durch ein Sieb über die Rehkoteletts gießen.

Beilage: Kartoffelcroquetten, Seite 230, Zubereitung 20 Minuten
Rotkohl, Seite 211, Zubereitung 5 Minuten
oder Preiselbeeren

Hirschkalbsteak – Försterart

15 Minuten
pro Portion ca. 400 Kalorien

2 Hirschkalbsteaks
Ingwerpulver
Butter zum Braten
Salz
1 kleine Dose Pfifferlinge
feingehackte Petersilie

Die Hirschkalbsteaks mit Ingwerpulver einreiben und ungesalzen in reichlich heißer Butter von beiden Seiten braun braten. Salzen und warmstellen. Die gut abgetropften Pfifferlinge in das Bratfett geben, ein Stückchen frische Butter hinzufügen und unter Schütteln heißwerden lassen. Mit Salz abschmecken und mit gehackter Petersilie vermischen. Auf die Steaks häufen.

Beilage: Kartoffelcroquetten, Seite 230, Zubereitung 20 Minuten
oder Bandnudeln, Zubereitung 15 Minuten

Rehnüßchen – Genfer Art

15 Minuten
pro Portion ca. 380 Kalorien

4 Scheiben Rehfilet
Salz
Ingwerpulver
Mehl zum Wenden
1 EL Butter
½ Glas Weißwein
½ Glas Sahne
2 EL Fruit-Cocktail aus der Dose

Die Filetscheiben mit Salz und Ingwerpulver einreiben und in dem Mehl wenden. In der heißen Butter von beiden Seiten knusprig braun braten, das Fleisch soll in der Mitte einen rosa Kern behalten. Aus der Pfanne nehmen und das Bratfett mit Wein und Sahne aufgießen. Etwas einkochen lassen. Die abgetropften Früchte in der Sauce erhitzen und das Fleisch wieder hinzufügen. Sofort auftragen.

Beilage: Kartoffelcroquetten, Seite 230, Zubereitung 20 Minuten
Preiselbeeren

Rehschnitzel mit Ingwer

15 Minuten
pro Portion ca. 450 Kalorien

2 Rehschnitzel (aus der Keule)
Salz, Pfeffer
Mehl zum Bestäuben
1 Scheibe fetter Speck
1 EL Butter
½ TL Mehl
½ Glas Weißwein
½ Tasse Sahne
2 eingelegte Ingwerfrüchte
Fleischwürze

Die Rehschnitzel mit Salz und Pfeffer einreiben und mit Mehl bestäuben. Den Speck in Streifen schneiden und in der

Butter glasig braten. Die Schnitzel in das heiße Fett geben und von jeder Seite in 5 Minuten braun braten. Das Fleisch aus der Pfanne nehmen und warmstellen. Das Mehl in das Bratfett geben und mit Weißwein und Sahne aufgießen. Die Ingwerfrüchte in kleine Würfel schneiden und in der Sauce durchkochen lassen. Die Sauce mit Salz und etwas Fleischwürze abschmecken, über die Rehschnitzel gießen.

Beilage: Bandnudeln, Zubereitung 15 Minuten
Bratapfel, Seite 308, Zubereitung 15 Minuten

Rehsteaks mit Paprika

20 Minuten
pro Portion ca. 450 Kalorien

2 Rehsteaks
Salz
Ingwerpulver
Mehl
2 EL Butter
1 EL Öl
1 Paprikaschote
1 Banane
1 Ingwerfrucht in Sirup

Die Rehsteaks mit Salz und Ingwerpulver einreiben und leicht mit Mehl bepudern. Einen Eßlöffel Butter erhitzen und die Steaks darin von beiden Seiten braun braten. Die Paprika entkernen, in feine Streifen schneiden und in einer zweiten Pfanne in dem Öl langsam weichbraten. Inzwischen die Banane in Scheiben und die Ingwerfrucht in Würfel schneiden. Zu der Paprika geben und einen Eßlöffel Butter hinzufügen. 5 Minuten unter Wenden durchbraten und auf die fertigen Rehsteaks häufen.

Beilage: Bandnudeln, Zubereitung 15 Minuten
oder Kartoffelpüree, Seite 226, Zubereitung 10 Minuten

Menüvorschläge für Gäste

(Wenn man 20 Minuten Zeit zum Kochen hat)

Um ein vollständiges Essen auf den Tisch zu bringen, sind 20 Minuten Zubereitungszeit eine sehr kurze Zeit. Anfängerinnen auf dem Gebiet der Kochkunst sollten unbedingt etwas mehr Zeit einkalkulieren. Voraussetzung für das Gelingen des Zeitplanes ist: Alle Zutaten zum Kochen stehen bereit. Das Fleisch ist vom Metzger pfannenfertig vorbereitet, tiefgekühlte Ware ist, soweit erforderlich, bereits aufgetaut. Natürlich muß vor dem Kochen der Tisch schon fertig gedeckt sein und die Getränke richtig temperiert. Dann kann der Wettlauf mit der Uhr beginnen.

Die mit einem * versehenen Gerichte sind im Rezeptteil beschrieben.

1. Vorschlag

*Melonencocktail**
*Nieren mit Senfsahne**
Frische Kresse, Weißbrot
Kleine Käseplatte
Mokka

2. Vorschlag

*Hühnersuppe Margotta**
*Börsentoast**
*Mokka-Sahne-Baiser**

3. Vorschlag

*Avocado mit Krabben**
*Ravioli – Feinschmeckerart**
*Kopfsalat**
*Baisertörtchen mit Früchten**

4. Vorschlag

Klare Ochsenschwanzsuppe
(aus Dosen)
*Hummeromelette**
*Kopfsalat**
*Pfirsich Melba**
Mokka

5. Vorschlag

*Lachsröllchen**
*Zunge – mallorquinische Art**
*Junge Erbsen**
Frisches Weißbrot
Tiefgekühlte Himbeeren
mit Sahne

6. Vorschlag

Kaltes Sommermenü
Bulgarische Tomatensuppe
Kaltes Huhn
*mit Currymayonnaise**
Frisches Weißbrot
Fürst-Pückler-Eis
(fertig gekauft)
Mokka

Ein gutes Gemüsegericht ist fast immer ein Schnellgericht

Das Angebot an bunten, frischen Gemüsen war noch nie so reich und so unabhängig von jeder Saison wie in unserer Zeit. Flugzeuge liefern fremde Gemüse aus Ländern, in denen immer die Sonne scheint. In den Tiefkühltruhen sind erntefrische Gemüse gestapelt, von denen man früher im Winter nicht zu träumen wagte. Auf den heimischen Märkten wird das Angebot durch den Abbau der Zollschranken immer größer und preiswerter.

Es gibt keinen Grund, die tägliche Gemüsebeilage nicht abwechslungsreich und verführerisch zuzubereiten. Gemüseessen sollte keine Pflicht für die Gesundheit, sondern ein wirkliches Vergnügen sein. In der französischen Küche sind Gemüse und auch Kartoffeln ein Gang des Menüs, der separat serviert wird, damit man ihm seine volle Aufmerksamkeit zuwendet. Das hat ein gut zubereitetes Gemüse auch verdient.

Übrigens – die Schnellküche wirkt sich beim Gemüsekochen qualitätssteigernd aus. Farbe, Geschmack und Struktur des Gemüses bleiben bei einer kurzen Kochzeit am besten erhalten. Von den empfindlichen Vitaminen ganz zu schweigen, denen langes Kochen gar nicht bekommt.

Es gibt ein paar Faustregeln für das Kochen von Gemüse. Aber was heißt da überhaupt kochen? In Wasser gekocht wird Gemüse nur, wenn es von weißer Farbe oder sehr empfindlich ist wie Blumenkohl, Spargel oder junge Erbsen. Das übrige Gemüse wird am besten im eigenen Saft gegart. Das macht man so: Das geputzte Gemüse wird gewaschen, tropfnaß in heißes Öl gegeben und unter Schwenken 10 Minuten geschmort. Dann, wenn nötig, eine geringe Menge Wasser (1/4 Tasse etwa) hinzugeben, den Deckel darauf und bei leich-

ter Hitze je nach Rezept in 5–20 Minuten fertigdünsten. Probieren Sie das einmal mit Mohrrüben oder mit Rosenkohl aus. Das ist ein ganz neues Gericht, weil alle Nähr- und Geschmacksstoffe des Gemüses voll erhalten bleiben.
Tiefgekühltes Gemüse wird unaufgetaut verwendet. Es ist vorblanchiert und braucht weniger als die halbe Kochzeit von frischem Gemüse – die genaue Zeit steht auf jeder Packung. Ich nehme allerdings immer nur die halbe Wassermenge der auf der Gebrauchsanweisung angegebenen Flüssigkeit. Gemüse schmeckt am besten, wenn es im Augenblick des Garseins alles Gemüsewasser aufgenommen hat.
Man kann Gemüse durch den Zusatz von Kräutern und Gewürzen vielseitig verändern. Gebräunte Mandeln, geriebene Nüsse, geschmolzener Käse in zerlassener Butter sind eine Abwechslung für gebräunte Semmelbrösel. In dem hier folgenden Gemüsekapitel finden Sie 60 Rezepte, die aus aller Welt stammen.

Artischocken à la provençale

30 Minuten
pro Portion ca. 250 Kalorien

5 kleine junge Artischocken
1 Zwiebel
4 EL Olivenöl
2 Tomaten
Salz, Pfeffer

Die Artischocken von den welken Blättern befreien, die spitzen Blätter der Artischocken bis zur Hälfte abschneiden und die Artischocken vierteln. Die Zwiebel in Würfel schneiden, in dem Öl anrösten und die Artischocken hinzufügen. Durchbraten, die abgezogenen, geviertelten Tomaten und ½ Tasse Wasser an das Gemüse geben und zugedeckt 15 Minuten schmoren lassen. Den Topf öffnen und mit Salz und Pfeffer abschmecken. Offen brodelnd kochen lassen, bis das Wasser verdunstet ist und die Artischocken leicht angebraten in dem Öl brutzeln. Als Vorspeise zu empfehlen – aber auch als pikante Beilage zu Fisch und Fleisch.

Auberginen spanische Art

25 Minuten
pro Portion ca. 260 Kalorien

2 große oder 4 kleine Auberginen
1 Zwiebel
4 Tomaten
3 EL Olivenöl
Salz, Pfeffer

Die Auberginen schälen und in Würfel schneiden. Zwiebel und Tomaten ebenfalls in Würfel schneiden. Die Zwiebel in dem Öl glasig rösten, die Auberginenwürfel hinzufügen und durchschmoren. Zuletzt die Tomatenwürfel an das Gemüse geben. Mit Salz und Pfeffer würzen und in 15 Minuten gar schmoren. Auf Weißbrotscheiben häufen. Die Spanier braten pro Kopf zwei Spiegeleier dazu.

Gebratene Auberginen

10 Minuten
pro Portion ca. 250 Kalorien

2 große oder 4 kleine Auberginen
Mehl
Olivenöl zum Braten
1–2 Eier
Salz

Die gewaschenen Auberginen schälen, in dicke Scheiben schneiden und in Mehl wenden. Das Öl erhitzen. Das Ei mit Salz verquirlen und die Auberginenscheiben darin wenden. In dem heißen Öl von beiden Seiten goldbraun braten. Sofort auftragen, weil das Gemüse sonst weich wird. Die Auberginenscheiben können auch in Ei und Semmelbröseln gewendet und dann ausgebacken werden. Sie werden in dieser Form in Mittelmeerländern gerne heiß aus der Pfanne zum Apéritif gereicht.

Beilage zu gebratenem Fisch und Fleisch

Bananengemüse

15 Minuten
pro Portion ca. 190 Kalorien

2 feste Bananen
2 große Zwiebeln
1 EL Butter
Salz, Pfeffer

Die Zwiebeln in Scheiben schneiden und in der heißen Butter bei leichter Hitze glasig rösten. Die Bananen schälen, ebenfalls in Scheiben schneiden und zu den Zwiebeln geben. Weitere 5 Minuten braten, bis die Bananenscheiben zu bräunen beginnen. Mit Salz und einer kräftigen Prise Pfeffer abschmecken.

Beilage zu gebratenem Schweinefleisch, Schinken, Geflügel, Fisch

Blumenkohlgemüse – holländische Art

25 Minuten
pro Portion ca. 225 Kalorien

1 Kopf Blumenkohl
1/8 l Milch
1 Päckchen Helle Soße
1 Eigelb
1 EL Butter
Muskat
Zitrone

Den gut geputzten Blumenkohl in Röschen zerteilen und in leicht gesalzenem Wasser in 15 Minuten gar kochen. Das Gemüse auf einem Sieb abtropfen lassen. 1/8 l Blumenkohlwasser und 1/8 l Milch erwärmen, den Inhalt des Soßenpäckchens unter Rühren hinzufügen und 1 Minute kochen lassen. Die Sauce mit einem Eigelb legieren, die Butter in Flöckchen unter die Sauce geben und mit geriebenem Muskat und Zitronensaft abschmecken. Die abgetropften Blumenkohlröschen in der Sauce noch einmal heiß werden, aber nicht mehr kochen lassen.

Beilage zu Frikadellen oder Leber

Blumenkohl mit Mandeln

25 Minuten
pro Portion ca. 350 Kalorien

1 Kopf Blumenkohl
Salzwasser
2 EL Butter
1 Knoblauchzehe nach Geschmack
1 Päckchen Mandelstifte
3 EL Semmelbrösel

Den Blumenkohl von Blättern und Strunk befreien und sorgfältig waschen. Mit dem Strunk nach unten in leicht gesalzenes, kochendes Wasser geben und in 20 Minuten gar kochen (der Blumenkohl soll fest bleiben). Die Butter zerlassen – wer mag, gibt ein kleines Stückchen zerdrückte Knoblauchzehe dazu – und Mandeln mit Semmelbröseln darin unter Rühren goldbraun rösten. Den abgetropften Blumenkohl auf eine Platte geben und mit Mandel-Bröselgemisch übergießen.

Blumenkohl – polnische Art

25 Minuten
pro Portion ca. 270 Kalorien

1 Kopf Blumenkohl
Salz
1 Ei
2 EL Butter
1 EL Semmelbrösel
1 EL Petersilie

Den Blumenkohl, wenn möglich, eine halbe Stunde in Salzwasser legen, um Raupen und Insekten zu entfernen. Wasser mit Salz zum Kochen bringen. Den Blumenkohl von den Blättern befreien und evtl. schlechte Stellen herausschneiden. Unter fließendem Wasser sorgfältig waschen. Mit dem Strunk nach unten in das kochende Salzwasser geben und in 20 Minuten gar kochen. In dieser Zeit das Ei hartkochen und grob hacken. Die Petersilie feinwiegen. Die Semmelbrösel in der Butter goldgelb rösten. Den Blumenkohl gut abgetropft auf eine Platte geben. Mit dem Ei bestreuen, die Semmelbrösel darübergießen und mit der gehackten Petersilie garnieren.

Dicke Bohnen – westfälische Art

25 Minuten
pro Portion ca. 600 Kalorien

1 Packung tiefgekühlte dicke Bohnen
Salz
Bohnenkraut
100 g durchwachsener Speck
Pfeffer
Petersilie

1 Tasse Wasser mit 1 Teelöffel Salz und etwas Bohnenkraut zum Kochen bringen und das unaufgetaute Gemüse hinzufügen. 20 Minuten kochen lassen. In dieser Zeit den Speck in Würfel schneiden und glasig anbraten. Die Petersilie hacken. Das fertige Bohnengemüse auf einem Sieb abtropfen lassen. Mit Speckwürfeln vermischen und kurz durchkochen lassen. Mit der Pfeffermühle etwas Pfeffer darübermahlen und reichlich mit gehackter Petersilie vermischen. Die dikken Bohnen können auch mit einer Speckmehlschwitze wie die Schnittbohnen angemacht werden.

Beilage: Pellkartoffeln, Zubereitung 25 Minuten

Grüne Bohnen aus Dosen

10 Minuten
pro Portion ca. 180 Kalorien

½ Dose grüne Bohnen
1 Stengelchen Bohnenkraut und Thymian
Salz
1 Prise Pfeffer
1 Stückchen Butter
1 EL feingehackte Petersilie

Die grünen Bohnen mit dem Bohnenwasser und den Kräutern aufkochen und auf ein Sieb zum Abtropfen geben. Die Butter zerlassen, die Bohnen hineingeben und durchschwenken. Zum Schluß mit der gehackten Petersilie bestreuen.

Grüne Bohnen mit Speck

15 Minuten
pro Portion ca. 200 Kalorien

1 Packung tiefgekühlte Brechbohnen
½ Tasse Wasser
Salz
Bohnenkraut
50 g durchwachsener Speck
Petersilie

Das Wasser mit Salz und Bohnenkraut erhitzen und die Bohnen unaufgetaut hinzufügen. In 8–10 Minuten gar kochen. In dieser Zeit den Speck in Würfel schneiden, auslassen und unter das Bohnengemüse mischen. Mit viel gehackter Petersilie vermischen.

Grüne Bohnen mit Tomaten

20–30 Minuten
pro Portion ca. 180 Kalorien

500 g frische Bohnen oder
1 Paket tiefgekühlte junge Brechbohnen (300 g)
1 Zwiebel
2 EL Öl
250 g Tomaten
einige Blättchen Rosmarin
Salz
Petersilie

Die grünen Bohnen waschen, abziehen und in Stücke brechen. Die tiefgekühlten Bohnen unaufgetaut verwenden. Die Zwiebel in Würfel schneiden und in dem Öl glasig braten. Die Tomaten brühen, abziehen und in kleine Stückchen schneiden. In das Öl geben und kurz durchschmoren. Die grünen Bohnen hinzufügen sowie den Rosmarin und 6 EL heißes Wasser. Mit Salz würzen. Bei leichter Hitze im geschlossenen Topf die tiefgekühlten Bohnen in 12 Minuten und die frischen Bohnen in 25 Minuten weich schmoren. Mit gehackter Petersilie bestreuen.

Schnittbohnen – ostpreußische Art

10 Minuten
pro Portion ca. 320 Kalorien

½ Dose Schnittbohnen
50 g fetter Speck
1 EL Mehl
⅛ l Milch
Majoran
Salz
Muskat
Fleischwürze
Petersilie

Die Schnittbohnen auf ein Sieb zum Abtropfen geben. Den Speck in Würfel schneiden und hellgelb braten. Mit dem Mehl bestäuben, kurz durchrösten und unter Rühren mit der Milch aufgießen. Wenn die Sauce zu dick ist, mit etwas Gemüsewasser auffüllen. Majoran und Salz hinzugeben. 3 Minuten kochen lassen. Die Bohnen in die Sauce geben und darin heiß werden lassen. Mit geriebenem Muskat und mit Fleischwürze abschmecken. Mit gehackter Petersilie bestreuen.

Wachsbohnen – Holsteiner Art

10 Minuten
pro Portion ca. 180 Kalorien

½ Dose Wachsbohnen
½ Päckchen Helle Soße
Bohnenkraut
Thymian
1 Stückchen frische Butter
Petersilie

Von dem Gemüsewasser ⅛ l abmessen und erwärmen. Den Inhalt des Soßenpäckchens unter Rühren mit dem Schneebesen hinzufügen sowie die Gewürze. 5 Minuten kochen lassen, die abgetropften Wachsbohnen in die Sauce geben und durchkochen lassen. Zum Schluß ein Stückchen frische Butter an die Bohnen geben und mit viel gehackter Petersilie bestreuen.

Weiße Bohnen mit Tomaten

10 Minuten
pro Portion ca. 400 Kalorien

½ Dose weiße Bohnen
½ Dose Tomatensuppe
¼ TL Oregano
1 Stückchen Butter

Die Bohnen auf ein Sieb zum Abtropfen geben. Die Tomatensuppe mit dem Oregano aufkochen, die abgetropften Bohnen hinzugeben und erhitzen. Zum Schluß ein Stückchen frische Butter unter das Bohnengemüse geben. Auf Toast gegeben und mit einer knusprigen Speckscheibe bedeckt ein herzhafter Imbiß.

Beilage zu Bratwurst, Zubereitung 10 Minuten
oder Hammelkoteletts, Seite 116, Zubereitung 30 Minuten

Weiße Bohnen mit Rosmarin

10 Minuten
pro Portion ca. 350 Kalorien

½ Dose weiße Bohnen
1 EL Butter
¼ TL Rosmarin

Die Bohnen in dem Bohnenwasser aufkochen lassen und auf ein Sieb zum Abtropfen geben. Butter in einem Topf erhitzen, die Rosmarinblätter darin anschwitzen, die Bohnen hinzufügen und 5 Minuten gut durchschwenken.

Beilage zu Hammelkoteletts, Seite 134, Zubereitung 20 Minuten

Broccoli

15 Minuten
pro Portion ca. 170 Kalorien

1 Packung tiefgekühlter Broccoli (300 g)
Salz
1 EL Butter
2 EL Parmesankäse

Zwei Tassen Wasser mit einem halben Teelöffel Salz zum Kochen bringen. Den unaufgetauten Broccoli hinzufügen. 12 Minuten kochen lassen und auf ein Sieb zum Abtropfen geben. Die Butter in einer Pfanne schmelzen, den Parmesankäse hinzufügen, hellgelb rösten und über den Broccoli gießen. An Stelle von Parmesankäse können auch in Blätter geschnittene Mandeln in der Butter geröstet werden.

Beilage zu gebratenem und gekochtem Fleisch

Broccoli – italienische Art

15 Minuten
pro Portion ca. 150 Kalorien

1 Packung tiefgekühlter Broccoli (300 g)
Salz
2 EL Olivenöl
Saft von einer Zitrone

Zwei Tassen Wasser mit einem halben Teelöffel Salz zum Kochen bringen und den unaufgetauten Broccoli hinzufügen. 12 Minuten kochen lassen und auf einem Sieb abtropfen lassen. Das Olivenöl mit dem Zitronensaft verrühren und über den Broccoli gießen. Warm oder kalt servieren.

Beilage zu gebratenem und gekochtem Fleisch

Broccoli mit Schinken

20 Minuten
pro Portion ca. 220 Kalorien

1 Packung tiefgekühlter Broccoli (300 g)
Salz
1 EL Butter
50 g roher Schinken

2 Tassen Wasser mit einem halben Teelöffel Salz und einem Eßlöffel Butter zum Kochen bringen und den unaufgetauten Broccoli hinzufügen. 15 Minuten kochen lassen. In dieser Zeit den Schinken in feine Streifen schneiden. Den Broccoli mit einer Gabel zu Mus zerdrücken und die Schinkenstreifen hinzufügen. Noch einmal 2 Minuten durchkochen lassen.

Beilage zu gebratenem Fisch und Fleisch

Champignons mit Sahnesauce

15–20 Minuten
pro Portion ca. 390 Kalorien

½ Dose Champignons oder 500 g frische Champignons
1 Stückchen Butter
8 EL Sahne
Salz, Pfeffer
gehackte Petersilie

Die Champignons aus der Dose in Scheiben schneiden, die frischen Champignons sorgfältig putzen, waschen und in Scheiben schneiden. Sehr kleine Pilze ganz lassen. Die Butter in einer Pfanne zerlassen und die Pilze hineingeben. Frische Champignons 10 Minuten darin durchdünsten, Dosenchampignons 5 Minuten. Die Sahne hinzufügen und auf starker Hitze etwas einkochen lassen. Mit Salz, Pfeffer und Petersilie abschmecken. Auf Toast gehäuft eine pikante kleine Zwischenmahlzeit.

Beilage zu gebratenem und gegrilltem Kalb- und Rindfleisch

Ausgebackene Champignons

20 Minuten
pro Portion ca. 400 Kalorien

250 g frische, nicht zu große Champignons
Mehl
1 Ei
Salz, Pfeffer
Semmelbrösel
Ausbackfett

Die Pilze sorgfältig putzen, waschen und gut abtrocknen lassen (auf einem sauberen Küchentuch). Ausbackfett in einer Pfanne erhitzen. Drei Teller bereitstellen, einen mit Mehl, einen zweiten mit Ei, mit Salz und Pfeffer verquirlt und einen dritten mit Semmelbröseln. Die Champignons nacheinander in Mehl, Ei und Semmelbröseln wenden und in dem heißen Ausbackfett goldgelb backen. Als Vorspeise mit einer Remouladensauce servieren.

Chicorée – belgische Art

15 Minuten
pro Portion ca. 200 Kalorien

6 Kolben Chicorée
1 EL Butter
1 Stückchen Knoblauch nach Geschmack
Salz, Pfeffer
6 EL Sahne
einige Tropfen Fleischwürze

Von dem Chicorée mit einem spitzen Messer den bitteren Keil am unteren Ende des Kolbens herausstechen. Welke Blätter entfernen. Das gründlich gewaschene Gemüse tropfnaß in die heiße Butter geben, mit Salz und Pfeffer bestreuen und mit geschlossenem Deckel in 6–8 Minuten gar schmoren – wer das verräterische Knoblaucharoma nicht fürchtet, gibt ein Stückchen zerdrückte Knoblauchzehe hinzu. Den Topfdeckel abnehmen. Wenn das Gemüse zu bräunen beginnt, die Sahne hinzugießen und durchkochen lassen. Mit ein paar Tropfen Fleischwürze abrunden.

Beilage zu gebratenem und gegrilltem Fleisch

Junge Erbsen aus Dosen

10 Minuten
pro Portion ca. 200 Kalorien

½ Dose Erbsen extra fein
1 Prise Zucker
1 EL Butter
Salz
gehackte Petersilie

Die Erbsen in dem Gemüsewasser mit dem Zucker erhitzen und auf ein Sieb zum Abtropfen geben. Die Butter zerlassen, die Erbsen hinzufügen sowie etwas Salz. Die Erbsen 3 Minuten in der Butter durchschwenken und mit der gehackten Petersilie vermischen.

Junge Erbsen – italienische Art

20 Minuten
pro Portion ca. 400 Kalorien

1 Packung tiefgekühlte junge Erbsen (300 g)
1 EL Butter
1 kleine Zwiebel
½ Tasse Wasser
100 g roher Schinken
Salz, Pfeffer

Den Schinken in feine Streifen schneiden. Die Butter zerlassen und die in kleine Würfel geschnittene Zwiebel darin glasig rösten. Das Wasser darübergießen, aufkochen und die tiefgefrorenen Erbsen hinzufügen. Bei leichter Hitze 15 Minuten kochen lassen. In den letzten 5 Minuten den in feine Streifen geschnittenen Schinken hinzufügen und mitkochen. Erst zum Schluß salzen und mit Pfeffer würzen. In Italien werden diese köstlichen Erbsen als separater Gang gegessen. Versuchen Sie es einmal – mit frischem Weißbrot und einem Glas Wein dazu.

Beilage: überbackenes Kartoffelpüree, Seite 227, Zubereitung 30 Minuten

Junge Erbsen – tiefgekühlt

15 Minuten
pro Portion ca. 220 Kalorien

1 Paket tiefgekühlte junge Erbsen (300 g)
½ Tasse Wasser
1 EL Butter
Salz
Petersilie

Das Wasser mit der Butter und Salz zum Aufkochen bringen und die unaufgetauten Erbsen hineinschütten. Zugedeckt in 10–12 Minuten gar kochen und mit viel feingehackter Petersilie vermischen.

Fenchelgemüse

30 Minuten
pro Portion ca. 160 Kalorien

2 Fenchelknollen
Salz
½ Päckchen Helle Soße
1 Eigelb

3 Tassen Wasser mit Salz zum Kochen bringen. Die Fenchelknollen von den holzigen Stellen und den welken Blättern befreien. In feine Streifen schneiden und in das kochende Wasser geben. In 20 Minuten weichkochen lassen und auf ein Sieb geben. Den Inhalt des halben Soßenpäckchens unter Rühren mit dem Schneebesen in das Gemüsewasser geben. 5 Minuten durchkochen lassen. Den Fenchel mit der Sauce vermischen. Mit einem Eigelb legieren. Ein Tip: Wenn die Zeit reicht, kann das Gemüse noch, mit Semmelbrösel bestreut und mit Butterflöckchen besetzt, 15 Minuten im Backofen gratiniert, d. h. bei starker Oberhitze überkrustet werden.

Beilage zu gebratenem Fisch oder Fleisch

Fenchelgemüse mit Tomaten

25 Minuten
pro Portion ca. 180 Kalorien

2 Fenchelknollen
2 EL Olivenöl
1 Knoblauchzehe
1 EL Tomatenmark
6–8 EL Wasser
Salz
2 EL Sahne

Die Fenchelknollen von den holzigen Stellen und den welken Blättern befreien. In feine Streifen schneiden. Das Öl erhitzen, die Knoblauchzehe darin bräunen, wieder herausnehmen und das Fenchelgemüse in das Öl geben. Unter Rühren 10 Minuten dünsten lassen. Das Tomatenmark hinzufügen, Salz und soviel Wasser, daß eine dickliche Tomatensauce entsteht. Zugedeckt weitere 10 Minuten dünsten lassen. Zum Schluß die Sahne und etwas feingehacktes Fenchelgrün unter das Gemüse geben.

Grünkohl

45 Minuten
pro Portion ca. 450 Kalorien

1 Paket tiefgefrorener Grünkohl
1 EL Schweineschmalz
1 Zwiebel
100 g Speck
⅛ l kochendes Wasser
1 EL Haferflocken
Salz
Fleischwürze

Den Grünkohl etwas auftauen lassen. Die Zwiebel und den Speck in Würfel schneiden. Das Schmalz erhitzen und Speck- und Zwiebelwürfel darin hellgelb rösten. Das Gemüse und das kochende Wasser hinzugeben. Wenn der Grünkohl restlos aufgetaut ist, die Haferflocken hinzufügen. Nach 40 Minuten Kochzeit mit Salz und Fleischwürze herzhaft abschmecken.

Beilage zu: Kasseler Koteletts, Seite 141, Zubereitung 10 Minuten
oder Kopenhagener Schweinebauch, Seite 125, Zubereitung 15 Minuten
Salzkartoffeln, Seite 226, Zubereitung 25 Minuten

Pariser Karotten

20 Minuten
pro Portion ca. 240 Kalorien

1 Bündel junge Karotten
½ Tasse Wasser
Salz
1 EL Butter
1 TL Zucker
2 EL Sahne
Petersilie
Pfeffer

Die Karotten abschaben, waschen und unzerteilt mit Wasser bedeckt in einen Topf geben. Salz und Butter hinzufügen. Im offenen Topf bei leichter Hitze in 15–20 Minuten weichkochen lassen – dabei verdampft das Wasser. Hin und wieder schütteln, damit die Karotten nicht anbrennen. Den Zucker darüberstreuen und die Karotten gut durchschütteln. Sie sollen rundherum glasiert sein. Mit der Sahne aufgießen, mit gehackter Petersilie vermischen und mit frisch gemahlenem Pfeffer überpudern.

Gurkengemüse

25 Minuten
pro Portion ca. 190 Kalorien

2 kleine reife Gurken oder
1 Salatgurke
1 Scheibe durchwachsener Speck
1 EL Öl
2 Tomaten
1 Tasse Wasser
1 EL Essig
Salz
1 Prise Zucker
3 EL Sahne oder Dosenmilch
1 TL Mehl
Dill

Die Gurken schälen und die Enden kosten, ob sie nicht bitter sind, dann das bittere Ende wegschneiden. Die Gurken der Länge nach durchschneiden und mit einem Löffel die Gurkenkerne herausschaben. Die Gurkenhälften in fingerdicke Streifen schneiden. Die Speckwürfel in dem Öl glasig braten, die Gurkenstreifen unter Rühren darin glasig rösten. Die kleingeschnittenen Tomaten hinzugeben und mit Wasser und Essig aufgießen. In 15–20 Minuten weichdünsten. Mit Salz und einer Prise Zucker abschmecken und mit der mit Mehl verrührten Sahne binden. Zuletzt den feingehackten Dill unter das Gurkengemüse geben.

Kohlrabi

25 Minuten
pro Portion ca. 160 Kalorien

3 junge Kohlrabiköpfe
Salz
2 TL Butter
1 gehäufter TL Mehl
Muskat

Die Kohlrabi schälen und in feine Scheibchen schneiden, das zarte Grün der Kohlrabiblätter aufrollen und in Streifen schneiden. Mit einer Tasse Wasser und etwas Salz bestreut aufsetzen. In 15–20 Minuten gar kochen. Inzwischen die Butter mit dem Mehl auf einem Tellerchen zu einem kleinen

Teig verkneten. Das Butterbällchen in das gekochte Gemüse geben. Durchkochen lassen und mit geriebenem Muskat abschmecken.

Beilage: roher oder gekochter Schinken

Maiskolben

20 Minuten
1 Kolben ca. 85 Kalorien

4–6 junge Maiskolben
Salz
Butter

Nur ganz junge, milchigweiße Maiskolben verwenden. Leicht gesalzenes Wasser mit einem Schuß Milch zum Kochen bringen. Erst unmittelbar vor dem Kochen Blätter und Fasern der Maiskolben entfernen und die Stielenden glatt schneiden. Das Gemüse in dem Salzwasser im geschlossenen Topf in 10–15 Minuten gar kochen, bis die Körner weich sind. In eine Serviette hüllen. Frische oder zerlassene Butter dazu reichen. Die Pfeffermühle danebenstellen. Maiskolben aus der Dose werden nur gewärmt.

Maisgemüse

5 Minuten
pro Portion ca. 240 Kalorien

1 kleine Dose Mais
1 EL Butter
Salz, Pfeffer

Den Mais auf einem Sieb gut abtropfen lassen. Die Butter in einem Topf zerlassen, die Maiskörner hinzufügen und unter Schütteln in dem Topf erhitzen. Mit Salz und mit Pfeffer kräftig abschmecken. Maisgemüse kann auch mit einer hellen Sauce angemacht werden. Sehr gut schmeckt Maisgemüse mit Streifen von Paprika vermischt.

Mohrrübengemüse

25 Minuten
pro Portion ca. 160 Kalorien

500 g Mohrrüben
1 EL Olivenöl
½ Tasse Wasser
Salz
1 Prise Zucker
1 TL Butter
Pfeffer
Petersilie

Die Mohrrüben schaben, waschen und in Scheiben schneiden. Das Olivenöl erhitzen und die tropfnassen Mohrrüben hineingeben. Unter Schütteln 5 Minuten durchschmoren. Mit dem Wasser aufgießen und Salz und Zucker hinzufügen. Bei geschlossenem Deckel in 10–15 Minuten weichdünsten lassen (die Kochzeit richtet sich nach den Mohrrüben – je älter sie sind, desto länger die Kochzeit). Mit der Butter vermischen, mit frischgemahlenem Pfeffer überstreuen und viel feingehackte Petersilie daruntermischen.

Pikantes Mohrrübengemüse

25 Minuten
pro Portion ca. 220 Kalorien

500 g Mohrrüben
1 EL Öl
Salz
2 EL Rosinen
2 EL Sahne

Die geputzten Mohrrüben in Scheiben schneiden und waschen. Tropfnaß in das heiße Öl geben, Salz hinzufügen und im zugedeckten Topf bei leichter Hitze in 20 Minuten gar dünsten. Wenn nötig, mit 2 EL Wasser aufgießen. Die gewaschenen Rosinen und die Sahne hinzufügen und noch einmal kurz durchkochen lassen.

Beilage zu gebratener Leber

Paprikagemüse

30 Minuten
pro Portion ca. 230 Kalorien

2 große oder 4 kleine Paprikaschoten
1 Zwiebel
3 EL Olivenöl
4 Tomaten
Salz

Am Stielende jeder Paprikafrucht eine kleine Kappe abschneiden und damit das Samengehäuse mit den scharfen weißen Kernen entfernen. Die Paprikafrüchte waschen und der Länge nach in Streifen schneiden. Die in Scheiben geschnittene Zwiebel in dem Öl glasig braten und die Paprikastreifen hinzufügen. Die Tomaten brühen, abziehen und in Stückchen schneiden. Nach 5 Minuten zu dem Paprikagemüse geben und alles unter Rühren weitere 5 Minuten durchrösten. 6 Eßlöffel Wasser hinzufügen und Salz. In 15 Minuten bei leichter Hitze im geschlossenen Topf weichdünsten.

Porree im eigenen Saft

20 Minuten
pro Portion ca. 150 Kalorien

6 mittelgroße Porreestangen
1 EL Butter
Salz, Pfeffer
Zitrone

Die Wurzeln und das grüne Ende der Porreestangen abschneiden, so daß nur noch die weißen Stangen übrigbleiben. Das Porreegemüse sehr gründlich waschen. Die Butter in einem gut schließenden Topf zerlassen und den tropfnassen Porree hineingeben. Im geschlossenen Topf in 15 Minuten weichdünsten. Mit Salz und Pfeffer würzen und mit etwas Zitronensaft beträufeln.

Erbseneintopf mit Räucherwurst

25 Minuten
pro Portion ca. 950 Kalorien

½ Packung Erbseneintopf
¾ l Wasser
2 Mettwürstchen oder Landjäger
50 g durchwachsener Speck
1 Stückchen Butter
Petersilie oder Kerbel

Den Packungsinhalt in ¾ l kaltes Wasser einstreuen und die Räucherwürstchen hinzufügen. Unter Rühren zum Kochen bringen und in ca. 25 Minuten unter gelegentlichem Umrühren gar kochen. Inzwischen den Speck in Würfel schneiden, in der Butter glasig braten und unter den Erbseneintopf mischen. Petersilie oder Kerbel fein hacken und auf den Eintopf streuen.

Grün-weißer Bohnentopf

30 Minuten
pro Portion ca. 600 Kalorien

1 Paket tiefgekühlte Brechbohnen
½ Würfel Klare Fleischsuppe
2 Kartoffeln
Thymian
Bohnenkraut
2 geräucherte Kochwürste
½ Dose weiße Bohnen
Muskat
gehackte Petersilie

Den halben Würfel Fleischbrühe in ½ l Wasser auflösen, zum Kochen bringen und die geschälten, in Würfel geschnittenen Kartoffeln sowie die grünen Bohnen hinzufügen. Die Kochwürste zu dem Gemüse geben und 15 Minuten kochen lassen. Die abgetropften Bohnen aus der Dose mit den grünen Bohnen vermischen und 5 Minuten durchkochen lassen. Die Würste in dicke Scheiben schneiden und wieder mit dem Eintopf vermischen. Mit Muskat und viel feingehackter Petersilie abschmecken.

Specklinsen

(Abb. S. 129)

25 Minuten
pro Portion ca. 1050 Kalorien

½ Packung Linseneintopf
Thymian
200 g durchwachsener Speck
1 Stückchen Butter
4 EL Rotwein

Den Packungsinhalt in ¾ l kaltes Wasser einstreuen und den Thymian hinzufügen. Nach dem Aufkochen 15 Minuten kochen lassen. (Die Kochzeit reicht für Linsen aus, auch wenn auf den Packungen eine längere steht.) Inzwischen den Speck in Würfel schneiden und in der Butter hellgelb rösten. Speckwürfel und Rotwein unter den Eintopf rühren und kurz durchkochen lassen. Wer großen Hunger hat, sollte eine ganze Packung Linseneintopf zubereiten.

Porree auf Spargelart

20 Minuten
pro Portion ca. 200 Kalorien

6 mittelgroße Stangen Porree
Salz
1 EL Butter
1 EL Semmelbrösel
2 EL Parmesankäse

Die Wurzeln und das grüne Ende der Porreestangen abschneiden, so daß nur noch die weißen Stangen übrigbleiben. Das Porreegemüse sehr gründlich waschen, damit der Sand zwischen den einzelnen Blättern entfernt wird. Knapp mit Wasser bedeckt unter Zusatz von Salz in 15 Minuten gar kochen. Inzwischen die Butter zerlassen, Semmelbrösel und Käse darin hellgelb rösten. Den gut abgetropften Porree mit den Semmelbröseln übergießen.

Rosenkohl

15 Minuten
pro Portion ca. 120 Kalorien

1 Paket tiefgekühlter Rosenkohl (300 g)
1 EL Öl
Salz
Muskat
Fleischwürze

Das Öl erhitzen und den unaufgetauten Rosenkohl hinzufügen. Das Gemüse unter Schwenken des Topfes auftauen lassen. Eine viertel Tasse Wasser hinzufügen und das Gemüse salzen. Im zugedeckten Topf bei leichter Hitze in 10 Minuten gar schmoren. Mit geriebenem Muskat bestreuen und mit Fleischwürze abschmecken. Verwenden Sie frischen Rosenkohl, dann müssen Sie mit einer Garzeit von 25 Minuten rechnen.

Gratinierter Rosenkohl Astoria

20 Minuten
pro Portion ca. 280 Kalorien

1 Paket tiefgekühlter Rosenkohl (300 g)
Salz
1 EL Butter
1 EL Semmelbrösel
2 EL gehackte Walnüsse
2 EL geriebener Käse

Den Backofen vorheizen. Den unaufgetauten Rosenkohl mit ½ Tasse kochendem Wasser unter Zusatz von Salz in 10 Minuten weichkochen. In dieser Zeit die Butter in einer Pfanne schmelzen lassen und die Semmelbrösel und die Walnüsse darin hellbraun braten. Eine flache feuerfeste Form mit Butter ausstreichen, den Rosenkohl hineinfüllen und mit dem Käse bestreuen. Darüber die Butter mit dem Brösel-Walnußgemisch gießen und im Ofen 10 Minuten überbacken.

Beilage: Roher oder gekochter Schinken
Kartoffelpüree, Seite 226, Zubereitung 10 Minuten

Rotkohl
(Blaukraut)

5 Minuten
pro Portion ca. 120 Kalorien

1 Glas Rotkohl
1 Apfel
1 EL Preiselbeeren oder Johannisbeergelee
1 Prise Nelken
evtl. etwas Zucker

Den Rotkohl in einem Kochtopf erwärmen. Den geschälten Apfel auf der feinen Seite der Rohkostreibe zu dem Rotkohl reiben und Preiselbeeren oder Johannisbeergelee hinzufügen. Mit Nelken und, wenn nötig, mit etwas Zucker abschmecken und gut durchkochen lassen.

Rote-Rüben-Gemüse holländische Art

15 Minuten
pro Portion ca. 420 Kalorien

1 Glas Rote Rüben
100 g Schinkenspeck
1 EL Butter oder Margarine
1 EL Mehl
⅛ l Fleischbrühe (aus Würfel)
4 EL Sahne
1 EL geriebener Meerrettich

Die abgetropften roten Rüben mit dem Elektroquirl zerkleinern oder grob hacken. Den Schinkenspeck in Würfel schneiden und in dem Fett glasig braten. Mit dem Mehl bestäuben und mit Fleischbrühe aufgießen. Aufkochen lassen und die roten Rüben hinzufügen. Zum Schluß mit der Sahne und dem Meerrettich vermischen. Wenn nötig, mit Salz und einer Prise Zucker abschmecken.

Sauerkraut mit Ananas

30 Minuten
pro Portion ca. 250 Kalorien

500 g Sauerkraut
1 EL Öl
3 Wacholderbeeren
1 Glas Weißwein
1 kleine Dose Ananasstückchen

Das Sauerkraut in dem heißen Öl anschmoren (das verkürzt die Kochzeit), die zerdrückten Wacholderbeeren hinzufügen und mit dem Wein und dem Ananassaft aus der Dose aufgießen. 20 Minuten kochen lassen. Die Ananasstückchen unter das Sauerkraut mischen und weitere 5 Minuten kochen lassen.

Beilage zu Rebhuhn, Schweinekoteletts, Kasseler, Schinken

Budapester Sauerkraut

30 Minuten
pro Portion ca. 460 Kalorien

500 g Sauerkraut
3 EL Schweineschmalz
½ Lorbeerblatt
3 Wacholderbeeren
1 Nelke
2 große Zwiebeln
1 EL Mehl
1 gestrichener EL Paprika
1 EL Tomatenmark
⅛ l Sahne

Das Sauerkraut in einem Löffel Schweineschmalz andünsten, die Gewürze hinzufügen und je nach Feuchtigkeit des Sauerkrautes eine halbe bis eine Tasse Wasser. 25 Minuten kochen lassen. In der Zwischenzeit die Zwiebeln in Scheiben schneiden, in dem restlichen Schmalz hellgelb rösten, mit Mehl bestäuben, Paprika und Tomatenmark hinzugeben und mit der Sahne aufgießen. 10 Minuten kochen lassen, mit dem Sauerkraut vermischen und noch einmal aufkochen lassen.

Viertelstunden-Sauerkraut

15 Minuten
pro Portion ca. 160 Kalorien

1 säuerlicher Apfel
2 EL Öl oder Schweineschmalz
500 g Sauerkraut
3 Wacholderbeeren
1 Glas Weißwein

Den Apfel schälen und in dünne Scheibchen schneiden. In einer Pfanne Öl oder Schmalz erhitzen und die Apfelscheiben darin andünsten. Das Sauerkraut und die Wacholderbeeren hinzufügen und unter Wenden 10 Minuten durchschmoren lassen. Mit dem Wein aufgießen und ein paarmal aufkochen lassen.

Schwarzwurzeln à la creme

10 Minuten
pro Portion ca. 250 Kalorien

½ Dose Schwarzwurzeln
½ Päckchen Helle Soße
⅛ l Gemüsewasser
1 Prise Muskat
1 Eigelb
1 Stückchen frische Butter

Die Schwarzwurzeln auf einem Sieb abtropfen lassen. ⅛ l Gemüsewasser erwärmen. Den Inhalt des halben Soßenpäckchens unter Rühren mit dem Schneebesen hinzufügen und aufkochen lassen. Die Schwarzwurzeln in die Sauce geben und unter vorsichtigem Rühren 5 Minuten in der Sauce durchkochen lassen. Mit Muskatnuß abschmecken, mit Eigelb legieren und mit etwas Butter abrunden.

Beilage zu gebratenem und gegrilltem Fleisch

Schwarzwurzeln in Butter

5 Minuten
pro Portion ca. 185 Kalorien

½ Dose Schwarzwurzeln
Salz
1 EL Butter

Die Schwarzwurzeln in dem Gemüsewasser unter Zusatz von Salz erhitzen und auf ein Sieb zum Abtropfen geben. Inzwischen die Butter hellgelb ausbraten und die Schwarzwurzeln darin durchschwenken. Auf polnische Art wird noch ein hartgekochtes gehacktes Ei über die Schwarzwurzeln gestreut – auf italienische Art mischt man geriebenen Käse unter die zerlassene Butter.

Gratinierter Spargel

25 Minuten
pro Portion ca. 450 Kalorien

½ Dose Spargelabschnitte
1 dicke Scheibe (150 g) gekochter Schinken
2 Eier
1 Eigelb
½ Päckchen Helle Soße
4 EL geriebener Parmesankäse
Butter für die Form

Den Backofen vorheizen. Die Eier in 10 Minuten hart kochen. Den Spargel auf ein Sieb zum Abtropfen geben, den Schinken in Würfel schneiden. ⅛ l Spargelwasser erwärmen. Den Inhalt des halben Soßenpäckchens unter Rühren hineingeben und 5 Minuten kochen lassen. Mit einem Eigelb legieren und mit dem Parmesankäse vermischen. Die Eier in Scheiben schneiden. 2 Portionsformen oder eine größere feuerfeste Form mit Butter auspinseln und schichtweise mit Spargel, Schinkenwürfeln und Eischeiben auslegen. Die Sauce darübergießen und im Backofen 10 Minuten gratinieren, bis die Oberfläche hellgelb gebacken ist.

Beilage: Petersilienkartoffeln, Zubereitung 25 Minuten

Spargel mit Schinken, gratiniert

15 Minuten
pro Portion ca. 400 Kalorien

½ *Dose Stangenspargel*
4 dünne Scheiben Schinken
1 EL Butter
3 EL Parmesankäse

Den Backofen vorheizen. Den Spargel aus der Dose nehmen (das untere Ende der Dose öffnen, damit die Spargelköpfe unbeschädigt bleiben) und die Spargelstangen in 4 Portionen teilen. Jede dieser Spargelportionen in eine Schinkenscheibe einwickeln. Butter in einer feuerfesten flachen Form zerlassen und die Schinkenrollen einmal darin umwenden. Mit dem geriebenen Käse bestreuen und im Backofen etwa 10 Minuten gratinieren lassen, bis der Käse geschmolzen ist. Als Vorspeise reicht dieses Rezept für 4 Personen und wird ohne Kartoffeln gereicht.

Beilage: Petersilienkartoffeln, Zubereitung 25 Minuten

Spargel – polnische Art

15 Minuten
pro Portion ca. 250 Kalorien

½ *Dose Stangenspargel oder Spargelabschnitte*
1 Ei
2 EL Butter
1 EL Semmelbrösel
1 EL gehackte Petersilie

Den Spargel in der Dose im Wasserbad erhitzen. Das Ei in 10 Minuten hart kochen und hacken. Die Butter erhitzen und die Semmelbrösel darin goldgelb rösten. Den gut abgetropften Spargel auf 2 Teller geben, mit dem gehackten Ei und der Petersilie bestreuen. Mit der Butter und den Semmelbröseln übergießen. Auf italienische Art wird der Spargel mit Parmesankäse, der in Butter hellgelb geröstet wurde, übergossen.

Blattspinat

10 Minuten
pro Portion ca. 150 Kalorien

500 g junger Spinat
Salz
2 EL Butter
2 EL geriebener Parmesankäse

Den Spinat gründlich waschen, auf ein Sieb geben und tropfnaß einmal aufkochen lassen. Gut abtropfen lassen und mit Salz abschmecken. In der Kochzeit des Gemüses die Butter zerlassen und den Parmesankäse darin hellgelb rösten. Über den Spinat gießen.

Spinat

15 Minuten
pro Portion ca. 150 Kalorien

1 Paket tiefgekühlter Spinat (450 g)
1 EL Butter oder Margarine
1 kleine Zwiebel
1 gestrichener EL Mehl
Salz
Muskat

Den Spinat unaufgetaut aus der Packung nehmen. Das Fett zerlassen und die in Würfel geschnittene Zwiebel darin hellgelb rösten. Den Spinatblock hinzufügen und unter Wenden von allen Seiten auftauen. Mit dem Mehl bestäuben und den fertigen Spinat mit Salz und Muskat abschmekken. Wer seine Kalorien nicht zählen muß, sollte noch einen Eßlöffel frische Butter an den fertigen Spinat geben.

Spinat mit Sardellen

10 Minuten
pro Portion ca. 300 Kalorien

500 g junger Spinat
1 EL Butter
3 Sardellen- oder Anchovis-filets
1 Stückchen Knoblauch (kann weggelassen werden)
Salz, Pfeffer
2 Scheiben Toastbrot
Butter zum Braten

Den Spinat gründlich waschen, auf ein Sieb geben und tropfnaß aufkochen lassen. Die Butter zerlassen. Die gewässerten Sardellen- oder Anchovisfilets sowie die Knoblauchzehe fein hacken, in der Butter anrösten und den Spinat hinzufügen. Mit Salz und Pfeffer abschmecken. In einer Pfanne die Weißbrotscheiben in Butter goldgelb braten. Den Spinat auf die Brotschnitten häufen.

Beilage: Spiegelei, Seite 227, Zubereitung 5 Minuten

Gefüllte Tomaten – Lothringer Art

20 Minuten
pro Portion ca. 420 Kalorien

6 Tomaten
100 g Schweizer oder Holländer Käse
4 Eier
Salz, Pfeffer
Schnittlauch
Butter

Den Backofen vorheizen. Von der Tomate Deckelchen abschneiden und die Früchte aushöhlen. Den Käse in kleine Würfel schneiden. Die Eier mit Salz und Pfeffer verquirlen, bis sich feiner Schaum gebildet hat. Mit dem Käse und dem Schnittlauch vermischen und in die Tomaten füllen. Auf eine mit Butter gefüllte feuerfeste Platte setzen und 10 bis 15 Minuten backen, bis die Eimasse erstarrt ist.

Beilage: Frisches Weißbrot oder Brötchen

Gefüllte Tomaten Alexandra

30 Minuten
pro Tomate ca. 250 Kalorien

4 große Tomaten
Salz, Pfeffer
1 kleine Zwiebel
Butter zum Braten
½ Paprikaschote
100 g gekochter Schinken
1 Banane
1 Tasse Sahne
1 Eigelb
2 EL geriebener Käse

Zuerst den Backofen anheizen. Von der Rundung der Tomaten ein Deckelchen abschneiden. Die Tomaten aushöhlen und mit Salz und Pfeffer würzen. Die Zwiebel in Würfelchen schneiden, in der Butter andünsten und die entkernte, ebenfalls in Würfelchen geschnittene Paprikaschote hinzufügen. 5 Minuten schmoren lassen und dann Schinkenwürfel und Bananenwürfel hinzufügen. Die Mischung in die Tomaten füllen. Die Sahne mit Salz, Eigelb und geriebenem Käse gut verrühren. Die Tomaten in eine gefettete Auflaufform setzen und die Sahne über die Tomaten gießen. Im Ofen 15 Minuten überbacken. Als Vorspeise reicht eine Tomate pro Person.

Beilage: Toast oder Butterreis, Seite 266, Zubereitung 20 Minuten

Gefüllte Tomaten mit Thunfisch

25 Minuten
pro Portion ca. 290 Kalorien

4 große Tomaten
1 kleine Dose Thunfisch
1 kleine Zwiebel
2 EL Olivenöl
½ TL Kapern
gehackte Petersilie
Salz, Pfeffer

Den Backofen vorheizen. Von den Tomaten Deckelchen abschneiden und das Innere der Früchte mit einem Teelöffel herausholen. Das Thunfischfleisch mit einer Gabel zerdrükken. Die Zwiebel in kleine Würfel schneiden und in dem Olivenöl hellgelb rösten. Das ausgehöhlte, kleingeschnittene Tomatenmark hinzufügen. Mit dem Thunfischfleisch, den Kapern und der Petersilie vermischen und mit Salz und Pfeffer abschmecken. In die Tomaten füllen. Eine feuerfeste Platte oder Form mit Öl bestreichen und die Tomaten hineinsetzen. Im Backofen 15 Minuten überbacken.

Beilage: Kartoffelpüree, Seite 226, Zubereitung 10 Minuten

Tomatengemüse mit Sahne

12 Minuten
pro Portion ca. 300 Kalorien

4 Tomaten
Mehl
2 EL Öl
1 große, in Würfel geschnittene Zwiebel
½ Tasse Sahne
Salz, Pfeffer

Die Tomaten quer zur Blüte in Scheiben schneiden und leicht in Mehl wenden. In dem heißen Öl von beiden Seiten in 5 Minuten braten, herausnehmen und warmstellen. Die Zwiebelwürfel in dem Öl hellgelb rösten. Mit der Sahne aufgießen und etwas einkochen lassen. Kräftig mit Salz und Pfeffer abschmecken und über die Tomatenscheiben gießen.

Gegrillte Tomaten

10 Minuten
pro Portion ca. 100 Kalorien

4 mittelgroße Tomaten
Öl
Salz, Pfeffer
etwas Butter

Den Backofen oder Grill vorheizen. Die gewaschenen Tomaten sorgfältig abtrocknen. Die Früchte auf der Rundung kreuzweise mit einem scharfen Messer einschneiden und die angeschnittene Haut etwas zurückziehen. Die offene Stelle salzen, pfeffern und mit je einem Butterstückchen besetzen. Auf den geölten Grillrost setzen und 3–4 Minuten grillen lassen – die Tomaten sollen weich sein, dürfen aber nicht zusammenfallen.

Gegrillte Tomaten – italienische Art

15 Minuten
pro Portion ca. 165 Kalorien

2 große Tomaten
Salz, Pfeffer
2 EL Olivenöl
Petersilie
1 Knoblauchzehe
2 EL Semmelbrösel

Den Backofen oder Grill vorheizen. Die Tomaten quer zur Blüte in zwei Hälften teilen, salzen, pfeffern und auf eine geölte feuerfeste Platte setzen. Die Petersilie hacken, die Knoblauchzehe fein wiegen. Die Semmelbrösel mit dem Öl, der Petersilie und der Knoblauchzehe vermischen und auf die Tomatenhälften streichen. In den vorgeheizten Backofen geben und in 10 Minuten goldbraun backen.

Gegrillte Tomaten mit Käse

10 Minuten
pro Portion ca. 60 Kalorien

2 große Tomaten
Salz
4 TL geriebener Parmesankäse

Den Backofen oder Grill vorheizen. Die Tomaten halbieren, die Schnittflächen leicht mit Salz bestreuen und mit dem geriebenen Käse bestreuen. Auf den geölten Grillrost oder auf eine gefettete feuerfeste Platte setzen und 5 Minuten grillen lassen, bis der Käse geschmolzen ist.

Zucchini in der Pfanne

25 Minuten
pro Portion ca. 240 Kalorien

½ kg Zucchini
1 Zwiebel
3 EL Olivenöl
5 Tomaten
Salz, Pfeffer
Oregano

Von den gründlich gewaschenen Zucchini das äußere Ende abschneiden und die Früchte abtrocknen. Der Länge nach in Viertel schneiden und jedes Viertel wieder in 2–3 Stückchen. Die Zwiebel würfeln und in dem Öl hellgelb rösten. Die Tomaten brühen, abziehen und in kleine Stücke schneiden. Zu den Zwiebeln geben, durchschmoren und die Zucchinistückchen hinzufügen. Mit Salz, Pfeffer und Oregano würzen. Bei leichter Hitze in etwa 20 Minuten weichdünsten, evtl. ein wenig Wasser nachgießen, damit die Sauce dickflüssig bleibt.

Menüvorschläge für Gäste

(Wenn man 30 Minuten Zeit zum Kochen hat)

Mit geschickter Zeiteinteilung läßt sich in 30 Minuten ein elegantes Menü zubereiten. Suchen Sie sich beim Menüplan die Zubereitungszeiten der ausgewählten Rezepte heraus. Die längste Kochzeit haben fast immer die Beilagen – also Kochwasser für Nudeln, Reis oder Kartoffeln zuerst aufstellen. Die Bratzeit für Pfannengerichte genau bemessen, denn gebratene Gerichte müssen nach der Fertigstellung sofort aufgetragen werden. Sie verlieren beim Stehen die knusprige Frische. Nachspeisen mit Eis kann man nur dann vorher zubereiten, wenn genügend Platz im Kühlschrank zum Kaltstellen ist (Kühlschrank auf sehr kalt einstellen). Sonst ist es besser, schnell nach dem Hauptgang in die Küche zu gehen, das Eis aus dem Tiefkühlfach zu nehmen und in die vorbereiteten Schalen oder Gläser zu füllen.

Die mit einem * versehenen Gerichte sind im Rezeptteil beschrieben.

1. Vorschlag

Frische Melone
*Italienische Pfeffersteaks**
Pommes frites Gurkensalat**
*Irish Coffee**

2. Vorschlag

*Gegrillte Grapefruit**
*Hähnchen mit Whisky flambiert**
Maisgemüse Bandnudeln**
*Eisbaiser**
Mokka

3. Vorschlag

Räucherlachs mit Meerrettich
*Kalbsschnitzel in Marsala**
Frisches Weißbrot
*Paprika-Apfel-Salat**
*Pfirsich Melba**

4. Vorschlag

*Filetgulasch Singapour**
*Butterreis**
*Kopfsalat**
*Erdbeeren Romanoff**
Mokka

5. Vorschlag

*Tomatensuppe – Country Club**
*Käsesoufflée**
*Birnen mit Schokoladencreme**
Mokka

6. Vorschlag

*Melone mit Schinken**
*Scampi am Spieß**
Frisches Weißbrot
*Tomatensalat**
Oliven
*Apfelsinen surprise**
Mokka

Kartoffeln immer bequemer serviert

Die Industrie wendet sich, sehr zum Wohle der Schnellküche, mehr und mehr der Verarbeitung und Veredelung der Kartoffeln zu. 20 Prozent der braunen Erdäpfelknollen werden bereits zu Pommes frites, Chips, Knödeln und Püree verarbeitet.
Unerreicht bleibt die gekochte Kartoffel in ihrer Urform. Junge mehlige Pellkartoffeln, die beim Schütteln gerade so in der Schale zu platzen beginnen, daß ihr appetitlicher Inhalt herausguckt, sind in ihrer Einfachheit ein vollkommener Genuß. Verlangen Sie beim Einkauf schon gewaschene Kartoffeln. Dabei können Sie die Güte der Ware im Plastikbeutel viel besser erkennen, außerdem sind die Kartoffeln bereits topffertig. Was die Sorten betrifft: Kartoffeln zum Kochen als Beilage sollen mehlig sein. Man kann mehlig kochende Sorten kaufen. Wollen Sie dagegen Bratkartoffeln oder Kartoffelsalat zubereiten, also die Kartoffeln nach dem Kochen in Scheiben schneiden, dann verlangen Sie die glasigen Salatkartoffeln.
Für Kartoffelgerichte wie Knödel, Püree oder Pommes frites lassen Sie sich die zeitraubende Arbeit des Kartoffelschälens, des Reibens und des Schneidens getrost von der Industrie abnehmen. Das schont nicht nur die Hände, sondern ist auch ein erheblicher Zeitgewinn. Und da Zeit gerade für Berufstätige wirklich Geld ist, wird dadurch die Mehrausgabe in der Regel wettgemacht. Die Kartoffelgerichte sind außerdem alle kochfertig vorbereitet, bei Knödeln und Püree muß nur noch die den Kartoffelprodukten entzogene Flüssigkeit wieder ersetzt werden. Auch vollkommene Laien auf dem Gebiet der Kochkunst können dadurch mit den appetitlichsten Knödeln aufwarten. Es gibt auch Kleinpackungen von Knödeln und Püree. Mir scheint der Packungsinhalt

Salade Niçoise ▷
(Rezept Seite 253)

ideal für einen hungrigen Junggesellen, aber für 2 Personen sind die Portionen knapp bemessen. Die gekochten Kartoffeln in Gläsern, Dosen und in den preiswerten Vacuumbeuteln sind besser als ihr Ruf. Man muß sie zum Erwärmen nur ein Weilchen in Butter schwenken und reichlich mit gehackter Petersilie oder gehacktem Dill bestreuen. In der Schnellküche bedeuten die konservierten Kartoffeln, daß man auch bei einem 10-Minuten-Gericht nicht auf die Kartoffelbeilage zu verzichten braucht.
Wenn in der Schnellküche Kartoffeln gekocht werden, sollte immer gleich die doppelte Portion zubereitet werden – das gibt dann Bratkartoffeln, Rösti oder Kartoffelsalat für den nächsten Tag.

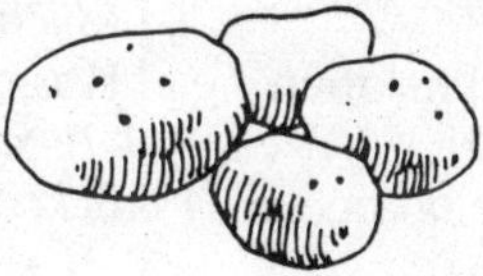

Dill-Kartoffeln

25 Minuten
pro Portion ca. 250 Kalorien

500 g kleine, junge Kartoffeln
Salz
1 Stückchen Butter
1 EL feingehackter Dill

Wasser mit einer Zugabe von Salz zum Kochen bringen. Die Kartoffeln gründlich schrubben und in das kochende Wasser geben. 20 Minuten kochen lassen und abgießen. Kurz unter Schütteln auf der Kochstelle abtrocknen lassen. Die Kartoffeln abziehen, ganz junge Kartoffeln in der Schale lassen. Butter zerlassen, die Kartoffeln darin durchschwenken und zum Schluß mit dem Dill vermischen.

◁ *Paella – Spanischer Reistopf*
(Rezept Seite 268)

Salzkartoffeln

25 Minuten
pro Portion ca. 140 Kalorien

6 mittelgroße Kartoffeln
Salz

Die Kartoffeln schälen und in Viertel schneiden. Ganz knapp mit Wasser bedecken und einen gehäuften Teelöffel Salz hinzufügen. Zum Kochen bringen und gut zugedeckt in 20 Minuten gar kochen. Die Kartoffeln abgießen. Im offenen Topf so lange schütteln, bis die Kartoffeln trocken und mehlig sind.

Schnelles Kartoffelpüree

10 Minuten
pro Portion ca. 450 Kalorien

1 Packung Kartoffelpüree

¼ l Milch
½ l Wasser
½–1 TL Salz
1 Stückchen Butter

Milch und Wasser mit dem Salz zum Kochen bringen. Von der Kochstelle nehmen und den Inhalt der Kartoffelpüreepackung unter Rühren mit dem Schneebesen hineinschütten. Die Butter hinzufügen und so lange schlagen, bis das Püree ganz leicht und locker wird. Sehr gut schmecken etwas geriebener Meerrettich oder gehackte Kräuter unter das Püree gemischt.

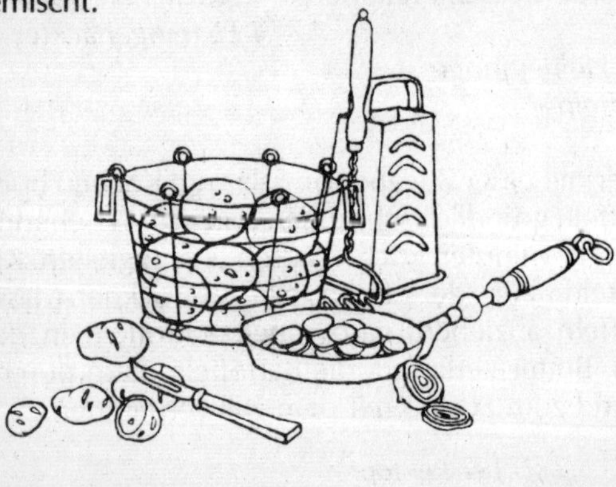

Überbackenes Kartoffelpüree

30 Minuten
pro Portion ca. 800 Kalorien

1 Paket Kartoffelpüree
¼ l Milch
½ l Wasser
½ TL Salz
1 TL Butter
2 Eier
1 EL Meerrettich
150 g geriebener Käse

Zuerst den Backofen auf mittlerer Hitze anheizen. Wasser, Milch und Salz zusammen aufkochen, von der Kochstelle nehmen und das Püreepulver mit einem Schneebesen unter die Flüssigkeit rühren. Butter, Eier, Meerrettich und Käse hinzufügen und in eine flache, mit Butter ausgestrichene Auflaufform füllen. Mit Käse bestreut im vorgeheizten Backofen in 20 Minuten goldbraun backen. Mit Salat ist das eine kleine Hauptmahlzeit – als Beilage reicht das überbackene Kartoffelpüree für 3–4 Personen.

Bratkartoffeln

(Röstkartoffeln)

10 Minuten
pro Portion ca. 400 Kalorien

6 am Vortag gekochte Pellkartoffeln oder kalte Salzkartoffeln
1 Scheibe durchwachsener Speck
2 EL Butter oder Margarine
Salz, Pfeffer

Die kalten Kartoffeln abziehen und in dünne Scheiben schneiden. Den Speck in Würfel schneiden und in dem Fett hellgelb rösten. Dann erst die Kartoffeln hinzufügen, die sofort eine Kruste bilden sollen. Wenden und mit Salz und Pfeffer bestreuen. Unter häufigem Wenden mit dem Pfannenmesser goldbraun rösten. Man kann zu dem Speck noch eine in Würfel geschnittene Zwiebel an die Bratkartoffeln geben – dann passen ein paar Kümmelkörner als Gewürz sehr gut dazu.

Schweizer Kartoffelrösti

25 Minuten
pro Portion ca. 600 Kalorien

6 große, am Vortag gekochte Pellkartoffeln
80 g fetter Speck
1 kleine Zwiebel
Salz, Pfeffer
1 EL Butter oder Margarine

Die abgezogenen Pellkartoffeln auf der groben Seite der Rohkostreibe raffeln. Den Speck in Würfel schneiden, glasig rösten, die Zwiebel hinzufügen und hellgelb braten. Die Kartoffeln in die Pfanne geben und durchbraten, bis die untere Schicht goldgelb ist. Mit Salz und Pfeffer bestreuen und wenden. Das restliche Fett in die Pfanne geben und die Kartoffelmasse flachdrücken. Das Rösti ohne weiteres Umwenden in 10 Minuten goldgelb braten. Das fertige Rösti mit der knusprigen Unterseite nach oben auf einen angewärmten Teller stürzen. Gibt man nach der Halbzeit 100 g geriebenen Schweizer Käse unter das Rösti, wird das appetitliche Pfannengericht zu einer ganzen Mahlzeit.

Bratkartoffeln aus rohen Kartoffeln

25 Minuten
pro Portion ca. 470 Kalorien

6–8 rohe Kartoffeln
3 EL Öl
1 Scheibe durchwachsener Speck
Salz, Pfeffer

Eine Pfanne mit Deckel verwenden. Die geschälten, gewaschenen Kartoffeln in dünne Scheiben schneiden und mit einem sauberen Küchentuch etwas abtrocknen. Das Öl erhitzen und den in kleine Würfel geschnittenen Speck darin glasig braten. Die Kartoffeln hinzugeben, Salz und Pfeffer darüberstreuen und unter Wenden hellbraun braten. In der ersten Hälfte der Bratzeit einen Deckel auf die Pfanne geben, dann offen fertig braten.

Rösti aus rohen Kartoffeln

20 Minuten
pro Portion ca. 300 Kalorien

6 große Kartoffeln
2 EL Öl
Salz, Pfeffer

Die Kartoffeln schälen, waschen und auf der groben Seite der Rohkostreibe raffeln. Das Öl erhitzen und die Kartoffelschnitzel darin unter ständigem Wenden in 10 Minuten goldgelb backen. Mit Salz und Pfeffer würzen und 5 Minuten ohne Wenden braten, damit sich eine braune Kruste bildet. Mit der Kruste nach oben auf einen Teller stürzen.

Rohe Kartoffelklöße

(Knödel)

30 Minuten
pro Portion ca. 550 Kalorien

1 Packung Rohe Klöße

1 Scheibe Weißbrot
1 dünne Scheibe durchwachsener Speck
1 EL Butter

½ l kaltes Wasser in eine Schüssel geben und den Packungsinhalt unter Rühren mit einem Schneebesen hineinschütten. 10 Minuten stehen lassen. In dieser Zeit das Weißbrot und den Speck in kleine Würfel schneiden und in der Butter goldgelb rösten. Einen flachen, breiten Topf nehmen und 2 l Wasser mit einem Eßlöffel Salz darin zum Kochen bringen. Den Kloßteig mit einem Messer tortenartig in 8 gleiche Teile teilen und daraus Klöße formen. In die Mitte jeden Kloßes ein paar Weißbrot-Speckwürfel drücken und den Teig darüber so zusammendrücken, daß die Semmelwürfel ganz bedeckt sind. Die Knödel bei leichter Hitze (das Wasser darf also nicht sprudelnd kochen) in 20 Minuten gar ziehen lassen und mit dem Schaumlöffel herausholen. Nach der gleichen Zubereitungsart werden Klöße halb und halb und gekochte Klöße zubereitet – die unterschiedliche Flüssigkeitsmenge zum Anmachen des Kartoffelteiges bitte beachten.

Schnelle Pommes frites

10 Minuten
30 Pommes frites 330 Kalorien

1 kleines Paket tiefgekühlte Pommes frites
Fett oder Öl zum Ausbacken
Salz

Die Pfanne mit dem Ausbackfett aufstellen und heiß werden lassen (umgedrehter Holzlöffelstiel muß Bläschen bilden). Die unaufgetauten Pommes frites in das heiße Fett geben. 5 Minuten backen lassen und mit einem Schaumlöffel herausholen. Gut abgetropft auf die vorgewärmten Teller geben und mit Salz bestreuen.

Kartoffelcroquetten

20 Minuten
bei 4 Personen pro Portion
ca. 350 Kalorien

1 Paket Kartoffelpüree
¼ l Wasser
⅛ l Milch
½ TL Salz
2 Eier
1 EL Meerrettich (aus der Tube)
2 EL Grieß
Semmelbrösel zum Wenden
Fett oder Öl zum Braten

Wasser, Milch und Salz zusammen aufkochen, von der Kochstelle nehmen und das Püreepulver mit einem Schneebesen unter die Flüssigkeit rühren. Die Eier, Meerrettich und Grieß hinzufügen und alles gut miteinander vermischen. Aus dem Teig längliche Röllchen formen und in den Semmelbröseln wenden. Reichlich Fett in der Pfanne erhitzen und die Croquetten bei nicht zu starker Hitze goldgelb backen. Da die Kartoffelmasse für 2 Personen sehr reichlich ist, kann man die Hälfte der ungebratenen Kartoffelcroquetten im Kühlschrank verwahren und am nächsten Tag braten.

Kartoffelbällchen mit Mandeln

20 Minuten
bei 4 Personen pro Portion
ca. 400 Kalorien

1 Paket Kartoffelpüree
¼ l Wasser
⅛ l Milch
½ TL Salz
etwas geriebene Muskatnuß
1 Ei
1 Eigelb
1 EL Mehl
2 Päckchen gehobelte Mandeln
Fett oder Öl zum Braten

Wasser, Milch und Salz zusammen aufkochen, von der Kochstelle nehmen und das Püreepulver mit einem Schneebesen unter die Flüssigkeit rühren. Muskatnuß, Ei, Eigelb, und Mehl hinzufügen und die Kartoffelmasse sofort gründlich mit den Zutaten verrühren. Aus dem Teig kleine Bällchen formen und in den Mandeln wenden. Reichlich Fett in der Pfanne erhitzen und die Bällchen darin bei nicht zu starker Hitze goldgelb braten.

Zwetschgenknödel

30 Minuten
pro Portion ca. 740 Kalorien

1 Packung gekochte Klöße
8 reife Zwetschgen
8 Stück Zucker
1 EL Butter
1 EL Semmelbrösel
Zucker und Zimt zum Bestreuen

½ l kaltes Wasser in eine Schüssel geben und den Packungsinhalt unter Rühren mit einem Schneebesen hineinschütten. 5 Minuten stehen lassen. In dieser Zeit 2–2½ l Wasser mit einem Eßlöffel Salz in einem flachen Topf zum Kochen bringen. Die Zwetschgen längsseitig aufschneiden, sie müssen zusammenhängend bleiben. In jede Zwetschge ein Stück Würfelzucker geben. Den Teig in der Schüssel in 8 Teile teilen und 8 Klöße formen. Jeden Kloß flachdrücken, eine gefüllte Zwetschge darauflegen und den Kloßteig gut über der Zwetschge zusammendrücken, so daß die Zwetschge ganz bedeckt ist. In dem nur leicht kochenden Wasser in knapp 20 Minuten gar ziehen lassen. Die Knödel sollen nebeneinander und nicht untereinander liegen. In dieser Zeit die Butter zerlassen und die Semmelbrösel darin hellgelb rösten. Die gut abgetropften Knödel rundherum in den Semmelbröseln wenden und mit Zucker und Zimt bestreut auftragen. Anstelle von Zwetschgen können auch Aprikosen oder Kirschen in den Teig gefüllt werden.

Kartoffelpuffer

(Reibekuchen, Reiberdatschi)

Kartoffelpuffer schmecken am besten heiß und knusprig frisch aus der Pfanne. Also: danebenstellen, wenn die Liebste Kartoffelpuffer brät und gleich mit dem Ertrag einer Pfanne zu Tisch gehen. Anschließend die Rollen vertauschen.
Die fertigen Kartoffelpuffer werden mit Zucker bestreut. Außerdem gehören Apfelmus, Preiselbeeren oder Rübenkraut dazu und ein Kaffee. Aber auch salzig – mit Salat als Beilage – sind Kartoffelpuffer zu empfehlen. Hauptsache – heiß und knusprig auf den Tisch bringen.
Wer sich das lästige Reiben der Kartoffeln ersparen will, bereitet die Kartoffelpuffer aus vorgefertigter Kartoffelpuffermasse zu – die genaue Zubereitung befindet sich jeweils auf der Packung. Zeitersparnis gibt es dabei nicht, weil die angerührte Kartoffelmasse 10 Minuten ziehen muß.

Kartoffelpuffer – Reibekuchen

15–20 Minuten
pro Portion ca. 700 Kalorien

6 große Kartoffeln
knapp 1 TL Salz
1 Ei
2 EL Mehl
nach Geschmack eine kleine geriebene Zwiebel oder einige Aniskörnchen
Schmalz oder Öl zum Braten

Die Kartoffeln schälen und auf dem Reibeisen fein reiben oder im Küchenmixer in Sekundenschnelle zerkleinern. Mit Salz, Ei und Mehl zu einem Teig verrühren – nach Geschmack eine kleine geriebene Zwiebel oder Aniskörnchen hinzufügen. Das Fett stark erhitzen, mit einem Löffel etwas Teig in die Pfanne geben und glattstreichen. Von beiden Seiten knusprig braun braten und sofort auftragen.

Beilage: Apfelmus oder Preiselbeeren

Holländische Kartoffelpuffer

20–25 Minuten
pro Portion ca. 1100 Kalorien

6 große Kartoffeln
1 TL Salz
1 geriebene Zwiebel
1 Ei
2 EL Mehl
150 g vollfetter Käse
Fett zum Braten
100 g durchwachsener, in Würfel geschnittener Speck

Die Kartoffeln schälen und auf dem Reibeisen fein reiben oder im Küchenmixer in Sekundenschnelle zerkleinern. Mit Salz, geriebener Zwiebel, Ei und Mehl zu einem Teig verrühren und den in kleine Würfel geschnittenen Käse hinzufügen. Einige Speckwürfel in dem Bratfett glasig braten. Etwas Teig mit einem Löffel in das heiße Fett geben und glattstreichen. Die Puffer von beiden Seiten knusprig braun braten und sofort auftragen.

Beilage: Apfelmus oder grüner Salat

Kartoffelsalat einfach

30 Minuten
pro Portion ca. 370 Kalorien

6 Pellkartoffeln
1 Zwiebel
Salz, Pfeffer
½ Tasse Fleischbrühe (aus Würfeln zubereitet)
1–2 EL Essig
3 EL Öl

Die Kartoffeln in 20–25 Minuten gar kochen. In dieser Zeit die Zwiebel in sehr kleine Würfel schneiden. Die Fleischbrühe zubereiten und mit dem Essig vermischen. Die Kartoffeln abziehen und noch warm in dünne Scheiben schneiden. Mit Zwiebel, Salz, Pfeffer und der heißen Brühe vermischen. Zum Schluß das Öl unter den Kartoffelsalat geben. Warm oder kalt servieren. Gut schmecken frisch gehackte Kräuter unter den Salat gemischt.

Kartoffelsalat mit Mayonnaise

10 Minuten
pro Portion ca. 300 Kalorien

6 am Vortag gekochte Pellkartoffeln
Salz, Pfeffer
1 kleine Zwiebel
Essig
4 EL Mayonnaise
2 EL Milch
1 Gewürzgurke

Die Kartoffeln abziehen und in Scheiben schneiden, die Zwiebel in kleine Würfel. Die Kartoffelscheiben mit den Zwiebelwürfeln vermischt und mit Salz, Pfeffer und Essig würzen. Die Mayonnaise mit der Milch verrühren und über die Kartoffelscheiben gießen. Die Gewürzgurke entweder in Würfel geschnitten unter den Kartoffelsalat mischen oder den Salat damit garnieren. Wenn möglich, etwas durchziehen lassen.

Labskaus

15 Minuten
pro Portion ca. 1050 Kalorien

1 Paket Kartoffelpüree
1 Stückchen Lorbeerblatt
½ Würfel klare Fleischsuppe
1 Zwiebel
2 EL Butter oder Margarine
1 Dose Corned beef
1 Gewürzgurke
Pfeffer
2 Rollmöpse
2 Spiegeleier

¾ l Wasser mit einem Stückchen Lorbeerblatt aufkochen lassen und den Suppenwürfel darin auflösen. Die Zwiebel in Würfel schneiden und in dem Fett glasig rösten. Das Corned beef in kleine Würfel schneiden und ebenfalls in dem Fett durchbraten. Das Püreepulver unter Rühren mit dem Schneebesen in die kochendheiße Brühe geben (dabei den Topf von der Kochstelle nehmen) und das Corned beef mit dem Püree verrühren. Die Gurke in Würfel schneiden und zu dem Labskaus geben. Mit etwas Gurkenessig und frischgemahlenem Pfeffer abschmecken. Auf 2 Teller geben, jede Portion Labskaus mit einem Spiegelei bedecken und einen Rollmops dazu servieren.

Einmal täglich Salat

empfehlen nicht nur die Ärzte der Gesundheit wegen – frischer Salat ist auch die schnellste und wohlschmeckendste Beilage zu jedem Hauptgericht. Zeit zum Salatanmachen hat man immer dann, wenn Fisch oder Fleisch auf dem Herd ihrer Vollendung entgegenbrutzeln. Auf die Angabe der Zubereitungszeiten habe ich deshalb bei den Salatrezepten verzichtet; sie können alle in 5–10 Minuten angerichtet werden.
Kaufen Sie Salat so frisch wie möglich; angewelkter Salat ist ohne Geschmack und ohne Vitamine. Der Salat wird erst unmittelbar vor dem Anrichten gewaschen. Lösen Sie Blättchen für Blättchen nacheinander vom Salatkopf und waschen Sie den Salat sehr gründlich. Er kommt nach dem Waschen sofort auf ein Sieb zum Abtropfen. Aber das genügt nicht. Die anhängenden Wassertropfen verwässern Ihnen jede Marinade. Geben Sie den Salat deshalb entweder in ein verschließbares Salatsieb, das Sie ausschwenken können oder in ein sauberes Handtuch. Das nehmen Sie an den Enden zusammen und schwenken es sorgfältig aus. Jetzt liegen die Salatblätter trocken vor Ihnen und Sie können sich an die Zubereitung der Marinade begeben, frei nach dem Sprichwort:
»Nimm Öl wie ein Verschwender (die Franzosen sagen drei Teile Öl auf einen Teil Essig), Essig wie ein Geizhals (die Italiener geben in ihr duftendes Olivenöl den Essig oder Zitronensaft nur tropfenweise), Salz wie ein Weiser (man sagt, soviel, wie zwischen Daumen und Zeigefinger paßt) und schüttele alles durcheinander wie ein Narr.«
Das ist die Marinade. Die Würze aus duftenden Kräutern stellen Sie nach Jahreszeit und nach eigenem Geschmack zusammen. Lesen Sie dazu doch einmal die Kräutertabelle auf Seite 23 durch. Daß Salat erst unmittelbar vor dem Auftragen

mit der Marinade vermischt wird, ergibt sich in der Schnellküche von selbst.

Besonders schnell geht die Zubereitung von Salat vor sich, wenn Sie eine Salatmarinade auf Vorrat zubereiten und in den Kühlschrank stellen. Die Marinade wird dann nur noch mit frischen Salatkräutern vermischt. Auf Seite 237 steht ein gutes französisches Rezept dafür.

Marinade auf Vorrat

2 Tassen bestes Olivenöl
¾ Tasse Weinessig
2 flache EL Salz
¾ EL Pfeffer
1 EL scharfer Senf

Alle Zutaten gründlich miteinander vermischen und in einen Krug geben. In das unterste Fach des Kühlschrankes stellen – dort hält sich die Salatmarinade monatelang frisch. Kräuter immer frisch gehackt an den Salat geben.

Sizilianischer Apfelsinensalat

pro Portion ca. 230 Kalorien

2 Apfelsinen
2 große Zwiebeln
Salz
1 EL Essig
3 EL Olivenöl
Pfeffer

Die Apfelsinen und die Zwiebeln in Scheiben schneiden und zuerst die Zwiebelscheiben und darüber die Apfelsinenscheiben in eine Schüssel geben. Salz, Essig und Öl mit einer Gabel verquirlen und über die Salatzutaten gießen. Zum Schluß mit frischgemahlenem Pfeffer überpudern.

Ungarischer Bohnensalat

pro Portion ca. 430 Kalorien

½ Dose weiße Bohnen
1 grüne Paprika
2 Tomaten
1 Zwiebel
4 EL Olivenöl
1 EL Essig
1 TL Paprikapulver
Salz
1 TL getrockneter oder
1 EL frischer, gehackter Dill

Die Bohnen auf einem Sieb gut abtropfen lassen, evtl. einmal kurz mit kaltem Wasser überspülen, damit die Bohnenkerne klar sind. Die entkernte Paprikaschote in feine Streifen schneiden, Tomaten und Zwiebel in Würfel. Alle Salatzutaten miteinander vermischen. Öl, Essig, 3 Eßlöffel Bohnenwasser, Paprikapulver, Salz und Dill miteinander zu einer glatten Marinade verrühren und über die Salatzutaten gießen.

Französischer Bohnensalat

pro Portion ca. 380 Kalorien

½ Dose weiße Bohnen
½ Päckchen Kresse
4 EL Öl
1 EL Essig
Salz
Dill
Pfeffer

Die Bohnen auf einem Sieb gut abtropfen lassen, evtl. einmal kurz mit kaltem Wasser überspülen, damit die Bohnenkerne ganz klar sind. Die Kresse sorgfältig waschen, in einem Tuch ausschütteln und mit den Bohnenkernen vermischen. Öl, Essig, 3 EL Bohnenwasser mit Salz, Dill und reichlich frischgemahlenem Pfeffer verrühren und über die Bohnenkerne geben. Wenn die Zeit reicht, die Bohnenkerne in der Marinade 1 Stunde ziehen lassen – die Kresse wird erst unmittelbar vor dem Auftragen mit dem Bohnensalat vermischt.

Chicoréesalat mit Apfelsinen und Äpfeln

pro Portion ca. 130 Kalorien

2 Chicoréekolben
1 Apfelsine
1 Apfel
1 Zitrone
1 EL Zucker

Den bitteren Keil am unteren Ende der gewaschenen Chicorée mit einem spitzen Messer herausschneiden und den Chicorée in Scheiben schneiden. Die geschälte Apfelsine und den geschälten Apfel zuerst in Scheiben, dann in Würfel schneiden. Alle Zutaten miteinander vermischen. Die Zitrone mit dem Zucker verrühren und über die Salatzutaten gießen. Dieser erfrischende, süße Salat ist ein pikanter Gegensatz zu gebratenem Fleisch.

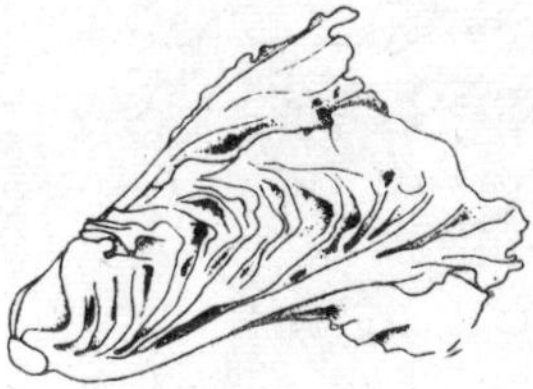

Chicoréesalat mit Bananen

pro Portion ca. 250 Kalorien

3 Chicoréekolben
1 Banane
4 EL Olivenöl
2 EL Essig
etwas Senf
Salz, Pfeffer

Die welken Blätter entfernen. Den bitteren Keil am unteren Ende der gewaschenen Chicoréekolben mit einem spitzen Messer herausschneiden. Den Chicorée und die Bananen in Scheiben schneiden. Aus Öl, Essig, Senf, Salz und Pfeffer eine Marinade zubereiten und über die Salatzutaten gießen.

Chicoréesalat mit Mayonnaise

pro Portion ca. 180 Kalorien

2–3 Kolben Chicorée
2 EL Mayonnaise
2 EL Sahne
1 EL Tomatenketchup

Von den Chicoréekolben welke Stellen entfernen und mit einem spitzen Messer den bitteren Keil am unteren Ende der Kolben entfernen. Den Chicorée in einzelne Blätter zerteilen, waschen und mit einem Tuch abtrocknen. Auf 2 Glasteller legen. Die Mayonnaise mit der Sahne und dem Tomatenketchup verrühren und über die Chicoréeblätter gießen.

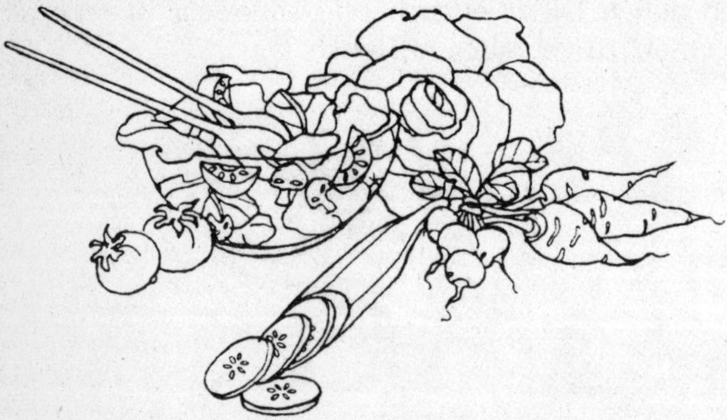

Feldsalat mit Nüssen

pro Portion ca. 200 Kalorien

100 g Feldsalat
1 Knoblauchzehe
3 EL Mayonnaise
3 EL Joghurt
Salz
¼ TL Senf
1 EL grobgehackte Walnüsse

Den Feldsalat gründlich waschen, damit er von allem anhaftenden Sand befreit wird. Gut abtropfen lassen. Die Salatschüssel mit der halbierten Knoblauchzehe ausreiben. Die Mayonnaise mit dem Joghurt, etwas Salz und dem Senf verrühren. Die Nüsse hinzufügen und die Marinade über den Salat gießen.

Feldsalat

pro Portion ca. 150 Kalorien

100 g Feldsalat
3 EL Olivenöl
1 EL Essig
Salz, Pfeffer
1 kleine Zwiebel

Den Feldsalat gründlich waschen, damit er von allem anhaftenden Sand befreit wird. Gut abtropfen lassen. Das Olivenöl mit dem Essig, Salz und Pfeffer gründlich verrühren. Die in kleine Würfel geschnittene Zwiebel hinzufügen und die Marinade über den Feldsalat geben.

Fenchelsalat mit Apfel

pro Portion ca. 275 Kalorien

1 Fenchelknolle
Zitronensaft
1 Apfel
4 EL Mayonnaise
2 EL Sahne oder Dosenmilch
¼ TL Senf

Den Fenchel von den holzigen Stellen und welken Blättern befreien und gut waschen. Auf der groben Seite der Rohkostreibe grob raffeln und sofort mit Zitronensaft beträufeln. Den Apfel schälen, in feine Streifen schneiden oder ebenfalls auf der groben Seite der Rohkostreibe raffeln und mit dem Fenchel vermischen. Die Mayonnaise mit der Sahne und dem Senf verrühren und über den Fenchel gießen.

Gewürzter Fruchtsalat San Franzisko

pro Portion ca. 160 Kalorien

3 EL Weinessig
1 EL Zucker
1 EL Olivenöl
1 TL scharfer Senf
1 Prise Pfeffer
Salz
½ kleine Zuckermelone
2 Tomaten
1 reife Birne

Den Essig mit dem Zucker aufkochen. Mit Öl, Senf, Salz und Pfeffer vermischen und abkühlen lassen. Das Melonenfleisch mit einem Löffel aus der Frucht herausholen. Das ausgehöhlte Melonenfleisch in Würfel, die Tomaten in Scheiben und die geschälte Birne in feine Scheibchen schneiden. Mit der Marinade übergießen und etwas durchziehen lassen. Der Salat kann in die Melonenhälfte gefüllt werden.

Pikante Beilage zu gebratenem Schinken, Kalbsschnitzel oder Steak

Gurkensalat

pro Portion ca. 130 Kalorien

½ Salatgurke
Salz
3 EL Olivenöl
1 EL Essig
1 EL feingehackter Dill
frisch gemahlener Pfeffer

Vor dem Schälen die Gurke kosten, ob das Ende nicht bitter ist, und gegebenenfalls das bittere Ende wegschneiden. Die Gurke schälen, auf dem Gurkenhobel in dünne Scheiben schneiden und mit Salz vermischen. Öl, Essig mit einer Gabel vermischen, den Dill hinzugeben und über den Gurkensalat gießen. Zuletzt mit der Pfeffermühle eine kräftige Prise Pfeffer über den Gurkensalat geben. Wenn es keinen frischen Dill gibt, kann man getrocknete Dillspitzen (¼ Teelöffel) oder Schnittlauch zum Würzen verwenden.

Sommerlicher Gurkensalat

pro Portion ca. 160 Kalorien

½ Salatgurke
½ kleiner junger Rettich
Salz
2 EL Öl
1 EL Essig
etwas scharfer Senf
1 Prise Zucker
gehackter Dill oder Schnittlauch

Die geschälte Salatgurke (vorher prüfen, ob das Ende der Gurke nicht bitter ist, gegebenenfalls den bitteren Teil wegschneiden) auf der groben Seite der Rohkostreibe raffeln, den geschälten Rettich auf der feinen Seite. Mit Salz vermischen. Den Gurkensaft, der sich gebildet hat, nicht weggießen. Öl, Essig, Senf, Zucker und Kräuter mit einer Gabel zu einer Marinade vermischen und über das Gurken-Rettichgemisch gießen. Dieser saftige Salat ist leicht verträglich und sehr erfrischend.

Kopfsalat – klassische Art

pro Portion ca. 150 Kalorien

1 Kopf grüner Salat
3 EL Olivenöl
1 EL Weinessig (oder Estragonessig)
Salz, Pfeffer
1 Msp scharfer Senf

Den Kopfsalat von welken Blättern befreien. Die Blätter teilen und in mundgerechte Stücke zerreißen. Sorgfältig waschen und in einem Salatsieb oder in einem sauberen Küchentuch ausschwenken, bis die Blätter ganz trocken sind. Öl, Essig, Salz, Pfeffer und Senf mit einer Gabel sorgfältig verquirlen und über die Salatblätter gießen.

Kopfsalat – Graubündner Art

pro Portion ca. 240 Kalorien

1 kleiner Kopf grüner Salat
50 g Schweizer Käse
2 EL Walnüsse
½ Zitrone
1 TL scharfer Senf
5 EL Sahne
Salz, Pfeffer

Die sorgfältig gewaschenen Salatblätter in einem Sieb oder Tuch gut ausschwenken. Den Käse in Streifen schneiden und die Nüsse grob hacken. Den ausgepreßten Zitronensaft mit Senf, Sahne, Salz und Pfeffer mit einem Schneebesen verquirlen und über die Salatzutaten gießen. Sofort auftragen.

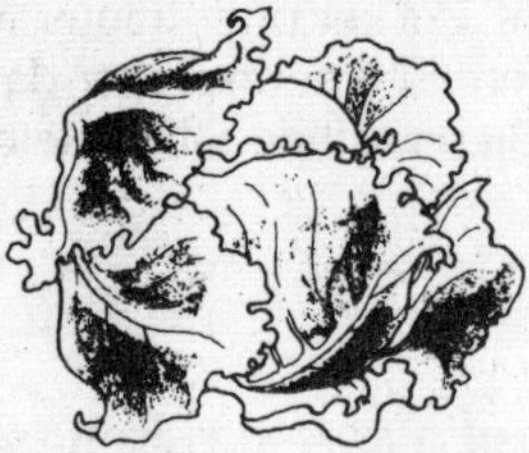

Kopfsalat mit Joghurt

pro Portion ca. 200 Kalorien

1 Kopf grüner Salat
1 Becher Joghurt
2 EL Olivenöl
½ Zitrone
½ TL Senf
1 Zwiebel
Salz, Pfeffer
2 EL gemischte, frische Kräuter (Dill, Kerbel, Petersilie, 2 Blättchen Estragon)

Den Kopfsalat von welken Blättern befreien und in einzelne Blätter zerlegen. Die Blättchen sorgfältig waschen und in einem Salatsieb oder in einem sauberen Küchentuch ausschwenken, bis die Blätter ganz trocken sind. Joghurt, Öl, Zitronensaft, Senf, die in kleine Würfel geschnittene Zwiebel, Salz und Pfeffer zu einer Marinade verrühren. Die Salatblätter mit den feingehackten Kräutern vermischen und die Joghurtmarinade darübergießen. Sofort auftragen.

Mohrrübensalat mit Apfelsinen

pro Portion ca. 250 Kalorien

4 Karotten oder Mohrrüben
1 Apfelsine
2 EL Rosinen
2 EL Mayonnaise
1 EL Zitronensaft
1 TL Zucker
1 Prise Salz
Pfeffer
Salatblätter

Die Rosinen in etwas Wasser einweichen. Die Karotten schälen, gründlich waschen und auf der feinen Seite der Rohkostreibe raffeln. Die Apfelsine schälen, in Scheiben und dann in Würfel schneiden. Karotten, Apfelsinenwürfel und abgetropfte Rosinen untereinander vermischen. Die Mayonnaise mit dem Zitronensaft und dem Zucker vermischen und mit Salz und Pfeffer würzen. Die Mayonnaise über die Karottenmischung gießen und den Salat auf grünen Salatblättern anrichten.

Maissalat

pro Portion ca. 300 Kalorien

1 kleine Dose Mais
1 grüne Paprikaschote
3 Tomaten
2 EL Mayonnaise
2 EL Essig
Salz, Pfeffer

Den Mais auf einem Sieb abtropfen lassen. Die Paprikaschote entkernen, in Streifen und dann in Würfel schneiden. Die Tomaten ebenfalls würfelig schneiden. Die Mayonnaise mit dem Essig verrühren und mit Salz und Pfeffer abschmecken. Über die Salatzutaten gießen und etwas durchziehen lassen.

Paprika-Apfel-Salat

pro Portion ca. 220 Kalorien

1 rote und 1 grüne Paprikaschote
1 großer säuerlicher Apfel
1 EL Essig
3 EL Olivenöl
Salz

Von den Paprikafrüchten am Stielende einen Deckel abschneiden und das Samengehäuse damit herauslösen. Halbieren, waschen und in feine Streifen schneiden. Den geschälten Apfel vierteln und das Kerngehäuse herausschneiden. Zuerst in Scheiben und dann in streichholzgroße Streifen schneiden. Paprika- und Apfelstreifen vermischen. Essig, Öl und Salz vermischen und über die Salatzutaten gießen. Die Paprikastreifen können kurz in leicht gesalzenem Wasser aufgekocht werden, dann sind sie leichter verträglich, aber nicht mehr so knackend frisch. Paprikasalat ist auch ohne Zugabe von Apfel sehr pikant.

Piraten-Salat

pro Portion ca. 560 Kalorien

½ Kopf Endiviensalat
3 Tomaten
2 Zwiebeln
1 Paprikaschote
1 Dose Thunfisch
1 EL Olivenöl
2 EL Essig
Salz, Pfeffer
Paprika
1 Eigelb

Den gründlich gewaschenen Endiviensalat in feine Streifen schneiden, Tomaten in Scheiben, Zwiebeln und entkernte Paprika in Ringe. Den Thunfisch in Stückchen zerpflücken. Das Öl mit dem Essig, Gewürzen und dem Eigelb so lange mit einem Schneebesen verrühren, bis alle Zutaten eine sahnige Sauce bilden. Die Salatzutaten miteinander vermischen und mit der Marinde übergießen. Dieser Salat ist eigentlich schon eine kleine Mahlzeit. Man braucht nur noch frische Brötchen dazu.

Radieschensalat

pro Portion ca. 120 Kalorien

1 Bund Radieschen
Saft von ½ Zitrone
Salz
2 EL Olivenöl
Pfeffer
Salatblätter

Spitzen und Blätter der Radieschen entfernen und die gut gewaschenen Radieschen in Scheiben schneiden. Zitronensaft, Salz, Öl und Pfeffer miteinander vermischen und über die Radieschen geben. Auf 2 Salatblättern anrichten und sofort auftragen.

Rettichsalat

pro Portion ca. 160 Kalorien

2 junge weiße Rettiche
oder 1 großer weißer Rettich
Salz
3 EL Öl
1 EL Essig oder Zitrone
Pfeffer

Den geschälten Rettich auf der groben Seite der Rohkostraffel in Streifen schneiden und mit Salz vermischen. Öl und Essig oder Zitronensaft vermischen und über den Rettich geben. Zum Schluß etwas frischgemahlenen Pfeffer darüber geben. Rettichsalat muß sofort nach der Zubereitung gegessen werden.

Sauerkrautsalat

pro Portion ca. 170 Kalorien

250 g rohes Sauerkraut
1 Mohrrübe
1 kleine Gewürzgurke
½ säuerlicher Apfel
½ TL Kümmel
2 EL Olivenöl
1 EL Essig
1 TL Senf

Das Sauerkraut mit dem Messer ein paarmal quer durchschneiden. Die geputzte Mohrrübe auf der feinen, die Gurke und den Apfel auf der groben Seite der Rohkostreibe raffeln und mit dem Sauerkraut und dem Kümmel vermischen. Öl, Essig und Senf mit einer Gabel zu einer Marinade vermischen und über das Sauerkraut geben.

Beilage zu Würstchen, Bratwürstchen, Schweinekoteletts

Sauerkrautsalat Pineapple

pro Portion ca. 270 Kalorien

250 g rohes Sauerkraut
2 Scheiben Ananas
3 EL Mayonnaise
½ TL Senf

Das Sauerkraut mit einem Messer ein paarmal quer durchschneiden, die Ananasscheiben in kleine Stückchen schneiden. Die Mayonnaise mit 2 EL Ananassaft und Senf verrühren. Sauerkraut und Ananas mit der Mayonnaise vermischen.

Beilage zu gebratenem Kasseler, Schinken, Wildgeflügel

Sommersalat

pro Portion ca. 330 Kalorien

1 kleiner Kopfsalat
½ Gurke
2 Tomaten
8 Radieschen
2 EL Essig
6 EL Olivenöl
Salz
gehackte Kräuter (Dill, Kerbel, Schnittlauch)

Den Kopfsalat waschen und in einem Sieb gut ausschwenken. Die Gurke vor dem Schälen kosten, ob das Ende nicht bitter ist, und gegebenenfalls dieses wegschneiden. Gurke mit zarter Haut ungeschält lassen, festere Gurke schälen. Auf dem Gurkenhobel der Rohkostreibe in dünne Scheiben schneiden. Die gewaschenen Tomaten quer zur Blüte in Scheiben schneiden. Essig, Öl und Salz zu einer Marinade rühren, reichlich mit frischen Kräutern und den Salatzutaten vermischen.

Tomatensalat

pro Portion ca. 240 Kalorien

4 große feste Tomaten
1 kleine Zwiebel
4 EL Olivenöl
½ EL Essig
Salz, Pfeffer
1 Msp Oregano

Die gewaschenen Tomaten quer zum Stielende in Scheiben schneiden und dachziegelartig auf 2 Glastellern anordnen. Die Zwiebel in Würfel schneiden und darüberstreuen. Das Olivenöl mit Essig, Salz, Pfeffer und Oregano vermischen und über die Tomaten gießen. Tomatensalat verträgt eine kräftige Prise Pfeffer, soll aber seine eigene pikante Säure nicht durch zu starke Essigbeigabe verlieren.

Zucchinisalat
(Courgettesalat)

pro Portion ca. 320 Kalorien

6 Zucchini (500 g)
6 EL Olivenöl
1–2 Knoblauchzehen
Salz, Pfeffer
Petersilie
Basilikum
½ Tasse verdünnter Essig

Von den gründlich gewaschenen Zucchini das äußere Ende abschneiden. Die Früchte abtrocknen und in ½ cm dicke Scheiben schneiden. Reichlich Olivenöl in einer Pfanne erhitzen und die Zucchinischeiben darin nacheinander von beiden Seiten goldgelb braten. In eine Schüssel geben – etwas gehackten Knoblauch, Salz, Pfeffer, ein paar Blättchen Basilikum und gehackte Petersilie dazwischenstreuen. Den Essig erhitzen und über die Zucchini gießen. Gut durchziehen lassen.
Diesen pikanten Zucchinisalat sollten Sie am Vortag zubereiten, damit er eine Nacht gut durchziehen kann. Mit einer Scheibe geräuchertem Schinken ist er eine reizvolle Vorspeise – in Italien ißt man Zucchinisalat auch gerne zu gekochtem Fleisch oder Beefsteak.

Bunter Wintersalat

pro Portion ca. 280 Kalorien

1 kleine Fenchelknolle
2 Stangen Bleichsellerie
2 Mohrrüben
1 Handvoll Feldsalat
1 Zitrone
4 EL Öl
Salz, Pfeffer

Den Fenchel und den Bleichsellerie von holzigen Stellen und welken Blättern befreien und gut waschen. Die Mohrrüben schaben und waschen, den Feldsalat besonders gründlich waschen, damit keine Sandkörnchen an den Blättern bleiben. Den Fenchel auf der groben Seite, die Mohrrüben auf der feinen Seite der Rohkostreibe raffeln, die Sellerie in kleine Stückchen schneiden. Alle Salatzutaten miteinander vermischen. Die zartesten Blätter des Fenchels fein wiegen. Zitrone, Öl, Salz und Pfeffer gründlich zu einer Marinade verquirlen, die Fenchelblätter hinzugeben und über den Salat geben.

Salate als Mahlzeit

Es gibt heiße Sommertage, an denen ein erfrischender, gehaltvoller Salat besser ist als jede warme Mahlzeit. Länder mit heißem Klima wie Südfrankreich, Spanien oder Italien liefern herrliche Rezepte dafür. Auch wenn unsere Freunde kommen, ist so eine leuchtendbunte, appetitanregende Salatschüssel im Handumdrehen angerichtet. Dazu gehören knuspriges Weißbrot und ein leichter Landwein – Rosé mit seiner prickelnden würzigen Säure paßt besonders gut. Der »Salade Niçoise« ist das klassische Beispiel dafür.
Aus Amerika kommt der »Chef's Salat«. Er ist als kleine Mittagsmahlzeit, als »lunch«, in jedem Restaurant zu haben. Sein Name bedeutet nicht, daß er den großen Chefs vorbehalten ist, sondern daß der Küchenchef eines jeden Restaurants seine Zusammensetzung ganz nach Geschmack und den jeweiligen Vorräten des Hauses variiert. Machen Sie es genauso. Eine Sorte Fleisch und eine Sorte Käse gehören in jedem Fall dazu – es dürfen gebratenes Geflügel, Fleischreste, gekochter Schinken oder Zunge sein, auch die Käsesorte kann man nach eigenem Gusto wählen. Die richtigen Salatgemüse liefert die jeweilige Jahreszeit.

Chef's Salat

15 Minuten
pro Portion ca. 650 Kalorien

1 Kopf grüner Salat
1 halbfingerdicke Scheibe (100 g) Schweizer oder Holländer Käse
1 halbfingerdicke Scheibe (100 g) gekochter Schinken, gebratenes Geflügel oder Zunge
½ Salatgurke
2 hartgekochte Eier
2 Zwiebeln oder 1 Paprikaschote oder 2 grobgeraspelte Karotten
2 Tomaten
1 Knoblauchzehe
4 EL Olivenöl
1–2 EL Essig
¼ TL Senf
Salz, Pfeffer
1 EL feingehackte frische Kräuter (Dill, Schnittlauch, Petersilie, 1 Blättchen Estragon)

Den Salat waschen und die Blätter sorgfältig abtrocknen lassen. Käse, Fleisch und Salatgurke in Streifen schneiden, die Eier in Scheiben, Zwiebeln, entkernte Paprikaschote und Tomate ebenfalls. Eine Schüssel leicht mit einer Knoblauchzehe ausreiben und die Salatblätter hineinlegen. Portionsweise Streifen der Salatzutaten auf den Salatblättern anordnen. Für die Marinade Öl, Essig, Senf und Gewürze sorgfältig miteinander verrühren, die Kräuter hinzufügen und über den Salat gießen.

Salade Niçoise

(Abb. Seite 224)

15 Minuten
pro Portion ca. 530 Kalorien

2 Tomaten
2 Zwiebeln
1 kleine Dose feine Brechbohnen (haricots verts)
50 g schwarze Oliven
2 hartgekochte Eier
1 Döschen Anchovisfilets
einige Salatblätter
1 Knoblauchzehe
6 EL Olivenöl
1 EL Weinessig
Salz, Pfeffer
gehackte Petersilie

Die gewaschenen Tomaten und die Zwiebeln in Scheiben schneiden. Die Brechbohnen auf einem Sieb abtropfen lassen und die Eier vierteln. Den Salat waschen und gut ausschwenken, damit er trocken ist. Eine Salatschüssel mit einer Knoblauchzehe ausreiben und mit den Salatblättern auslegen. Darauf Tomaten, Zwiebeln, Bohnen, Eiviertel, Oliven und Anchovisfilets anrichten. Öl, Essig, Salz und Pfeffer mit einer Gabel zu einer Marinade vermischen, Petersilie hinzufügen und vor dem Auftragen über den Salat gießen. An Stelle von Anchovis können Sardellen oder Thunfisch verwendet werden. Ein echter Salade Niçoise sollte eigentlich dünne Scheiben von rohen Artischocken oder kleine rohe Kerne von großen Bohnen enthalten, aber dazu muß man wohl in Nizza sein.

Kleine Kalorientabelle

(Zahlen leicht abgerundet)

	Kalorien
1 großes Brötchen	140
1 Scheibe Vollkornbrot oder Mischbrot (40 g)	95
1 Scheibe Knäckebrot (10 g)	35
2 Cracker	35
100 g Mehl, Weizengrieß, Stärkepuder	370
100 g Reis	370
100 g Teigwaren	390
¼ l Vollmilch (3 %Fett) oder Joghurt	150
1 Eßlöffel Sahne	45
10 g Butter oder Margarine	75
1 EL Öl	90
1 EL Mayonnaise	100
100 g Magermilchquark	90
1 Eckchen Camembert (30 g)	90
1 Scheibe vollfetter Käse (50 g)	200
1 Hühnerei (50 g) Sorte B	75
100 g Rindfleisch, mager	120
100 g Rindfleisch, mittelfett, roh	220
100 g Kalbfleisch, roh	165
100 g Kalbsleber, roh	135
100 g Schweinefleisch, mittelfett, roh	260
100 g Schweinefleisch, fett, roh	390
100 g fetter Speck	850
100 g magerer Speck	600
1 Bratwürstchen (100 g)	450
100 g Hammelfleisch, mittelfett, roh	250
½ Brathuhn (250 g) roh	270
1 Scheibe gekochter Schinken (50 g)	130
1 Scheibe roher Schinken (50 g)	170
100 g Mettwurst, Blutwurst, fette Leberwurst	500
100 g Kalbsleberwurst, Leberkäs	270
1 Paar Frankfurter Würstchen (100 g)	250

	Kalorien
100 g Filet vom Schellfisch, Seelachs, roh	85
1 Portionsforelle oder Renke (150 g) roh	75
1 mittelgroße Scholle (250 g)	160
1 Matjeshering (150 g)	240
1 Stückchen geräucherter Aal (50 g)	150
1 Dose Ölsardinen (Sardinen ohne Öl)	250
½ Hummer	150
6 Austern	120
100 g Crabmeat (aus der Dose)	70
30 g Kaviar (1 ounce)	75
1 große Artischocke	90
1 kleiner Kopf Blumenkohl (500 g)	90
250 g grüne Bohnen (Brechbohnen)	80
100 g Champignons	25
100 g junge grüne Erbsen	90
1 Salatgurke (ca. 400 g) oder 1 Gewürzgurke	30
1 mittelgroße Kartoffel (80 g)	55
250 g geschnittener Wirsingkohl	60
1 Mohrrübe (ca. 100 g)	40
1 Olive	7
1 grüne oder rote Paprikaschote (100 g)	40
250 g Spargel (frisch oder aus der Dose)	40
500 g Spinat	90
1 große Tomate	25
1 große Zwiebel (50 g)	20
1 Scheibe Ananas aus der Dose (ohne Sirup)	75
1 Apfel oder 1 Apfelsine (150 g)	75
1 Banane (mittelgroß)	90
1 Birne (200 g)	110
100 g Erdbeeren oder Himbeeren	40
1 Grapefruit	150
100 g Heidelbeeren, Kirschen	60
100 g Johannisbeeren, Stachelbeeren	45
1 Pfirsich (150 g)	65
100 g Weintrauben	70 ▶

	Kalorien
1 Eßlöffel Zucker (15 g)	60
1 Eßlöffel Honig oder Marmelade	60
1 Tafel Schokolade (100 g)	550
100 g Bonbons	400
1 Portion Sahneeis	400
1 Glas Weißwein	70
1 Glas Sekt	90
1 süßer Cocktail	200
1 Glas Whisky, Gin, Rum, Kognak	150
1 Flasche Bier	225

Ecco la Pasta asciutta – Teigwaren ganz italienisch

Teigwaren müssen frisch gekocht auf den Tisch kommen. In der kleinsten italienischen Trattoria wirft die Signora die Spaghetti erst dann in das kochende Wasser, wenn der Gast die Bestellung aufgegeben hat. Das gilt auch für die Schnellküche – Nudeln kann man nicht ohne Geschmacksverlust auf Vorrat kochen. Die 10–15 Minuten Kochzeit, die Teigwaren erfordern, brauchen Sie in jedem Fall, um die Beilagen vorzubereiten. Man rechnet 100 g Teigwaren für ein Hauptgericht, 60 g Teigwaren als Beilage.
Zur Kochzeit: Nudeln sollen »al dente« gekocht sein, das heißt, beim Beißen auf die Nudeln muß man mit den Zähnen noch einen kleinen, festen Kern spüren. Zu weich gekochte Teigwaren sind immer schlechte Teigwaren. Zum Kochen muß der größte Kochtopf aus der Küche heran. Spaghetti und Makkaroni brauchen beim Kochen viel Platz, damit sie nicht zusammenkleben. Die Italienerin gibt einen Eßlöffel Öl oder etwas Milch an das Kochwasser, das macht die Teigwaren zarter. Das Nachahmen lohnt sich.
Haben Sie sich erst einmal an das unterhaltsame Spiel gewöhnt, Spaghetti beim Essen in der ganzen Länge um die Gabel zu wickeln, werden Sie Makkaroni und Spaghetti nur noch unzerteilt kochen. Ist der Topf zu niedrig, um die Spaghetti in der ganzen Länge aufzunehmen, warten Sie, bis die im Wasser befindliche Hälfte der Teigwaren weichgeworden ist und schieben Sie dann das restliche Ende nach. Die Spaghetti werden mit einer Gabel voneinander gelöst, damit sie freischwimmend kochen können und nicht zusammenkleben.
Nach 9 Minuten Kochzeit ziehen Sie die ersten Spaghetti heraus und kosten, ob sie schon »al dente« sind. Die Kochzeit ist bei den verschiedenen Teigwarenfabrikaten etwas unter-

schiedlich. Die Nudeln werden zum Abtropfen auf ein Sieb gegeben. In ihrem Heimatland Italien gießt man nur ein Glas kaltes Wasser zum Abschrecken darüber, so kühlen sie nicht aus. Werden die Teigwaren nur mit Butter und Käse vermischt, wird auf das Abschrecken ganz verzichtet.
Teigwaren als Beilage werden in den Kochtopf zurückgegeben und mit etwas Butter vermischt. Alle italienischen Teigwarengerichte, die die Italiener zwar als Vorspeise, wir aber als Hauptgericht essen, serviert man in vorgewärmten tiefen Tellern. Man füllt die Nudeln hinein und häuft darauf die saucige Beilage. Meistens kommt noch ein Stückchen frische Butter hinzu und darauf wird eine dicke Schicht von geriebenem Käse gestreut. Der hungrige Esser vermischt dann Nudeln, Sauce und Käse selbst mit einer Gabel und einem Löffel zu einer köstlichen Symbiose von Nudeln, Tomaten, Gewürzen und Käse, die so ganz italienisch ist. Meine Rezepte sind deshalb auch alle original italienisch.
Eine Warnung zum Schluß: Schlankheitsrezepte sind diese herrlichen Nudelgerichte alle nicht.

Spaghetti alla bolognese

20 Minuten
pro Portion ca. 850 Kalorien

200 g Spaghetti
Salz
150 g reines Rinderhack
50 g durchwachsener Speck
1 Zwiebel
1 EL tiefgekühltes Suppengemüse
½ Paprikaschote
1 EL Butter
½ Dose geschälte Tomaten
Salz, Pfeffer
Oregano
1–2 EL Sahne

Die Spaghetti in 3 l kochendem Wasser unter Zusatz von knapp 2 Eßlöffeln Salz in 10 Minuten »al dente« kochen. In dieser Zeit Speck und Zwiebel in Würfel schneiden, die Paprika in feine Streifchen. Speck und Zwiebelwürfel mit dem Gemüse in der Butter in einer Pfanne durchrösten und das

Fleisch hinzufügen. Goldbraun rösten. Die Tomaten aus der Dose in Stückchen schneiden (harte weiße Stücke entfernen) und mit dem Saft an das Fleisch geben. Mit Salz, Pfeffer und Oregano würzen. Bei starker Hitze einkochen lassen und mit der Sahne abschmecken. In Bologna werden zum Schluß einige Scheibchen von weißem Trüffel und 1 EL frische Butter unter die Sauce oder die Spaghetti gemischt. Die Spaghetti auf ein Sieb schütten. Mit einem Glas kaltem Wasser überspülen und auf 2 Teller oder auf eine vorgewärmte Platte geben. Ein Schüsselchen mit geriebenem Käse dazustellen.

Beilage: Gemischter Salat, Seite 249

Spaghetti alla carbonara

15 Minuten
pro Portion ca. 760 Kalorien

200 g Spaghetti
Salz
50 g durchwachsener Speck
1 EL Butter
½ Glas Weißwein
2 Eier
2 EL Parmesankäse
1 TL gehackte Petersilie
Pfeffer

Die Spaghetti in 3 l kochendem Wasser unter Zusatz von 2 knappen Eßlöffeln Salz in knapp 10 Minuten gar kochen. In dieser Zeit den Speck in feine Würfel schneiden. In einer Pfanne mit der Butter glasig braten und mit dem Wein aufgießen. Die Sauce einkochen lassen. Die Eier mit einer Gabel in einer Schüssel und dem Parmesankäse, der Petersilie und dem Pfeffer zu einer glatten Masse verquirlen. Die Spaghetti auf ein Sieb geben, etwas abtropfen lassen und sofort ganz heiß in die Schüssel mit den Eiern geben. Spaghetti und Eier vermischen. Den kochendheißen Speck ebenfalls unter die Spaghetti mischen. Heiß auftragen und mit geriebenem Käse bestreuen.

Beilage: Kopfsalat, Seite 243

Spaghetti mit Muscheln

20 Minuten
pro Portion ca. 750 Kalorien

200 g Spaghetti
Salz
1 Dose Muscheln naturell
1 kleine Zwiebel
1 Knoblauchzehe (kann fortgelassen werden)
6 reife Tomaten
3 EL Öl
Salz, Pfeffer
Petersilie
1 Stückchen frische Butter
Geriebener Parmesankäse

Die Spaghetti in 3 l kochendem Wasser unter Zusatz von 2 Eßlöffeln Salz in knapp 10 Minuten gar kochen. In dieser Zeit die Muscheln auf einem Sieb abtropfen lassen (das Wasser aufheben), die Zwiebel in kleine Würfel schneiden, die Knoblauchzehe hacken, die Tomaten brühen, abziehen und in Stückchen zerteilen. Die Zwiebelwürfel in dem Öl blaßgelb braten, die zerdrückte Knoblauchzehe hinzufügen sowie die Tomatenstückchen. 5 Minuten schmoren lassen. Etwas Muschelwasser hinzufügen, vorsichtig mit Salz, reichlich mit Pfeffer und Petersilie würzen. Zum Schluß die Muscheln in der Sauce erhitzen. Die Spaghetti auf ein Sieb geben, einmal mit lauwarmem Wasser übergießen und gut abtropfen lassen. Auf 2 vorgewärmte Teller füllen. Auf jede Portion ein Stückchen frische Butter und die Muscheln geben und mit Käse bestreuen. Vor dem Essen alle Zutaten mit 2 Gabeln sorgfältig miteinander vermischen.

Nudeln nach Alfredo

20 Minuten
pro Portion ca. 690 Kalorien

200 g Bandnudeln
1 Tasse Milch
Salz
2 EL Butter
6 EL geriebener Parmesankäse
Pfeffer

Die Nudeln in leicht gesalzenem, kochendem Wasser unter Hinzugabe der Milch in 10 Minuten gar kochen und auf ein Sieb zum Abtropfen geben. Auf eine vorgewärmte Platte geben, die Butter in Stückchen und den Käse hinzugeben. Mit zwei Gabeln 5 Minuten durcheinander vermischen, damit Nudeln, Butter und Käse innig miteinander vermischt werden. Zum Schluß etwas frischen Pfeffer darübermahlen. Bei Alfredo gibt es keinerlei Beilagen dazu.

Nudeln mit Erbsen

20 Minuten
pro Portion ca. 750 Kalorien

200 g Bandnudeln
Salz
1 Packung tiefgekühlte Erbsen (300 g)
1 kleine Zwiebel
1 EL Butter
50 g roher Schinken
Salz, Pfeffer

3 l Wasser mit knapp 2 Eßlöffeln Salz zum Kochen bringen und die Nudeln darin in 10 Minuten gar kochen. In dieser Zeit die Zwiebel in kleine Würfel schneiden, in der Butter hellgelb rösten und die unaufgetauten Erbsen hinzufügen. Mit ¼ Tasse Wasser aufgießen und zugedeckt in 10 Minuten gar kochen. Den Schinken in feine Streifen schneiden und 1 Minute mit den Erbsen mitkochen lassen. Mit Salz und Pfeffer abschmecken. Die Nudeln auf einem Sieb gut abtropfen lassen und mit den Erbsen vermischen. In Italien gibt man noch einen Eßlöffel frische Butter und 3 Eßlöffel Parmesankäse unter die Nudeln. Die habe ich in der Kalorienangabe nicht mitgerechnet, weil sie entfallen können.

Nudeln mit Pilzen

20 Minuten
pro Portion ca. 600 Kalorien

200 g Bandnudeln
Salz
1 Knoblauchzehe
2 EL Olivenöl
1 Dose (500 g) Champignons oder Pfifferlinge
2 Sardellen oder Anchovisfilets
Salz, Pfeffer
½ EL feingehackte Petersilie
1 Stückchen Butter
4 EL geriebener Parmesankäse

3 l Wasser mit knapp 2 Eßlöffel Salz zum Kochen bringen und die Nudeln darin in 10 Minuten gar kochen. In dieser Zeit die abgetropften Champignons in Scheiben schneiden. Das Olivenöl erhitzen und die Knoblauchzehe darin bräunen. Aus dem Öl nehmen und die abgetropften Pilze hinzugeben sowie die feingewiegten Sardellen. Mit Salz, Pfeffer und Petersilie abschmecken. Mit den gut abgetropften Nudeln und einem Stückchen frischer Butter vermischen. In zwei Teller füllen und mit Käse bestreut auftragen.

Beilage: Kopfsalat, Seite 243

Römische Schinkennudeln

25 Minuten
pro Portion ca. 900 Kalorien

200 g Bandnudeln
1 EL Butter
1 Tasse Sahne
1 Blättchen feingewiegter Basilikum oder etwas Oregano
6 EL geriebener Parmesankäse
100 g gekochter Schinken

Reichlich Wasser mit einem Eßlöffel Salz zum Kochen bringen und die Nudeln darin in 10 Minuten gar kochen. Auf ein Sieb zum Abtropfen geben. Die Butter zerlassen und die gut abgetropften Nudeln hinzugeben. Durchschwenken und die Sahne mit den Kräutern über die Nudeln geben. Den Käse hinzufügen sowie den streifig geschnittenen Schinken. Bei leichter Hitze alle Zutaten unter Schwenken des Topfes miteinander vermischen. In tiefen Tellern servieren.

Beilage: Kopfsalat, Seite 243, oder Tomatensalat, Seite 249

Ravioli – Feinschmeckerart

10 Minuten
pro Portion ca. 740 Kalorien

250 g Champignons
1 EL Butter
1/8 l Sahne
Salz, Pfeffer
1 Dose Ravioli

Die Champignons – frisch oder aus der Dose – in Scheiben schneiden und in der Butter weichdünsten. Mit der Sahne übergießen, mit Salz und frischgemahlenem Pfeffer abschmecken und etwas einkochen lassen. Die Dose Ravioli öffnen und den Inhalt der Dose zu der Sahnesauce geben. Langsam darin erhitzen.

Beilage: Grüner Salat, Seite 243

Ravioli überbacken

25 Minuten
pro Portion ca. 750 Kalorien

1 Dose Ravioli
2 EL Sahne
¼ (250 g) Dose Erbsen
Salz
Butter
2 EL Semmelbrösel
2 EL geriebener Käse

Den Backofen vorheizen. Die Ravioli vorsichtig mit der Sahne vermischen, die Erbsen auf einem Sieb abtropfen lassen. Eine feuerfeste Form dick mit Butter ausstreichen, die Hälfte der Ravioli hineingeben und die abgetropften Erbsen darüberfüllen. Leicht salzen und mit ein paar Butterflöckchen besetzen. Die restlichen Ravioli darüberfüllen. Semmelbrösel und Käse miteinander vermischen und auf die Ravioli streuen. Mit Butterflöckchen besetzen und etwa 15 Minuten überbacken, bis sich eine braune Kruste gebildet hat.

Beilage: Kopfsalat, Seite 243

Reis – locker und körnig gekocht

Es gibt heute noch orientalische Länder, in denen die Braut ein gutgelungenes Reisgericht vorführen muß, bevor sie heiraten darf. In diesen Ländern wird Reis natürlich vorzüglich gekocht. Bei uns wird Reis häufig zerkocht und klebrig serviert. Daran liegt es sicher, daß wir im Reisverbrauch der Länder so ziemlich an letzter Stelle stehen.

Das ist schade. Körniger, lockerer Reis ist eine leichte, wohlschmeckende Beilage zu vielen Speisen und die Grundlage mancher delikater Hauptgerichte. Für die Schnellküche ist die kurze Garzeit von Reis ein weiterer Vorteil, sowie die Tatsache, daß Reis kochfertig aus der Packung kommt, also jede Vorbereitungsarbeit entfällt. Es ist ganz einfach, einen körnigfesten, lockeren Reis zu kochen. Man braucht dazu nur, genau wie bei den Teigwaren, einen großen Kochtopf mit leicht gesalzenem Wasser und außerdem eine Küchenuhr. Wenn der gründlich gewaschene Reis in das kochende Wasser gegeben ist, müssen Sie genau auf die Uhr schauen. Nach 12 Minuten holen Sie sich mit dem Teelöffel ein paar Reiskörnchen heraus. Sind sie gar, mit einem winzig kleinen festen Kern in der Mitte – al dente – wie die Nudeln? Dann kann der Reis auf ein Sieb gegossen werden. Ist er noch zu hart, bekommt er 3 weitere Minuten Kochzeit. Nie mehr. Das ist das ganze Geheimnis. Das genaue Rezept finden Sie unter Butterreis. Für Reis als Beilage – in Wasser gegart – ist Langkornreis am besten geeignet. Der derbere Rundkornreis ist für Risotto das Richtige. Bei dieser Zubereitungsart wird ungewaschener Reis in Butter oder Öl angeröstet, bevor er mit Fleischbrühe aufgegossen wird. Er braucht 5 Minuten länger zum Garwerden als beim Kochen in Wasser. Durch das Anrösten bekommt der Reis einen stärkeren Eigengeschmack und wird durch Hinzugabe von Fleisch oder Gemüse häufig zum Hauptgericht.

Man rechnet pro Person 60 g Reis als Beilage und 100 g Reis für ein Hauptgericht aus Reis.

Butterreis

(Reis als Beilage)

20 Minuten
pro Portion ca. 330 Kalorien

125 g Langkornreis

2 l Wasser
1 EL Salz
1 EL Butter

Das Wasser mit dem Salz zum Kochen bringen. Den Reis in ein Sieb schütten und unter fließendem kalten Wasser gründlich waschen, bis er von allen noch anhaftenden Stärketeilchen befreit ist. In das kochende Salzwasser schütten und nach 12 Minuten versuchen, ob der Reis körnig weich ist. Sonst weitere 3 Minuten kochen lassen. Auf ein Sieb gießen und kurz mit kaltem Wasser überspülen. In der Pfanne die Butter zerlassen und den gut abgetropften Reis hinzugeben. Unter Schwenken der Pfanne 2–3 Minuten trocknen lassen. Soll der Reis etwas stehen, wird er wieder in den Kochtopf gegeben und mit einem sauberen Tuch bedeckt oder in das leicht erwärmte Backrohr gegeben.

Curryreis

20 Minuten
pro Portion ca. 330 Kalorien

125 g Langkornreis

2 l Wasser
1 EL Salz
1 EL Butter
1 TL Currypulver

Das Wasser mit dem Salz zum Kochen bringen und den gründlich gewaschenen Reis hineinschütten. In 12–15 Minuten körnig weich kochen, auf ein Sieb geben, kalt überspülen und abtropfen lassen. Das Fett in einer Pfanne zerlassen und das Currypulver hineingeben. Den Reis hineinschütten und 2–3 Minuten durchschwenken, bis der Reis körnig und trocken ist.

Ingwerreis

20 Minuten
pro Portion ca. 390 Kalorien

125 g Langkornreis
2 l Wasser
1 EL Salz
1 EL Butter
1–2 eingelegte Ingwerfrüchte

Das Wasser mit dem Salz zum Kochen bringen und den gründlich gewaschenen Reis hineinschütten. In 12–15 Minuten körnig weich kochen, auf ein Sieb geben, kalt überspülen und abtropfen lassen. Die Ingwerfrüchte in feine Streifen schneiden. Das Fett in einer Pfanne zerlassen und die Ingwerstreifen darin andämpfen. Den Reis hinzugeben und 2–3 Minuten durchschwenken, bis der Reis körnig und trocken ist.

Mandelreis

20 Minuten
pro Portion ca. 390 Kalorien

125 g Langkornreis
2 l Wasser
1 EL Salz
1 EL Butter oder Margarine
2 EL blättrig geschnittene Mandeln (fertig zu kaufen)

Das Wasser mit dem Salz zum Kochen bringen und den gründlich gewaschenen Reis hineinschütten. In 12–15 Minuten körnig weich kochen. Auf ein Sieb geben, kalt überspülen und abtropfen lassen. Das Fett in einer Pfanne zerlassen und die Mandeln darin hellgelb rösten. Den Reis hinzufügen und kurz durchschwenken, bis der Reis trocken ist.

Safranreis

20 Minuten
pro Portion ca. 330 Kalorien

125 g Langkornreis
2 l Wasser
1 EL Butter oder Margarine
1 Msp Safran

Das Wasser mit dem Salz zum Kochen bringen und den gründlich gewaschenen Reis hineinschütten. In 12–15 Minuten körnig weich kochen, auf ein Sieb geben, kalt überspülen und abtropfen lassen. Das Fett in einer Pfanne zerlassen, den Safran hinzufügen und den abgetropften Reis kurz durchschwenken, bis der Reis körnig und trocken ist.

Paella – Spanischer Reistopf

(Abb. Seite 225)

30 Minuten
pro Portion ca. 980 Kalorien

1 Packung tiefgekühlte Bouillabaisse
1 Zwiebel
1 Paprikaschote
4 EL Olivenöl
150 g Rundkornreis
1 Msp Safran
1 Knoblauchzehe
2 Tomaten
½ Brathuhn
1 kleine Dose Erbsen

Den unaufgetauten Inhalt der Bouillabaissepackung mit 2 Tassen kochendem Wasser aufsetzen und auftauen lassen. Die Zwiebel und die entkernte Paprika in Streifen schneiden und alles in dem heißen Olivenöl 5 Minuten durchrösten. Den Reis hinzufügen und ebenfalls mit durchrösten. Den Knoblauch und den Safran hinzufügen. Mit der Fischbrühe der Bouillabaisse sowie mit einer Tasse kochendem Wasser aufgießen. 15 Minuten kochen lassen. Inzwischen die Tomaten brühen, enthäuten, in Stückchen schneiden und an den Reis geben. Das Hühnerfleisch in große Stückchen schneiden und mit dem Reis vermischen sowie die Erbsen mit dem Gemüsewasser. Im offenen Topf brodelnd kochen lassen, bis die Flüssigkeit verdampft ist. Zum Schluß die Fischstücke, Muscheln etc. von der Bouillabaisse in den Reis geben. Wenn nötig, noch mit Salz abschmecken.

Tomatenreis

20 Minuten
pro Portion ca. 380 Kalorien

125 g Langkornreis
2 l Wasser
2 EL Salz
1 kleine Zwiebel
2 EL Öl
2 EL Tomatenmark
1 EL Mehl
Rosmarin
Pfeffer
Fleischwürze

Das Wasser mit dem Salz zum Kochen bringen und den gründlich gewaschenen Reis hineinschütten. In 12–15 Minuten körnig weich kochen. In dieser Zeit die Zwiebeln in Würfel schneiden und in dem Fett glasig rösten. Das Tomatenmark hinzufügen, ebenfalls etwas durchrösten und das Mehl und ein paar Rosmarinblätter darüberstreuen. Mit $\frac{1}{8}$ l Wasser aufgießen und kräftig durchkochen lassen. Mit Salz, Pfeffer und Fleischwürze abschmecken. Den gekochten Reis auf ein Sieb zum Abtropfen geben und mit der Tomatensauce vermischen. Bei leichter Hitze unter Auflockern mit der Gabel 5 Minuten ziehen lassen, bis der Reis ganz mit der Tomatensauce vermischt ist. Nach Geschmack noch ein Stückchen frische Butter oder geriebenen Käse unter den Reis mischen.

Risotto

25 Minuten
pro Portion ca. 680 Kalorien

150 g Rundkornreis
1 kleine Zwiebel
2 EL Olivenöl
etwa ¾ l Fleischbrühe (aus Suppenwürfeln hergestellt)
Salz, Pfeffer
1 EL Butter
3 EL Parmesankäse

Den Reis in einem Tuch abreiben, aber nicht waschen. Die Zwiebel in kleine Würfel schneiden und in dem Öl leicht anrösten. Den Reis hinzufügen. Unter Umrühren so lange rösten, bis er glasig ist. Nach und nach die Brühe in kleinen Mengen dazugießen, dabei hin und wieder den Reis mit einer Gabel auflockern. Wenn der Reis die ganze Flüssigkeit aufgesaugt hat, nach etwa 20 Minuten, ist der Risotto gar. Er wird mit Salz und Pfeffer abgeschmeckt und vor dem Auftragen mit frischer Butter und Parmesankäse vermischt.

Risotto mit Erbsen

25 Minuten
pro Portion ca. 950 Kalorien

200 g Rundkornreis
1 EL Öl
2 EL Butter
1 kleine Zwiebel
1 Scheibe roher Schinken
1 große Packung (450 g) tiefgekühlte Erbsen
¾ l Fleischbrühe (aus Suppenwürfeln hergestellt)
Salz, Pfeffer
Petersilie
3 EL geriebener Parmesankäse

Den Reis mit einem Tuch abreiben, die Zwiebel in Würfel, den Schinken in Streifen schneiden. Öl und 1 Eßlöffel Butter erhitzen, Zwiebel und Schinken darin ganz kurz anbraten und den Reis hinzufügen. Unter Rühren rösten, bis er glasig ist. Dann die Erbsen hinzugeben und nach und nach die Fleischbrühe. Die Brühe muß immer ganz von dem Reis aufgesogen sein, bevor neue Brühe nachgegossen wird. Nach 15–20 Minuten Kochzeit probieren, ob der Reis körnig weich ist. Mit Salz, Pfeffer und gehackter Petersilie abschmecken und die frische Butter und den Käse unter den Reis mischen.

Mailänder Leberrisotto

30 Minuten
pro Portion ca. 800 Kalorien

250 g Kalbs- oder Schweineleber
Mehl
Salz
1 Zwiebel
4 EL Olivenöl
150 g Rundkornreis
1 Prise Safran
1 Glas Weißwein
1 Stückchen frische Butter
Parmesankäse zum Bestreuen

Die in Würfel geschnittene Zwiebel in 2 Eßlöffel Olivenöl hellgelb braten und den ungewaschenen, trockenen Reis hinzufügen. Unter Rühren rösten, bis der Reis glasig ist. Safran und Salz hinzufügen und mit dem Wein aufgießen. Im offenen Topf unter Rühren weiterkochen. Nach und nach noch 2–3 Tassen Wasser hinzugießen. In etwa 20 Minuten ist der Reis körnig weich. Ein Stückchen frische Butter unter das fertige Risottogericht geben. Während der Reis kocht, wird die Leber in feine Streifen geschnitten, in Mehl, mit Salz vermischt, gewendet und in dem restlichen Olivenöl in wenigen Minuten knusprig braun gebraten. Den fertigen Risotto mit der Leber vermischen und dick mit Parmesankäse bestreuen.

Mexikanisches Reisgericht

30 Minuten
pro Portion ca. 800 Kalorien

150 g Reis
2 l Wasser
1 EL Salz
2 Zwiebeln
1 Knoblauchzehe
2 Paprikaschoten
3 EL Olivenöl
1 EL Tomatenmark
je 1 Prise Cayennepfeffer
Nelkenpulver und Majoran
Salz
1 kleine Dose Erbsen
150 g gekochter Schinken

Das Wasser mit dem Salz zum Kochen bringen und den gründlich gewaschenen Reis hineinschütten. In 12–15 Minuten gar kochen, auf ein Sieb geben und abtropfen lassen. In dieser Zeit die Zwiebeln in Scheiben schneiden, die Knoblauchzehe fein hacken und die entkernten Paprikaschoten in feine Streifen schneiden. Alles in dem Olivenöl andünsten und das Tomatenmark hinzufügen sowie die Gewürze und Salz. Mit dem Erbsenwasser aufgießen und 15 Minuten kochen lassen. Den Schinken in Streifen schneiden. Den abgetropften Reis, Schinken, Erbsen und Paprikagemüse miteinander vermischen. Scharf abschmecken und noch einmal gut heiß werden lassen. In Mexiko wird dieses pikante Reisgericht mit Eischeiben garniert.

Serbischer Hühnerreis

25 Minuten
pro Portion ca. 950 Kalorien

1 fertiges Brathuhn
125 g Langkornreis
2 l Wasser
1 EL Salz
2 Paprikaschoten
3 EL Olivenöl
1 Knoblauchzehe
4 Tomaten
50 g Walnußkerne

Das Wasser mit dem Salz zum Kochen bringen und den gründlich gewaschenen Reis hineinschütten. In 12–15 Minuten gar kochen. In dieser Zeit die entkernten Paprikaschoten in Streifen schneiden und unter Rühren 10 Minuten in dem Olivenöl anbraten. Die kleingeschnittene Knoblauchzehe hinzufügen. Das Hühnerfleisch vom Knochen lösen und in Streifen geschnitten zu den Paprikaschoten geben. Zum Schluß die gebrühten, in Stücke geschnittenen Tomaten mit durchschmoren und salzen. Den Reis auf ein Sieb geben, kalt überspülen und abtropfen lassen. Den Reis mit dem Geflügel und den grob gehackten Walnüssen vermischen, erhitzen und durchziehen lassen.

Vorschlag für ein Wochenmenü für 2 Personen

(Zubereitungszeit 20 Minuten)

Sommer

Montag:	Ravioli – Feinschmeckerart* Sommerlicher Gurkensalat* Zitronencreme mit Himbeeren*
Dienstag:	Römische Schinkensteaks* Blattspinat* Kartoffelchips (gekauft) Joghurt mit Früchten
Mittwoch:	Salade Niçoise* Frisches Weißbrot 1 Stück Torte (gekauft) 1 Tasse Kaffee
Donnerstag:	Melonencocktail Cheeseburgers* Mixed Pickles Tomatenketchup
Freitag:	Tomatensuppe (Packung) Krabben in Curryrahm* Minutenreis Kopfsalat*
Samstag:	Serbische Cevapčiči* Paprika- Apfelsalat* Weißbrot Heidelbeereis (gekauft)
Sonntag:	Klare Ochsenschwanzsuppe (Dose) Pariser Schnitzel* Kartoffelpüree* Tomatensalat* Gezuckerte Beerenfrüchte mit Sahne

Die mit einem * versehenen Gerichte sind im Rezeptteil beschrieben.

Winter	
Montag:	Hühnersuppe mit Nudeln (Packung) Schinkenbananen* Kartoffelpüree* Kopfsalat mit Joghurt*
Dienstag:	Bratfisch* mit gekauftem Kartoffelsalat Bratapfel mit Vanillesauce*
Mittwoch:	1 Glas Karottensaft (Dose) Junggesellentoast* (doppeltes Rezept) Feldsalat mit Nüssen* Frisches Obst
Donnerstag:	Bratwurst Tomatenbohnen* Frisches Weißbrot Apfelsinensalat*
Freitag:	Minutengulasch* Frische Brötchen Gewürzgurke Apfelbecher*
Samstag:	Tomatensuppe mit Fleischklößchen* Scotch Rarebit* (siehe Welsh Rarebit) Frische Kresse
Sonntag:	Rehschnitzel mit Ingwer* Pommes frites* Chicoréesalat mit Mayonnaise* 2 Scheiben Ananas mit Sahne

Das unentbehrliche Ei

»Ach, ich könnte alle Hennen küssen, die so langgezogene Kugeln legen«, schrieb Ringelnatz beim Anblick seines Frühstückseis. In der Tat, Eier sind ein nahezu vollkommenes Nahrungsmittel. Was wäre die Schnellküche ohne das vielseitige Ei. Gekocht, gerührt, gebraten und gebacken – allein oder mit anderen Zutaten – aus Eiern lassen sich in wenigen Minuten nahrhafte, verführerische Mahlzeiten zubereiten. Ein kleiner Vorrat an frischen Eiern gehört selbst in den Kühlschrank des einsamsten Junggesellen.
Eier werden in Gewichtsklassen eingeteilt. Sie wiegen:

Gewichtsklasse 1 = 70 g und mehr
Gewichtsklasse 2 = 65–70 g
Gewichtsklasse 3 = 60–65 g
Gewichtsklasse 4 = 55–60 g
Gewichtsklasse 5 = 50–55 g
Gewichtsklasse 6 = 45–50 g
Gewichtsklasse 7 = unter 45 g

Rezeptangaben für Eier beziehen sich fast immer auf Eier der Gewichtsklasse 5. Das ist wichtig für die Zubereitung von Süßspeisen, Aufläufen und Kuchen.
Zum Eierkochen sollten Sie sich in einem Haushaltungsgeschäft einen »Eierpiker« kaufen, er verhindert zuverlässig das Platzen der Eier. Auch eine Eieruhr ist unentbehrlich, wenn die Eier wirklich den gewünschten Weichheitsgrad haben sollen. Die Eier nacheinander vorsichtig mit einem Eßlöffel in kochendes Wasser geben (Eier müssen ganz mit Wasser bedeckt sein) und sofort die Eieruhr einstellen.
Weiche Eier brauchen je nach Größe 3½–4 Minuten Kochzeit, wachsweiche Eier brauchen je nach Größe 4–5 Minuten Kochzeit, harte Eier brauchen je nach Größe 8–9 Minuten Kochzeit.

Nach dem Kochen die Eier kurz mit kaltem Wasser abschrekken – Eier, die geschält werden sollen, in kaltem Wasser ganz abkühlen lassen.

Verlorene Eier

sind wegen der zeitraubenden Zubereitung für die Schnellküche nicht zu empfehlen. Sie können stets durch wachsweichgekochte (4 Minuten) Eier ersetzt werden.

Spiegeleier

Die unvermeidlichen Spiegeleier, die schon manchen Junggesellen in die Ehe getrieben haben, sind keineswegs überall gleich gut. Mein Tip: Das Fett muß sehr heiß und der Speck bereits vorgebräunt sein, wenn die Eier in die Pfanne geschlagen werden. Nur das Eiweiß wird mit Salz bestreut, um dem appetitlichen Dotter seinen Glanz zu erhalten.

Spiegeleier mit Speck

5 Minuten
pro Portion ca. 320 Kalorien

4 Eier
4 Scheiben durchwachsener Frühstücksspeck
etwas Butter zum Braten
Salz

Die Speckscheiben in etwas Butter knusprig braun braten. Die Eier über die Speckscheiben schlagen und so lange braten, bis das Eiweiß erstarrt ist. Mit Salz bestreuen. Auf vorgewärmten Tellern anrichten.

Spiegeleier Monsieur

10 Minuten
pro Portion ca. 530 Kalorien

2 Scheiben roher Schinken (100 g)
Butter oder Margarine zum Braten
4 Eier
4 EL Sahne
1 TL scharfer Senf
Salz
2 Scheiben Toastbrot

Den Schinken in der Butter knusprig braten und herausnehmen. In das Fett die Eier schlagen. Die Sahne mit dem Senf verquirlen und, wenn das Eiweiß erstarrt ist, rund um die Eier gießen. 3 Minuten brutzeln lassen. Das ungeröstete Toastbrot mit je einer Schinkenscheibe belegen und die Eier mit der Senfsahne darübergeben.

Lothringer Spiegeleier

15 Minuten
pro Portion ca. 650 Kalorien

2 Scheiben Schinkenspeck (je 50 g)
Butter zum Braten
2 dünne Scheiben Schweizer oder Holländer Käse
2 Eier
4 EL Sahne

Den Backofen vorheizen. Schinkenspeck leicht in etwas Butter anbraten und in eine gut gefettete flache Auflaufform geben. Die Käsescheiben darüberlegen und die aufgeschlagenen Eier auf den Käse gleiten lassen. Die Sahne über die Eier geben und im Backofen etwa 10 Minuten überbacken, bis die Eier fest geworden sind.

Beilage: Toast oder frische Brötchen

Rühreier

Gut gelungenes Rührei muß locker und cremig sein und darf keine Trennung von Eigelb und Eiweiß erkennen lassen. Das erfordert Sorgfalt bei der Zubereitung. Man rechnet pro Ei einen Eßlöffel Wasser oder Milch als Beigabe. Eier, Flüssigkeit und Salz mit einem Schneebesen leicht verschlagen, bis sich ein feiner Schaum gebildet hat. Das zerlassene Fett in der Pfanne soll nur mäßig warm sein, wenn die Eimasse in die Pfanne gegossen wird. Die am Pfannenboden erstarrende Eimasse wird sogleich mit einem Eßlöffel oder Holzlöffel in dicken Flocken an den Pfannenrand gezogen. Schon ist das Rührei fertig – von unten gerade fest, von oben aber noch weich und cremig.

Rührei mit Speck

5 Minuten
pro Portion ca. 320 Kalorien

4 Eier
4 EL Wasser oder Milch
40 g Speck
Schnittlauch

Die Eier mit der Flüssigkeit und dem Salz verschlagen, bis Eigelb und Eiweiß vermischt sind und sich Schaum gebildet hat. Den Speck in kleine Würfel schneiden und in der Pfanne glasig braten. Die Brathitze vermindern und die Eimasse in die Pfanne gießen. Beim Erstarren an den Pfannenrand ziehen. Das fertige Rührei mit Schnittlauch bestreuen.

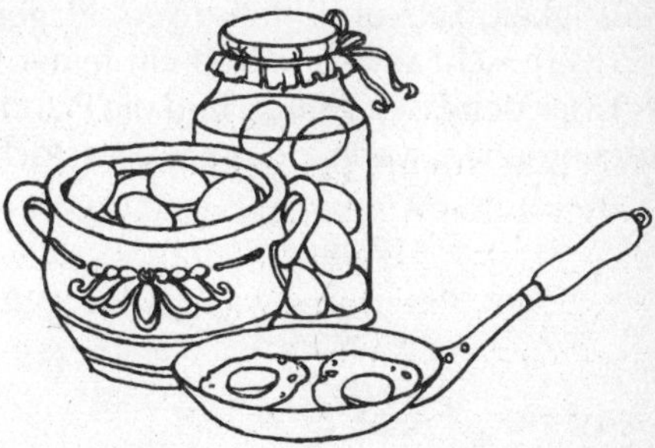

Baskische Rühreier

15 Minuten
pro Portion ca. 350 Kalorien

2 grüne Paprikaschoten
2 EL Olivenöl
4 Tomaten
5 Eier
Salz

Die Paprikaschoten entkernen und in Streifen schneiden. In dem Öl bei leichter Hitze langsam weichdünsten. Die Tomaten in heißem Wasser brühen, in kleine Stücke schneiden und zu den Paprikaschoten geben. Die Eier mit Salz verschlagen, bis Eigelb und Eiweiß vermischt sind und sich ein feiner Schaum gebildet hat. Über das Paprika-Tomatengemisch gießen und nur eben erstarren lassen. Sofort auftragen.

Rührei mit Räucherfisch

10 Minuten
pro Portion ca. 400 Kalorien

1 Bückling
1 EL Butter
4 Eier
4 EL Wasser oder Milch
Salz, Pfeffer

Den enthäuteten Fisch sorgfältig von der Hauptgräte lösen, von kleinen Grätenresten befreien und in Stückchen zerpflücken. Den Fisch kurz in heißer Butter erwärmen. Die Eier mit der Flüssigkeit, Salz und Pfeffer verschlagen, bis Eigelb und Eiweiß vermischt sind und sich ein feiner Schaum gebildet hat. Über den Fisch gießen und die Pfanne sofort von der Kochstelle ziehen, wenn die Eimasse zu stocken beginnt.

Rührei mit Champignons

10 Minuten
pro Portion ca. 270 Kalorien

1 kleine Dose Champignons
gehackte Petersilie
1 EL Butter
4 Eier
4 EL Wasser
Salz, Pfeffer

Die abgetropften Champignons in Scheiben schneiden und mit etwas gehackter Petersilie in der Butter erhitzen. Die Eier mit Wasser, Salz und Pfeffer mit dem Schneebesen vermischen, bis sich ein feiner Schaum gebildet hat. Die Eimasse in die Pfanne gießen und beim Erstarren sofort an den Pfannenrand ziehen. Besonders fein schmeckt das Rührei mit Pilzen, wenn die Champignons in einer Extrapfanne zubereitet und auf dem fertigen Rührei angerichtet werden.

Rühreier mit Tomaten

10 Minuten
pro Portion ca. 370 Kalorien

1 Zwiebel
4 Tomaten
2 EL Butter
Salz, Pfeffer
4 Eier
4 EL Wasser

Die Zwiebel in kleine Würfel schneiden und in einem Eßlöffel heißer Butter glasig braten. Inzwischen die Tomaten in Scheiben und dann in Würfel schneiden und zu den Zwiebelwürfeln geben. 5 Minuten durchschmoren, mit Salz und Pfeffer abschmecken. Inzwischen die Eier mit dem Wasser und etwas Salz verschlagen, bis sich ein feiner Schaum gebildet hat. Die restliche Butter in einer zweiten Pfanne erwärmen und die Eimasse in die Pfanne gießen. Beim Erstarren an den Pfannenrand ziehen. Die Tomatenwürfel in einem breiten Streifen an das fertige Rührei geben.

Frankfurter Rühreier

10 Minuten
pro Portion ca. 370 Kalorien

1 Paar Frankfurter Würstchen
Butter zum Braten
4 Eier
4 EL Wasser
Salz
1 Msp Majoran
Pfeffer

Die Würstchen enthäuten und mit einem scharfen Messer in Scheiben schneiden. In der heißen Butter braun braten. Die Eier mit dem Wasser, Salz und Majoran verquirlen, bis sich ein feiner Schaum bildet. Über die Würstchen gießen und während des Erstarrens mit einer Gabel auflockern. Das flaumige Rührei mit frischgemahlenem Pfeffer überpudern.

Beilage: Toast oder frisches Weißbrot

Bauernomelett

20 Minuten
pro Portion ca. 700 Kalorien

4 gekochte Pellkartoffeln
2 Scheiben durchwachsener Speck
Fett zum Braten
Reste von Fleisch und Gemüse
1 Gewürzgurke
Salz, Pfeffer
4 Eier

Die Kartoffeln in Scheiben oder Würfel schneiden, den Speck ebenfalls würfeln. Die Speckscheiben in dem Fett glasig rösten und die Kartoffeln darin braun braten. Fleischwürfel und Gemüse hinzufügen, kurz mit durchbraten und zum Schluß die ebenfalls in Würfel geschnittene Gurke in die Pfanne geben. Mit Salz und Pfeffer würzen. Die Eier mit etwas Salz mit einer Gabel gut verquirlen und über die Kartoffeln gießen. Die Eier unter Schütteln der Pfanne erstarren lassen. Das Bauernomelett entweder auf die Hälfte zusammenklappen oder mit der appetitlichen Unterseite nach oben auf einem vorgewärmten Teller anrichten.

Von Omeletts, Tortillas und Eierkuchen

Lockere, saftige Omeletts sind die elegante Lösung vieler Bewirtungsprobleme, die sich der Schnellküche stellen. Die kulinarische Skala reicht vom einfachen Käseomelett bis zum deliziösen Hummeromelett. Fast alle Omeletts haben nur eine Gesamtzubereitungszeit von 10–15 Minuten. Sie können je nach Rezept Vorspeise, Hauptgericht oder Nachspeise sein.

»Nur die ersten hundert Omeletts sind schwer« sagen die Amerikaner. Aber so lange dauert es keineswegs, bis auch dem Anfänger die fertigen Omeletts mit einer goldgelben Unterseite und einer cremigen Oberschicht gekonnt aus der Pfanne gleiten. Haben Sie zum Omelettbacken eine fettsparende Pfanne oder eine schwere Eisenpfanne, ist die größte Sorge, das Omelett könnte anhängen, schon einmal beseitigt. Die Pfanne darf auch nicht zu klein sein, das Omelett backt sonst nicht durch.

Die Zubereitung beschreibe ich hier sehr ausführlich. Sie sollten sie einmal ganz langsam durchlesen:

Ich rechne vier Eier auf ein Omelett für zwei Personen. Wer großen Hunger hat, nimmt sechs Eier und backt zwei Omeletts nacheinander. Die angegebene Füllung reicht auch noch für sechs Eier aus: Also: 4 Eier mit 2 Eßlöffel Wasser, 1 Teelöffelspitze Salz und 1 Prise Pfeffer mit einer Gabel etwa eine halbe Minute verquirlen. Nicht den Schneebesen nehmen, da wird die Eimasse zu schaumig. In der heißen Pfanne ein walnußgroßes Stück Butter zerlassen. Wenn es zu rauchen anfängt, die verquirlten Eier auf einmal hineingießen. Die schnell erstarrende Eimasse mit einem Holzspachtel oder der breiten Seite einer Gabel ein paarmal umrühren, damit alle flüssige Eimasse mit dem Pfannenboden in Berührung kommt. Dann die Pfanne hin und wieder schütteln und

das Omelett an den Ecken anheben, so kann auch die restliche Flüssigkeit noch auf den Pfannenboden laufen. Nicht umwenden! (Eine Ausnahme bilden Tortillas). Das alles dauert nur 2–3 Minuten. Lassen Sie das Omelett auf eine vorgewärmte Platte gleiten. Dabei wird die eine Hälfte über die andere geklappt, die cremige Oberseite soll innen sein. Man kann die Geschmackszutaten für das Omelett an den Teig geben oder zum Schluß als Füllung hinzugeben, das ist von Rezept zu Rezept verschieden. Ein Kopfsalat oder Kresse sind die klassische Beigabe zu Omeletts. Eine Tortilla wird im Gegensatz zu einem Omelett von beiden Seiten gebraten. Sie braucht mindestens 10 Minuten Bratzeit, da sie ganz durchgebraten sein soll. Eine Tortilla ist immer eine ganze Mahlzeit.
Kommt eine Mehlzugabe zu der Eimasse, wird aus dem Omelett unweigerlich ein Eierkuchen. Sie sind eben durch diese Mehlzugabe sättigender als Omeletts. Eierkuchen werden natürlich von beiden Seiten gebraten. Wem das Wenden der Eierkuchen Schwierigkeiten macht, der sollte den Pfannkuchen mit der gebratenen Unterseite auf einen Deckel geben. Diesen über der Pfanne wenden und zurückgleiten lassen, damit auch die zweite Seite goldbraun braten kann.

Omelett mit Geflügelleber

15 Minuten
pro Portion ca. 350 Kalorien

100 g Geflügelleber frisch oder tiefgekühlt
Mehl
Salz
Butter zum Braten
1 kleine Dose Champignons
4 Eier
1 EL Wasser
Salz

Die Geflügelleber in kleine Stückchen schneiden und in Mehl, mit Salz vermischt, wenden. Butter erhitzen, die Leberstückchen ganz kurz darin braten, die blättrig geschnittenen Champignons hinzufügen. Die Eier mit einer Gabel mit Wasser und etwas Salz gründlich verquirlen. Butter in einer zweiten Pfanne erhitzen und die Eimasse hineingeben. Unter Schütteln von der Unterseite goldgelb braten. Die Hälfte des Omeletts mit der Geflügelleber belegen und die andere Hälfte des Omeletts über die Füllung klappen. Auf eine vorgewärmte Platte gleiten lassen.

Beilage: Junge Erbsen, Seite 200, Zubereitung 10 Minuten oder grüner Salat, Seite 243

Hummer-Omelett

15 Minuten
pro Portion ca. 400 Kalorien

4 Eier
1 EL Wasser
Salz
1 Prise Pfeffer
Butter zum Braten

Füllung:
1 kleine Dose Hummerkrabben
1 EL Butter
2 EL Sherry oder Madeira
4 EL Sahne
1 Msp Oregano
Cayennepfeffer

Das Hummerfleisch in einer Pfanne in der Butter und dem Wein erhitzen. Die Sahne hinzufügen und mit Oregano, Salz und Cayennepfeffer abschmecken. 2–3 Minuten einkochen lassen. Die Eier mit einer Gabel mit Wasser, Salz und Pfeffer gründlich verquirlen. Butter in einer Pfanne erhitzen und, wenn sie zu rauchen beginnt, die Eimasse hineingeben. Mit der breiten Seite einer Gabel zwei- bis dreimal umrühren und dann erstarren lassen. Dabei die Pfanne hin und wieder schütteln, damit das Omelett nicht ansetzt. Die Hummerfüllung in die Mitte des Omeletts geben und dieses darüber zusammenfalten. Wenn Sie statt des Dosenhummers einen halben frischen Hummer zur Verfügung haben, ist das natürlich noch eine Steigerung dieses delikaten Rezeptes.

Omelett Lorraine

(Abb. Seite 288)

10 Minuten
pro Portion ca. 550 Kalorien

4 Eier
2 EL Sahne
Salz
1 Prise Pfeffer
1 fingerdicke Scheibe Schweizer Käse
50 g durchwachsener Speck
1 EL feingehackter Schnittlauch
Butter zum Braten

Die Eier mit der Sahne, Salz und Pfeffer gründlich verquirlen. Käse und Speck in Würfel schneiden. Käsewürfel und Schnittlauch unter die Eimasse geben. Die Speckwürfel in etwas Butter glasig braten und die Eimasse darübergießen. Das Omelett unter Schütteln der Pfanne goldgelb backen. Die Käsewürfel sollen zu schmelzen beginnen. Ungefaltet auf eine Platte legen.

Käse-Omelett mit Erbsen

15 Minuten
pro Portion ca. 350 Kalorien

4 Eier
1 EL Wasser
Salz, Pfeffer
2 EL geriebener Käse
1 kleine Dose junge Erbsen
Butter
Petersilie

Die Erbsen in dem Gemüsewasser erhitzen, auf ein Sieb geben und mit Butter und gehackter Petersilie durchschwenken. Die Eier mit einer Gabel mit Wasser, Salz und Pfeffer verquirlen und den Käse hinzufügen. Butter in der Pfanne erhitzen und die Eimasse hineingeben. Mit der breiten Seite der Gabel zwei- bis dreimal umrühren und dann erstarren lassen – dabei die Pfanne hin und wieder schütteln, damit das Omelett nicht ansetzt. Mit den Erbsen füllen und auf die Hälfte zusammenklappen.

Krabben-Omelett

15 Minuten
pro Portion ca. 350 Kalorien

4 Eier
1 EL Wasser
Salz
1 Prise Pfeffer
Butter zum Braten

Füllung:
½ Tasse geschälte Krabben
2 Tomaten
½ Zwiebel
½ EL Butter oder Margarine
Salz, Pfeffer
2 EL Sahne

Die Tomaten brühen, abziehen und ebenso wie die Zwiebel in Würfel schneiden. Die Zwiebelwürfel in dem Fett glasig braten, die Tomatenwürfel hinzugeben und 5 Minuten schmoren lassen. Mit Salz und Pfeffer abschmecken und die Sahne an die Tomaten gießen. Weitere 3 Minuten kochen lassen und die Krabben in der Sauce erhitzen. Die Eier mit einer Gabel mit Wasser, Salz und Pfeffer gründlich verquirlen. Butter in einer Pfanne erhitzen und, wenn diese zu rauchen beginnt, die Eimasse hineingießen. Mit der breiten Seite einer Gabel zwei- bis dreimal umrühren und dann erstarren lassen. Dabei die Pfanne hin und wieder schütteln, damit das Omelett nicht ansetzt. Die Krabbenfüllung in die Mitte des Omeletts geben und dieses darüber zusammenfalten.

Kräuter-Omelett – Großmutterart

15 Minuten
pro Portion ca. 320 Kalorien

4 Eier
1 EL Wasser
Salz, Pfeffer
½ Toastscheibe
2 Scheiben Speck
Butter zum Braten
1–2 TL feingewiegte Kräuter (Dill, Petersilie, Schnittlauch, 1 Blättchen Estragon)

Die Eier mit einer Gabel mit Wasser, Salz und etwas Pfeffer gründlich verquirlen. Die Toastscheibe in größere, den Speck in kleine Würfel schneiden und beides zusammen in etwas Butter goldbraun rösten. Die Kräuter ganz kurz hinzufügen und die Eimasse darübergießen. Mit der breiten Seite der Gabel zwei- bis dreimal umrühren und dann erstarren lassen – dabei die Pfanne hin und wieder schütteln, damit das Omelett nicht ansetzt. Zusammengefaltet auf eine vorgewärmte Platte gleiten lassen.

Omelett Niçoise

20 Minuten
pro Portion ca. 350 Kalorien

1 Aubergine
½ Zwiebel
2 Tomaten
1 Knoblauchzehe
2 EL Olivenöl
Salz, Pfeffer
4 Eier
1 EL Wasser
Butter

Die Aubergine sowie die Zwiebel schälen und in Würfel schneiden, die Tomaten ebenfalls würflig schneiden. Die Auberginen- und Zwiebelwürfel in dem Öl 10 Minuten schmoren lassen. Die Tomatenwürfel sowie die feingewiegte Knoblauchzehe hinzugeben und bei starker Hitze schmo-

Omelett Lorraine ▷
(Rezept Seite 286)

ren, bis die Flüssigkeit verdampft ist. Mit Salz und Pfeffer würzen. Ein kleines Stückchen frische Butter hinzufügen. Die Eier und das Wasser mit einer Gabel verquirlen und über die Auberginenwürfel gießen. Die Omelettmasse unter Schütteln der Pfanne erstarren lassen. Auf einem vorgewärmten runden Teller als flaches Omelett servieren.

Lachs-Omelett

10 Minuten
pro Portion ca. 400 Kalorien

4 Eier
1 EL Wasser
Pfeffer, Salz
50 g geräucherter Lachs
½ Döschen Sauce Béarnaise
Butter zum Braten

Die Eier mit Wasser, Salz und einer Prise Pfeffer mit einer Gabel sorgfältig verquirlen. Den Lachs in Streifen schneiden – die Sauce nach Vorschrift erwärmen. Butter in der Pfanne erhitzen und die Eimasse hineingeben. Mit der breiten Seite der Gabel zwei- bis dreimal umrühren und dann erstarren lassen – dabei die Pfanne hin und wieder schütteln, damit das Omelett nicht ansetzt. Die linke Hälfte des Omeletts auf die Mitte klappen und das Omelett auf eine vorgewärmte Platte gleiten lassen, dabei die rechte Seite über das Omelett falten. Mit den Lachsstreifen belegen und mit der Sauce Béarnaise übergießen. In 4 Portionen geteilt eine noble Vorspeise für Gäste. Die restliche Sauce kann im Kühlschrank für ein Steak aufgehoben werden.

◁ *Apfelsinen Surprise*
(Rezept Seite 303)

Omelett mit Nieren

15 Minuten
pro Portion ca. 380 Kalorien

½ Kalbsniere
Butter
1 EL Schinkenwürfel
½ Tomate
Salz, Pfeffer
4 Eier
1 EL Wasser

Die gesäuberte Niere in Scheiben schneiden und schnell in heißer Butter anbraten. Schinkenwürfel und die ebenfalls in Würfel geschnittene Tomate hinzufügen und kurz durchrösten. Mit Salz und Pfeffer würzen. Die Eier mit einer Gabel mit Wasser, Salz und Pfeffer gründlich verquirlen. Butter in einer Pfanne erhitzen und, wenn sie zu rauchen beginnt, die Eimasse hineingießen. Mit der breiten Seite einer Gabel zwei- bis dreimal umrühren und dann erstarren lassen. Dabei die Pfanne hin und wieder schütteln, damit das Omelett nicht ansetzt. Die Nieren in die Mitte des Omeletts geben und dieses darüber zusammenfalten. Auf eine vorgewärmte Platte gleiten lassen.

Omelett Confiture

15 Minuten
pro Portion ca. 400 Kalorien

4 Eier
1 Prise Salz
2 EL feiner Zucker
Butter zum Braten
2 EL Johannisbeer- oder Brombeergelee nach Geschmack

Die Eigelb mit Salz und Zucker mit einem Schneebesen dickschaumig schlagen und den steifgeschlagenen Eischnee darunterziehen. Reichlich Butter in der Pfanne erhitzen und die schaumige Eimasse hineingeben. Zugedeckt bei leichter Hitze unter Schütteln langsam gar werden lassen. Mit dem Gelee füllen und zusammenfalten. Mit Zucker bestreut auftragen.

Omelett Madame Pompadour

10 Minuten
pro Portion ca. 400 Kalorien

4 Eier
Salz
Zucker
Butter zum Braten
1 Handvoll kleiner reifer Erdbeeren
Zitronensaft
Grand Marnier oder Cointreau

Die gewaschenen Erdbeeren gut abtropfen lassen, mit Zitronensaft und Likör beträufeln und mit 2 Eßlöffeln Zucker bestreuen. Die Eier mit einer Gabel mit einer Prise Salz und einem Eßlöffel Zucker gründlich verquirlen. Butter in einer Pfanne erhitzen und die Eimasse hineingießen. Mit der breiten Seite einer Gabel zwei- bis dreimal umrühren und dann erstarren lassen. Dabei die Pfanne hin und wieder schütteln, damit das Omelett nicht ansetzt. Die Erdbeeren in die Mitte des Omeletts geben und zusammenfalten. Mit Zucker bestreut auftragen.

Flambiertes Rum-Omelett

15 Minuten
pro Portion ca. 245 Kalorien

4 Eier
Salz
1 EL Zucker
1 EL Rum
Butter zum Braten

Die Eier mit einer Gabel mit einer Prise Salz, einem Eßlöffel Zucker und einem Eßlöffel Rum gründlich verquirlen. Butter in einer Pfanne erhitzen und die Eimasse hineingießen. Mit der breiten Seite einer Gabel zwei- bis dreimal umrühren und dann erstarren lassen. Dabei die Pfanne hin und wieder schütteln, damit das Omelett nicht ansetzt. Zusammenfalten und mit 2 Eßlöffeln Zucker bestreuen. 4 Eßlöffel Rum erhitzen, anzünden und über das Omelett gießen. Mit dem Begießen fortfahren, bis die Flamme erloschen ist.

Tortilla español

25 Minuten
pro Portion ca. 550 Kalorien

3 große Kartoffeln
1 kleine Zwiebel
2 EL Olivenöl
6 Eier
Salz, Pfeffer

Die geschälten Kartoffeln und die Zwiebel in Scheiben schneiden und in dem heißen Öl in etwa 15 Minuten unter Wenden weichbraten. Die Kartoffelscheiben mit einem Löffel in kleine Stückchen zerteilen. Mit Salz und Pfeffer bestreuen. Die Eier mit einem Schneebesen gründlich verquirlen, salzen und über die Kartoffeln gießen. Unter Schütteln der Pfanne die Unterseite der Tortilla goldgelb backen. Auf einen umgedrehten Topfdeckel gleiten lassen. Unter Wenden wieder in die Pfanne geben. Wenn nötig, ein Stückchen Butter hinzufügen. Auch die zweite Seite der Tortilla langsam goldbraun backen und auftragen.

Beilage: Tomatensalat, Seite 249.

Tortilla rustica

25 Minuten
pro Portion ca. 400 Kalorien

1 Paprikaschote
2 Zwiebeln
4 Tomaten
2 EL Olivenöl
1 Knoblauchzehe
6 Eier
Salz, Pfeffer

Die entkernte Paprika in Streifen schneiden, die Zwiebeln in Scheiben. Die Tomaten vierteln, das Tomatenmark herausdrücken und nur die dickwandige Schale in Streifen schneiden. Das Olivenöl erhitzen, die Knoblauchzehe darin bräunen, herausnehmen und Paprika und Zwiebeln in dem Öl unter Rühren in 10 Minuten weichdünsten. Die Tomatenstreifen hinzufügen und mit Salz bestreuen. Die Eier mit einem Schneebesen mit Salz und Pfeffer gründlich verquirlen und über das Gemüse gießen. Unter Schütteln der Pfanne die Unterseite der Tortilla goldgelb braten lassen. Auf einen umgedrehten Topfdeckel gleiten lassen, wenden und auch von der zweiten Seite goldgelb backen – das muß langsam geschehen, damit die Tortilla ganz gar wird.

Thunfisch-Tortilla

15 Minuten
pro Portion ca. 450 Kalorien

1 Dose Thunfisch

6 Eier
Salz, Pfeffer
Fett zum Braten

Den Thunfisch gut von dem Öl abtropfen lassen und in Stückchen zerpflücken. Die Eier mit Salz und einer Prise Pfeffer mit einer Gabel gut vermischen und das Thunfischfleisch unter die Eimasse geben. Fett in der Pfanne erhitzen und die Eimasse hineingießen. Unter Schütteln der Pfanne die Unterseite der Tortilla goldgelb backen. Auf einen umgedrehten Topfdeckel gleiten lassen, wenden und auch von der zweiten Seite goldgelb backen – das muß langsam geschehen, damit die Tortilla ganz gar wird.

Beilage: Tomatensalat oder grüner Salat

Grundrezept Eierpfannkuchen

15 Minuten
pro Portion 500–570 Kalorien

4 EL Weizenmehl
¼ TL Salz
2 Eier
¼ l Milch oder Wasser
Fett zum Braten

Das Mehl in eine Schüssel sieben, Salz hinzufügen und nach und nach mit den aufgeschlagenen Eiern und der Flüssigkeit mit einem Schneebesen zu einem glatten Teig verrühren. Fett in der Pfanne erhitzen (der Pfannenboden muß bedeckt sein) und mit einem Schöpflöffel etwas Teig in die Pfanne gießen. Die Pfanne bewegen, damit sich der Teig gleichmäßig verteilt. Wenn die Unterseite goldbraun ist (durch leichtes Anheben prüfen), den Pfannkuchen wenden oder auf einen Topfdeckel gleiten lassen und umdrehen. Dabei noch einmal etwas Fett in die Pfanne geben. Bekommt der Teig eine Füllung, werden die Pfannkuchen mit der Füllung bestrichen und aufgerollt.

Füllungen:
Lebergeschnetzeltes, Seite 166, Zubereitung 10 Minuten
Hackfleischragout, Seite 164, Zubereitung 30 Minuten
Krabben in Curryrahm, Seite 104, Zubereitung 10 Minuten
Auberginen – spanische Art, Seite 190, Zubereitung 25 Minuten

Holsteiner Speckpfannkuchen

15 Minuten
1 Portion ca. 750 Kalorien

1 Tasse Mehl
2 Eier
1 Tasse Milch
½ TL Salz
100 g durchwachsener Speck
Butter zum Braten

Das Mehl in eine Schüssel sieben. Unter Rühren die Eier und nach und nach die Milch hinzufügen. Das Salz unter den Teig geben. Den Speck in Würfel schneiden und immer ein paar Speckwürfel in etwas Butter glasig braten. Einen Schöpflöffel Teig auf die Speckwürfel gießen und von beiden Seiten goldbraun braten. In Norddeutschland ißt man grünen Salat dazu – in Schweden Preiselbeeren, der Versuch lohnt sich.

Eierkuchen mit Spinatfüllung

25 Minuten
pro Portion ca. 650 Kalorien

½ Päckchen Helle Soße
6 EL Milch
1 kleines Päckchen (300 g) Tiefkühlspinat
Muskat
2 EL geriebener Parmesankäse
1 Eigelb
4 EL Weizenmehl
¼ TL Salz
2 Eier
¼ l Mineralwasser
Fett zum Braten

Den Spinat etwas antauen lassen. Die Milch mit dem Soßenpulver verrühren und unter Rühren mit dem Schneebesen aufkochen lassen. Den Spinat hinzufügen und bei leichter Hitze auftauen lassen.
Kräftig mit Muskat und dem Käse abschmecken. Zum Schluß mit dem Eigelb legieren – danach den Spinat nicht mehr kochen lassen. In der Zwischenzeit das Mehl mit dem Salz in eine Schüssel geben und unter Rühren mit dem Schneebesen die Eier und das Mineralwasser mit dem Mehl zu einem glatten Teig verrühren. Fett in der Pfanne erhitzen und von dem Teig 4 knusprige Pfannkuchen braten. Auf jeden Pfannkuchen ein Viertel des Spinatgemüses setzen, die Seiten des Pfannkuchens etwas einschlagen und aufrollen.

Beilage: Tomatensauce, Seite 86, Zubereitung 10 Minuten

Eierkuchen mit Ragout fin

30 Minuten
pro Portion ca. 900 Kalorien

4 EL Weizenmehl
1/4 TL Salz
2 Eier
1/4 l Milch oder Wasser
Fett zum Braten

Füllung:
1/2 Dose Ragout fin
1 EL Sherry
2 EL Sahne
1 Eigelb
Butter für die Form
geriebener Käse zum Bestreuen

Den Backofen vorheizen. Aus Mehl, Salz, Eiern und Milch einen glatten Pfannkuchenteig zubereiten. In heißem Fett dünne, goldgelbe Pfannkuchen braten. Das Ragout fin erhitzen, mit Sherry und Sahne vermischen und mit dem Eigelb legieren. Auf die Pfannkuchen streichen und aufrollen. Auf eine mit Butter ausgestrichene Platte geben, mit Käse bestreuen und 10 Minuten im Backofen überkrusten lassen.

Käseschnitzel

10 Minuten
pro Portion ca. 600 Kalorien

2 fingerdicke Scheiben Käse
etwas Mehl
1 Ei
Salz
Semmelbrösel
Fett zum Braten

Die entrindeten Käsescheiben vierteln. Das Ei mit etwas Salz verquirlen. Reichlich Bratfett in einer Pfanne erhitzen. Die Käsevierecke zuerst in Mehl, dann in dem Ei und zum Schluß in den Semmelbröseln wenden. In der Pfanne von beiden Seiten goldgelb backen. Heiß auftragen und sofort genießen.

Beilage: Grüner Salat, Seite 243, oder Chicoréesalat, Seite 240

Apfelbeignets

15 Minuten
pro Portion ca. 800 Kalorien

3 große säuerliche Äpfel
2 EL Zucker
1 EL Rum
125 g Mehl
1 Prise Salz
2 Eier
⅛ l Bier
Fett oder Öl zum Ausbacken
Zucker und Zimt zum Bestreuen

Die Äpfel mit einem Apfelstecher aushöhlen, schälen und in fingerdicke Scheiben schneiden. Mit Zucker bestreuen und mit Rum beträufeln. Das Mehl in eine Schüssel geben, Salz hinzufügen und nach und nach die Eier und das Bier. Unter Rühren mit dem Schneebesen zu einem glatten Teig verrühren. Reichlich Fett in einer Pfanne erhitzen. Die Apfelringe in dem Ausbackteig wenden und in dem Fett von beiden Seiten goldbraun backen. Mit Zucker und Zimt bestreut auftragen.

Ungarische Eierkuchen mit Kohl
(Palatschinken)

25 Minuten
pro Portion ca. 550 Kalorien

1 kleiner Kopf Wirsingkohl
2 EL Öl
Salz
2 dünne Scheiben Speck
1 Msp Kümmel
Fleischwürze
125 g Mehl
2 Eier
Salz
knapp ¼ l Milch
Fett zum Braten

Den Kohl fein schneiden, die groben Rippen entfernen, waschen und gut abtropfen lassen. In dem Öl den in Würfel geschnittenen Speck glasig braten, den Kohl hinzufügen und unter Rühren in 15 Minuten weichdünsten. Wenn nötig, ganz wenig Wasser dazugießen. Mit Salz, Kümmel und Fleischwürze abschmecken. Während der Kohl schmort, das Mehl in eine Schüssel sieben, die Eier hineinschlagen, eine Prise Salz hinzufügen und unter Rühren die Milch. Den Kohl unter den Pfannkuchenteig mischen und in dem heißen Fett Pfannkuchen daraus backen. Sofort auftragen.

Beilage: Tomatensauce, Seite 86, Zubereitung 10 Minuten
Kopfsalat, Seite 243

Quarkpfannkuchen

15 Minuten
pro Portion ca. 550 Kalorien

200 g Quark
1 Prise Salz
3 Eier
abgeriebene Schale von ½ Zitrone
6 EL Mehl
2 EL Zucker
1 EL Butter
1 EL gehackte Mandeln
Fett zum Braten

Den Quark mit allen Zutaten mit einem Schneebesen zu einem glatten Teig verrühren. Fett in der Pfanne erhitzen und mit einem Löffel kleine Teighäufchen in die Pfanne setzen. Glattdrücken, goldbraun braten und wenden. Mit Zucker und Zimt bestreuen. Mit einer Tasse Suppe vorweg eine ganze Mahlzeit.

Beilage: Kompott von Pflaumen, Kirschen oder Preiselbeeren

Kirsch-Eierkuchen

15 Minuten
pro Portion ca. 800 Kalorien

100 g Mehl
Salz
abgeriebene Zitronenschale
2 Eier
⅛ l Milch
1 EL Kirschwasser
400 g Sauerkirschen
Fett zum Braten
Zucker und Zimt zum Bestreuen

Das Mehl mit etwas Salz und Zitronenschale in eine Schüssel geben. Mit einem Schneebesen nacheinander die beiden Eigelb, die Milch und das Kirschwasser mit dem Mehl zu einem glatten Teig verrühren. Zum Schluß den steifgeschlagenen Eischnee unter den Teig rühren. Wenn die Zeit reicht, die gewaschenen Kirschen entsteinen, sonst mit den Kernen an den Teig geben und jeden Tischgast darauf aufmerksam machen, daß die Kirschen nicht entsteint sind. Die Kirschen mit dem Eierkuchenteig vermischen. Fett in der Pfanne erhitzen und mit einem Schöpflöffel portionsweise den Pfannkuchenteig in das heiße Fett geben. Die Eierkuchen goldgelb backen und mit Zucker und Zimt bestreut auftragen. An Stelle von Kirschen können auch trockene Heidelbeeren an den Teig gegeben werden.

Vorschlag für ein Wochenmenü für 2 Personen

(Zubereitungszeit 30 Minuten)

Sommer

Montag:	Frische Melone Brathähnchen mit Oliven* Safranreis*
Dienstag:	Champignonsuppe mit Schinken* Kirscheierkuchen*
Mittwoch:	Hackbeefsteak »alla pizzaiola«* Pommes frites* Gurkensalat* Frische Erdbeeren
Donnerstag:	Leber mit Salbei* Kartoffelpüree* Mohrrübensalat* Eiskaffee
Freitag:	Matjesfilets auf Eis* Grüne Bohnen mit Speck* Dill-Kartoffeln* Joghurt mit Ingwer*
Samstag:	Schinkennudeln* Kopfsalat* Zitronencreme mit Himbeeren*
Sonntag:	Parmaschnitzel* Risotto mit Erbsen* Tomatensalat* Brasilianischer Eisbecher*

Die mit einem * versehenen Gerichte sind im Rezeptteil beschrieben.

Winter

Montag:	Spaghetti »alla carbonara«* Bunter Wintersalat* Bananenspeise*
Dienstag:	½ Grapefruit Fischkoteletts – provençalische Art* Broccoli* Safranreis*
Mittwoch:	Schweinekoteletts Teneriffa* Rotkohl* Salzkartoffeln* Weintrauben
Donnerstag:	Schinkenklößchensuppe (Packung) Tortilla español* Chicoréesalat*
Freitag:	Erbseneintopf mit Würstchen* Apfelsahne*
Samstag:	Serbischer Hühnerreis* Kopfsalat* Birne und Käse
Sonntag:	Fleischbrühe mit Käsecroutons* Steakspießchen* Chicorée – belgische Art* Pommes frites* Rumfrüchte (gekauft) mit Sahne

Der süße Schlußpunkt – das Dessert

Jede Mahlzeit wird glanzvoller, wenn sie von einem Dessert beschlossen wird. Ein Nachtisch ist der kleine Alltagsluxus, auf den wir auch in der Schnellküche nicht verzichten sollten. Er kann mit einem Minimum an Zeit zubereitet werden. Obst ist die einfachste Lösung. Die anspruchsvollen Italiener ziehen eine Schale mit Früchten jeder anderen Nachspeise vor. Ein paar reife Früchte, in Scheiben geschnitten und mit Likör beträufelt, ergeben einen erfrischenden Fruchtsalat. Eingezuckerte Beerenfrüchte, frisch oder aus der Tiefkühltruhe, mit eisgekühlter Sahne serviert, machen überhaupt keine Mühe bei der Zubereitung und sind ein vollkommener Genuß.
Für eine leichte Mahlzeit ist herzhafter, würziger Käse der richtige Abschluß. Einen ungewöhnlich reizvollen Zusammenklang ergeben Früchte und Käse. Reife Birnen mit Roquefort oder Gorgonzola gepaart, säuerliche Äpfel mit reifem Camembert oder Brie, Weintrauben und Nüsse zu Schweizer oder Holländer Käse – das paßt vorzüglich zusammen.
Eine ganze Skala von Eiscremesorten gibt es in den Tiefkühltruhen. Wenn Sie auf dem Nachhauseweg ein Päckchen oder einen Becher mit Eiscreme mitnehmen, haben Sie die Nachtischfrage schon auf sehr erfreuliche Weise gelöst. Eis, Früchte und Sahne, in hohen Gläsern oder Schalen angerichtet, bieten farbenfreudige Kombinationsmöglichkeiten, mit denen Sie auch vor anspruchsvollen Gästen bestehen können. Wer auf Puddinge schwört, braucht sie nicht einmal mehr zu kochen. Es gibt heute Instantpuddinge, die nur noch mit Wasser angerührt werden müssen und die wirklich genußreich sind. Mir schmecken die mit Sahne vermischten am besten. Ich habe Ihnen in diesem Kapitel 43 der verführe-

rischsten schnellen Nachspeisen aus der internationalen Küche aufgeschrieben, die nicht nur für die Gästebewirtung gedacht sind.

Apfelsinen surprise

(Abb. Seite 289)

10 Minuten
pro Portion ca. 320 Kalorien

2 große Apfelsinen oder Mandarinen
2 Löffelbiskuits
1 EL Grand Marnier oder Likör
½ Packung Vanilleeis
1 Eiweiß
1 EL Zucker

Von den Früchten kleine Deckelchen abschneiden und das Fruchtfleisch vorsichtig mit einem Löffel herausholen, so daß die Schale unzerstört bleibt. Die Löffelbiskuits in kleine Stückchen zerbröckeln und mit dem Likör tränken. In die Fruchtschalen geben und die Apfelsinen mit dem Vanilleeis füllen. In das Gefrierfach des Kühlschrankes oder in den Tiefkühlschrank geben. Das Eiweiß ganz steifschlagen und den Zucker hinzufügen. Weiterschlagen, bis eine cremige Baisermasse entstanden ist. Unmittelbar vor dem Auftragen den Backofen nur mit Oberhitze anheizen. Die Baisermasse auf die Früchte häufen und diese auf eine kalte, feuerfeste Platte geben. Kurz im Backofen überbacken, bis die Baisermasse hellgelb ist. Sofort auftragen.

Ananasspeise

(4 Portionen)
5 Minuten
pro Portion ca. 280 Kalorien

1 Päckchen Instant-Pudding Ananasgeschmack
⅛ l geschlagene Sahne
1 kleine Dose Ananasstückchen

Die Ananasstückchen auf ein Sieb geben. Den Ananassaft mit Wasser auf ¼ l Flüssigkeit auffüllen und in eine Schüssel gießen. Den Inhalt des Puddingpäckchens unter Rühren mit dem Schneebesen hinzufügen und 1–2 Minuten lang glattrühren. Die Sahne gleichmäßig unter die Speise ziehen, die Ananasstückchen hinzufügen und in Portionsschälchen füllen. In den Kühlschrank stellen, bis die Speise fest ist – dann sofort verzehren.

Ananas surprise

20 Minuten
1 Portion ca. 320 Kalorien

½ frische Ananas
½ Packung Vanilleeis
1 Eiweiß
50 g Zucker
1 TL Zitronensaft

Den Grill oder den Backofen mit reiner Oberhitze vorheizen. Mit einem scharfen Messer das Fruchtfleisch der Ananas möglichst im ganzen so aus der Frucht lösen, daß nur ein 1 cm dicker Rand bleibt. Das Fruchtfleisch in kleine Würfel schneiden, dabei den kleinen harten Strunk in der Mitte entfernen. Das Eiweiß sehr steif schlagen, den Zucker hinzufügen, kurz weiterschlagen und zum Schluß den Zitronensaft darunterheben. Die Ananaswürfel mit dem Vanilleeis vermischen und in die Ananashälfte füllen. Die Eiweißmasse darüberstreichen, dabei kleine Spitzen der Baisermasse hochstehen lassen. Nur ganz kurz, etwa 2–3 Minuten, im vorgeheizten Grill überbacken, bis das Baiser zu bräunen beginnt – sofort auftragen.

Apfelbecher

5 Minuten
pro Portion ca. 490 Kalorien

½ Dose Apfelmus
Zitronenschale
1 Gläschen Rum
125 g geschlagene Sahne
1 EL gehackte Mandeln
2 Löffelbiskuits

Das im Kühlschrank vorgekühlte Apfelmus mit etwas abgeriebener Zitronenschale, dem Rum und der Sahne vermischen. In zwei Schälchen füllen, mit einem Schlagsahnetupfen garnieren und mit den Mandeln bestreuen. In jedes Gläschen ein Löffelbiskuit stecken.

Apfelsahne

10 Minuten
pro Portion ca. 390 Kalorien

2 säuerliche Äpfel (Cox Orange, Boskop)
½ Zitrone
1 EL Zucker
1 EL Rum
2 Löffelbiskuits
⅛ l geschlagene Sahne
1 EL blättrig geschnittene Mandeln
etwas Butter

Die geschälten Äpfel auf der groben Seite der Rohkostreibe raffeln, mit Zitronensaft beträufeln und mit Zucker und Rum vermischen. Zwei Löffelbiskuits in 2 Glasschälchen grob zerbröckeln. Die Sahne mit den Äpfeln vermischen und in die Glasschälchen füllen. Mit Mandelblättern garnieren, die in etwas Butter hellgelb geröstet wurden.

Apfelsinencreme

15 Minuten
pro Portion ca. 430 Kalorien

2 mittelgroße Apfelsinen
(½ Tasse Fruchtsaft)
abgeriebene Apfelsinenschale
1 Tasse Wasser
2 EL Zucker
2 gestrichene EL Stärkepuder
⅛ l (125 g) geschlagene Sahne
1 Apfelsine zum Garnieren

Die Schale von einer halben Apfelsine abreiben und mit dem Wasser und dem Zucker zum Kochen bringen. Den Saft von 2 Apfelsinen auspressen und mit dem Stärkepuder glattrühren. In das kochende Wasser geben und eine Minute durchkochen lassen. Unter Rühren erkalten lassen oder den Topf in ein kaltes Wasserbad stellen. Zum Schluß die steifgeschlagene Sahne daruntermischen. In zwei hohe Gläser füllen und mit je einer Apfelsinenscheibe garnieren.

Flambierte Bananen

15 Minuten
pro Portion ca. 270 Kalorien

2 reife Bananen
Zitronensaft
1 Stückchen Butter
1 EL Zucker
1 Gläschen Rum
Maraschinokirschen zum Garnieren

Die Bananen schälen, der Länge nach halbieren und leicht mit Zitronensaft beträufeln. Butter in einer Pfanne zerlassen. Die Bananen in der Butter anbraten und den Zucker hinzufügen. Wenn dieser zu schmelzen beginnt, den angewärmten Rum über die Früchte gießen und anzünden. Besonders appetitlich sieht es aus, wenn die Bananen mit ein paar Maraschinokirschen garniert werden.

Bananenspeise

(4 Portionen)
5 Minuten
pro Portion ca. 230 Kalorien

1 Päckchen Instant-Pudding Bananengeschmack
½ l Milch
2 Bananen
Saft von ½ Zitrone
1 EL Rum
1 Päckchen Suppenmakronen

Die Milch in eine Schüssel gießen und den Inhalt des Puddingpäckchens hinzugeben. Mit einem Schneebesen eine Minute lang durchschlagen. Die Bananen in Würfel schneiden, mit Zitronensaft und Rum beträufeln und unter die Speise rühren. Die Suppenmakronen in 4 Portionsschälchen verteilen und die Bananenspeise darübergießen. In den Kühlschrank stellen, bis die Speise erstarrt ist (etwa 20 Minuten). Sofort verzehren.

Bananen – karibische Art

20 Minuten
pro Portion ca. 180 Kalorien

2 Bananen
Butter für die Form
Saft von ½ Apfelsine
1 Gläschen Rum (möglichst weißen)
je eine Prise Muskat und Zimt
2 EL Zucker

Den Backofen vorheizen. Eine feuerfeste Platte mit Butter ausstreichen. Die geschälten Bananen der Länge nach durchschneiden und in die Form legen. Den Apfelsinensaft und den Rum mit dem Zucker und den Gewürzen vermischen und über die Früchte geben. 10–15 Minuten im vorgeheizten Backrohr backen lassen, bis die Bananen weich sind.

Birnen mit Schokoladencreme

(4 Portionen)
5 Minuten
pro Portion ca. 340 Kalorien

4 halbe Kompottbirnen
1 Päckchen Instant-Pudding Schokoladendessert
3/8 l Milch
1/8 l steifgeschlagene Sahne
1 Päckchen gehackte Mandeln

Die Kompottbirnen auf 4 Teller verteilen. Die kalte Milch in eine Porzellanschüssel gießen und den Inhalt des Puddingpäckchens zu der Milch geben. Etwa 1 Minute mit dem Schneebesen verrühren bis eine gleichmäßige Creme entstanden ist. Die Mandeln und die Sahne sorgfältig mit der Creme verrühren. Über die Birnen gießen und etwa 20 Minuten in den Kühlschrank stellen, bis die Creme erstarrt ist. Sofort verzehren.

Bratapfel

15 Minuten
pro Apfel ca. 180 Kalorien

2 große Äpfel
Butter
1 EL gehackte Mandeln
1 EL Zucker
Zimt
1 TL Wasser

Den Backofen anheizen. Von den gewaschenen, ungeschälten Äpfeln mit einem Apfelausstecher das Kerngehäuse herausholen und die Äpfel in eine kleine, mit Butter ausgestrichene Auflaufform setzen. Mandeln und Zucker mit einer Prise Zimt und dem Wasser zu einer Paste verrühren, die in die Äpfel gefüllt wird. Die Äpfel leicht mit Butter bestreichen und im vorgeheizten Backofen, je nach Reifegrad der Äpfel, in 10–15 Minuten backen, bis die Haut der Äpfel zu platzen beginnt.

Crêpes Alaska

20 Minuten
pro Portion ca. 350 Kalorien

3 EL Mehl
Salz
1 Ei
½ Gläschen Weinbrand
4 EL Wasser
Butter zum Braten
½ Packung Vanilleeis oder Fürst-Pückler-Eis
2 EL Grand Marnier

Das Mehl in eine Schüssel geben. Salz hinzufügen und nacheinander das Ei, den Weinbrand und das Wasser mit dem Mehl zu einem glatten Teig verrühren. Butter in einer Pfanne erhitzen und die Hälfte des Teiges hineingießen. Goldbraun backen, wenden und von der zweiten Seite ebenfalls goldbraun braten. Warmstellen und den zweiten Pfannkuchen backen. Das Eis in 2 Portionen schneiden. Auf die Mitte jedes Pfannkuchens geben und diesen von beiden Seiten darüber zusammenfalten. Sofort auftragen. Den erwärmten Likör erst bei Tisch anzünden und über die Crêpes gießen.

Eisbaiser

(6 Portionen)
5 Minuten
1 Eisbaiser ca. 300 Kalorien

12 Baiserschalen (beim Konditor erhältlich)
1 Packung Erdbeer- oder Himbeereis
etwas Schlagsahne

Das Eis unmittelbar vor dem Auftragen in 6 dicke Scheiben schneiden und zwischen je 2 Baiserschalen füllen. Den Rand von dem Eis mit dem Spritzbeutel mit Schlagsahne garnieren. Wird nur Eis für 2 Personen gebraucht, also ein Drittel des Rezeptes, wird die angebrochene Eispackung in das Tiefkühlfach des Kühlschrankes zum Weiterverbrauch gelegt.

Erdbeeren Portofino

5 Minuten
pro Portion ca. 170 Kalorien

250 g Walderdbeeren oder sehr kleine frische Erdbeeren
1–2 EL Zucker
1 Apfelsine
2 Kugeln Vanilleeis

Die gewaschenen, entstielten Erdbeeren sehr gut abtropfen lassen, bevor sie eingezuckert werden, und mit dem ausgepreßten Saft einer Apfelsine übergießen. Wenn möglich, 30 Minuten im Kühlschrank durchziehen lassen. Das Vanilleeis in 2 Glasschälchen anrichten und mit den Erdbeeren übergießen.

Eiskaffee

5 Minuten
pro Portion ca. 250 Kalorien

¼ l starker kalter Bohnenkaffee
4 Kugeln Vanilleeis
gesüßte Schlagsahne

Den Kaffee am Vortag zubereiten und zugedeckt in den Kühlschrank stellen. In 2 hohe Kelchgläser je zwei Kugeln Vanilleeis geben, den Kaffee darübergießen und eine dicke Rosette aus Schlagsahne daraufspritzen. Mit einem langen Teelöffel und einem Strohhalm servieren. Der Kaffee kann auch sofort mit kaltem Wasser und Instant-Kaffeepulver zubereitet werden, dann geht die Zubereitung des Eiskaffees ganz schnell.

Brasilianischer Eisbecher

5 Minuten
pro Portion ca. 400 Kalorien

1 kleine Dose Ananasstückchen
Kirschwasser
½ Packung (4 Kugeln) Schokoladeneis
2 Kugeln Vanilleeis
Schlagsahne
Waffelröllchen

Die abgetropften Ananasstückchen mit etwas Kirschwasser durchziehen lassen. In 2 hohe Kelchgläser das Schokoladeneis füllen, die Ananasstückchen darübergeben und mit dem Vanilleeis bedecken. Mit Schlagsahne und Waffelröllchen garnieren.

Fruchtsalat Venezia

15 Minuten
pro Portion ca. 460 Kalorien

1 reifer Pfirsich
1 Birne
½ kleine Melone
1 kleine Traube
Saft von 1 Zitrone
2 EL Zucker
2 EL Kirschwasser oder Maraschinolikör
4 Kugeln (oder ½ Packung) Vanilleeis
1 kleine Portion Schlagsahne

Den Pfirsich eine Sekunde in kochendes Wasser tauchen, abziehen und das Fruchtfleisch ebenso wie das der geschälten Birne und der Melone in Würfel schneiden. Die gewaschenen Trauben halbieren. Die Früchte mit Zitronensaft beträufeln, mit Zucker bestreuen und mit Kirschwasser oder Maraschinolikör parfümieren. In 2 Glasschalen füllen, die Eiskugeln darübergeben und mit Schlagsahne garnieren.

Fruchtbecher Ambrosia

10 Minuten
pro Portion ca. 360 Kalorien

4 Löffelbiskuits
2 EL Likör
oder Kirschwasser
4 halbe Kompottpfirsiche
oder 4 EL eingemachte
Mandarinen
150 g Sahnequark
abgeriebene Zitronenschale
1 EL Zucker

Die Löffelbiskuits zerbröckeln. Die Hälfte der Biskuits in 2 hohe Gläser füllen und mit einem Eßlöffel Likör tränken. Dann die abgetropften kleingeschnittenen Pfirsiche oder die Mandarinenspalten darauflegen und die restlichen Biskuitbrösel. Den Likör daraufgeben. Den Quark mit der abgeriebenen Zitronenschale, dem Zucker und 4 Eßlöffel Fruchtsirup mit dem Elektroquirl oder mit einem Schneebesen zu einer glatten Creme verrühren. Über die Früchte füllen und mit einer besonders schönen Frucht garnieren.

Fruchtbecher mit Vanillecreme

(4 Portionen)
10 Minuten
pro Portion ca. 390 Kalorien

500 g frische oder
tiefgekühlte Beerenfrüchte
oder ½ Dose Fruchtcocktail
Zucker für frische Früchte
1 Päckchen Instant-Pudding
Vanillegeschmack
⅜ l Milch
⅛ l steifgeschlagene Sahne

Frische Früchte entstielen und mit Zucker bestreuen, tiefgekühlte Früchte etwas auftauen lassen. Cocktailfrüchte auf einem Sieb abtropfen lassen. In 4 hohe Gläser füllen. Die Milch in eine Porzellanschüssel geben, das Puddingpulver hinzugeben und so lange mit dem Schneebesen verrühren, bis eine gleichmäßige Creme entstanden ist. Über die

Früchte gießen – in den Kühlschrank geben und 20 Minuten erstarren lassen. Sofort verzehren.

Himbeercreme

5 Minuten
pro Portion ca. 360 Kalorien

½ Päckchen tiefgekühlte Himbeeren
1 EL Zucker
1 EL Himbeergeist oder Rum
100 g Quark
⅛ l steifgeschlagene Sahne

Die Himbeeren etwas auftauen lassen (die restlichen Himbeeren der Packung geben ein aromatisches Kompott für den nächsten Tag) und mit dem Zucker sowie dem Himbeergeist mit dem Elektroquirl oder dem Schneebesen glattrühren. Dann den Quark hinzugeben und weiterrühren, bis eine sahnige Creme entstanden ist. Zum Schluß die Schlagsahne leicht unter die Creme ziehen. In Gläser oder Schälchen füllen. Dieselbe Creme läßt sich mit tiefgekühlten Erdbeeren herstellen. Im Sommer werden natürlich frische Früchte verwendet.

Erdbeeren Romanoff

5 Minuten
pro Portion ca. 340 Kalorien

250 g Erdbeeren
1 Orange
2 EL Portwein
2 EL Zucker
⅛ l Schlagsahne
1 EL Vanillezucker

Die gewaschenen Erdbeeren gut abtropfen lassen, entstielen und in eine Schüssel geben. Mit etwas abgeriebener Orangenschale sowie dem Saft der Orange, Portwein und Zucker vermischen. In 2 hohe Kelchgläser füllen. Die Schlagsahne mit Vanillezucker aromatisieren und über die Erdbeeren häufen.

Flambierte Himbeeren mit Vanille-Eis

10 Minuten
pro Portion ca. 370 Kalorien

1 Packung tiefgekühlte Himbeeren
1 EL Butter
1 EL Zucker
1 Gläschen Kirschwasser oder Himbeergeist
½ Packung Vanilleeis (4 Kugeln)

Die Butter schmelzen und den Zucker hinzugeben. Die unaufgetauten Himbeeren hinzufügen, kurz durchschütteln und mit dem Kirschwasser übergießen. Sowie dieses warm ist, sofort anzünden und die Früchte in dem brennenden Alkohol durchschütteln. Wenn die Früchte aufzutauen beginnen, ziehen sie zuviel Saft und brennen nicht mehr. Das Vanilleeis in 2 Schälchen anrichten und die Himbeeren darüberfüllen.

Irish Coffee

5 Minuten
pro Glas ca. 250 Kalorien

Ein Irish Coffee ist der ideale Abschluß einer Mahlzeit – Dessert, Kaffee und Likör in einem. Voraussetzung sind hohe, feuerfeste Spezialgläser und ein echter irischer Whiskey.

2 Gläschen Irish Whiskey
2 Tassen heißer, starker Kaffee
3 TL Zucker
4 EL Sahne

Die Sahne leicht schlagen, sie soll aber nur cremig, nicht steif sein. Den Whiskey in das Glas gießen und dann den Kaffee.

Den Zucker hinzufügen und umrühren. Die Sahne über einen umgedrehten Teelöffel in das Glas laufen lassen, sie soll schwimmen und sich nicht mit dem Kaffee vermischen.

Joghurt mit Ingwer

5 Minuten
pro Portion ca. 250 Kalorien

2 Becher eisgekühlte Joghurt
4 TL Zucker
1 Ingwerfrucht (kandiert oder in Sirup)
1 Msp Ingwerpulver

Die Ingwerfrucht hacken. Alle Zutaten mit einem Schneebesen miteinander vermischen und in 2 Gläser füllen. Wenn Sie eingelegten Ingwer verwenden, etwas Ingwersirup mit an den Joghurt geben. Schokoladenkekse oder Löffelbiskuits dazu reichen.

Kirschen Jubilee

(4 Portionen)
10 Minuten
pro Portion ca. 280 Kalorien

1 kleine Dose Sauerkirschen
1 EL Zucker
1 TL Stärkepuder
2 Gläser Kirschwasser
8 Kugeln Vanilleeis

Den Saft der Kirschen mit dem Zucker und dem Stärkepuder verrühren und unter ständigem Rühren zum Kochen bringen. Die Kirschen hinzufügen und durchkochen lassen. Das Kirschwasser erwärmen, über die Kirschen gießen und anzünden. Die Kirschen damit begießen, bis die Flamme erloschen ist. In vier Kompottschalen je 2 Kugeln Vanilleeis geben und die Kirschen darüberfüllen.

Orangensalat

5 Minuten
pro Portion ca. 150 Kalorien

2 Apfelsinen
2 EL Zucker
1 kleines Glas Maraschino Likör oder Rum

Ein wenig Schale von einer gründlich gewaschenen Orange abreiben und mit dem Zucker vermischen. Die Apfelsinen schälen, die weiße Haut entfernen und in Scheiben schneiden (quer zu den Spalten). Auf 2 Glasteller legen, mit dem Zucker bestreuen und mit dem Maraschino oder Rum übergießen. Wenn möglich, ein Weilchen im Kühlschrank durchziehen lassen. Appetitlich sehen ein paar kandierte Kirschen oder Maraschinokirschen zu den Orangenscheiben aus.

Pfirsich Melba

5 Minuten
pro Portion ca. 280 Kalorien

½ Packung Vanilleeis
1 schöner reifer Pfirsich oder 2 halbe Kompottpfirsiche
1 EL Himbeermarmelade
3 EL geschlagene Sahne

Das Vanilleeis in 2 Schälchen verteilen und glattstreichen. Den Pfirsich halbieren und die Haut abziehen. Mit der Schnittfläche nach unten auf das Eis legen. Die Himbeermarmelade glattrühren, evtl. mit etwas Kirschwasser verdünnen und die Pfirsichhälften damit überziehen. Einen dicken Schlagsahnerand um die Pfirsichhälften spritzen. Sie können die Pfirsichspeise noch mit einem Eßlöffel in Butter gerösteten Mandelblättchen verfeinern.

Flambierte Pfirsiche

10 Minuten
pro Portion ca. 450 Kalorien

1 EL Butter
6 Stück Würfelzucker
Saft von ½ Apfelsine und ½ Zitrone
4 halbe Pfirsiche
1 Schnapsglas Cointreau oder Grand Marnier
4 Kugeln Vanilleeis

Die Butter schmelzen und den Zucker hinzugeben. Leicht bräunen und den Zitronen- und Apfelsinensaft darüberträufeln. Die Pfirsiche in dem Saft erhitzen, den Likör darübergießen und anzünden. Evtl. noch etwas Pfirsichsaft in die Pfanne gießen. Auf zwei Teller je 2 Kugeln Vanilleeis geben, die Pfirsiche dazugeben und den Saft aus der Pfanne darübergießen.

Überbackene Pfirsiche

25 Minuten
pro Portion ca. 330 Kalorien

1 kleine Dose Pfirsiche
1 Eiweiß
2 EL Zucker
1 Beutelchen geriebene Mandeln
Butter für die Form
½ Glas Weißwein
2 EL Zucker
1 Gläschen Rum oder Kirschwasser

Den Backofen vorheizen. Die Pfirsiche auf ein Sieb zum Abtropfen geben. Das Eiweiß steifschlagen und Zucker und Mandeln daruntermischen. Die Pfirsichhälften mit der runden Seite nach unten in eine leicht gebutterte feuerfeste Form geben. In die Mitte jeder Fruchthälfte einen Teelöffel Eiweißmasse geben. Den Wein mit Zucker und der Hälfte des Pfirsichsaftes aufkochen und mit Rum oder Kirschwasser vermischt zu den Pfirsichen geben. 15 Minuten backen lassen. Mit Löffelbiskuits reichen.

Rumcreme

10 Minuten
pro Portion ca. 280 Kalorien

2 Eigelb
3 EL Zucker
3 EL Rum
2 Scheiben einfacher Biskuit (vom Bäcker)

In einem hochwandigen Krug, in den das Schneerädchen oder der Elektroquirl paßt, Eigelb, Zucker und Rum geben. In einen Topf mit Wasser setzen und die Eimasse unter ständigem Rühren mit dem Schneerädchen in dem Wasserbad erhitzen. Rühren bis die Eimasse dickschaumig ist. Den Biskuitkuchen auf 2 Tellern mit hohem Rand anrichten und die Rumcreme noch warm darübergießen. Die Creme schmeckt auch warm oder kalt gut, in hohen Kelchgläsern serviert mit einem Löffelbiskuit als Beilage.

Schwedische Quarkcreme

10 Minuten
pro Portion ca. 200 Kalorien

125 g Quark
1 Ei
1 gehäufter EL Zucker
etwas abgeriebene Apfelsinenschale
1 EL Rum oder Cointreau
Preiselbeerkompott

Das Eigelb mit dem Zucker schaumig rühren, die Apfelsinenschale und den Alkohol hinzufügen und mit dem Quark verrühren. Zuletzt den steifgeschlagenen Eischnee unterziehen. In 2 Gläser eine Schicht Quark geben, darüber eine Schicht Quarkcreme. Mit einem Tupfer Preiselbeerkompott oder mit einem halben Löffelbiskuit garnieren.

Schokoladenquark

10 Minuten
pro Portion ca. 400 Kalorien

150 g Sahnequark
4 EL Milch
1 TL abgeriebene Orangenschale
2 EL Zucker
1 Ei
50 g Schokolade
2 EL gehobelte Mandeln

Die Schokolade in einem Wasserbad auf dem Herd zerschmelzen lassen. Quark, Milch, Zucker, Orangenschale und Eigelb mit einem Schneebesen oder einem Elektroquirl miteinander verrühren und die geschmolzene Schokolade darunterziehen. Zuletzt den steifgeschlagenen Eischnee unter die Quarkcreme heben und in 2 Gläser füllen. Mit den Mandeln garnieren. An Stelle von Schokolade können auch 2 Teelöffel lösliches Kaffeepulver unter die Quarkcreme gerührt werden.

Englische Stachelbeercreme

5 Minuten
pro Portion ca. 330 Kalorien

½ Dose Stachelbeerkompott
125 g Schlagsahne

Die Stachelbeeren auf ein Sieb zum Abtropfen geben. Die Früchte durch ein Sieb streichen oder mit dem Elektroquirl zu einer glatten Creme zerkleinern. Das Stachelbeermus mit der Sahne vermischen und in Gläser füllen. Eisgekühlt servieren.

Weinschaumsauce
(Zabaione)

10 Minuten
pro Portion ca. 175 Kalorien

2 Eigelb
3 EL Zucker

4 EL Weißwein oder Marsalawein oder 3 EL Weißwein und 2 EL Rum oder Grand Marnier

In einem hochwandigen Krug, in den das Schneerädchen oder der Elektroquirl paßt, Eigelb, Zucker und Alkohol geben. In einen Topf mit Wasser setzen und die Eimasse unter ständigem Rühren mit dem Schneerädchen in dem Wasser erhitzen. Rühren bis die Weinschaumsauce dickschaumig ist. In 2 Gläser füllen und heiß oder kalt mit Löffelbiskuits servieren. Wird die Weinschaumsauce als Beigabe zu einem Dessert gereicht, genügt das halbe Rezept.

Vanillesauce

(4 Portionen)
2 Minuten
pro Portion ca. 190 Kalorien

¼ l Milch

1 Päckchen Instant-Vanillesauce
⅛ l geschlagene Sahne
1 EL Zucker

Die Milch in eine Schüssel gießen und den Inhalt des Soßenpäckchens unter Rühren mit dem Schneebesen hinzufügen. Kräftig durchrühren, bis die Sauce zu dicken beginnt. Die Sahne und den Zucker mit der Vanillesauce vermischen.

Zitronencreme mit Himbeeren

(4 Portionen)
5 Minuten
pro Portion ca. 200 Kalorien

1 Päckchen Instant-Pudding Zitronengeschmack
1 Ei
1 Packung tiefgekühlte Himbeeren

Die Himbeeren in 4 Glasschälchen verteilen und auftauen lassen. $\frac{1}{4}$ l Wasser und ein Eiweiß in eine Schüssel geben. Den Inhalt des Puddingpäckchens hinzugeben und mit dem Schneebesen 2 Minuten kräftig schlagen, bis die Masse hellschaumig und dicklich ist. Das Zitronenaroma aus der Packung und das Eigelb gleichmäßig unter die Speise ziehen. Über die Himbeeren gießen. 30 Minuten im Kühlschrank erstarren lassen.

Zuckermelone español

5 Minuten
pro Portion ca. 250 Kalorien

1 kleine Zuckermelone
2 EL Sherry
$\frac{1}{2}$ Packung Vanilleeis
2 EL in Butter geröstete Mandelsplitter oder Kokosflocken

Die Zuckermelone halbieren und die Kerne mit einem Löffel herausholen. Den Sherry und das Vanilleeis mit dem Löffel in die Melonenhälften füllen. Mit Mandelsplittern oder Kokosflocken bestreuen. Beim Essen löffelt man das Melonenfleisch zusammen mit dem Vanilleeis heraus. Eine schicke Nachspeise für Gäste.

Avocado mit Roquefort

5 Minuten
pro Portion ca. 480 Kalorien

1 Avocadofrucht

100 g Roquefort
1 TL scharfer Senf
6 EL Sahne

Den Roquefort mit einer Gabel zerdrücken und mit Senf und Sahne zu einer glatten Creme verrühren. Die eisgekühlte Avocado-Frucht erst unmittelbar vor dem Servieren der Länge nach durchschneiden und den Kern entfernen. Den Roquefort in die Avocadohälften füllen. Als Nachspeise reicht eine Viertel Avocado für jeden.

Beilage: Toast oder Cracker

Tessiner Käseplatte

5 Minuten
pro Portion ca. 750 Kalorien

1 Stückchen Schweizer Käse
1 Stückchen Briekäse
1 Stückchen Gorgonzola
je eine kleine blaue und grüne Weintraube
2 reife Birnen

Auf einem Holzteller die Käsesorten in Stückchen anrichten und die gewaschenen Früchte dazwischenordnen. Soll die Käseplatte für eine Gästebewirtung serviert werden, können die Käsesorten beliebig vermehrt und die Früchte um Äpfel, reife Feigen und Walnüsse bereichert werden. Man kann derbes Landbrot und knuspriges Weißbrot dazu reichen. Dann ist die Tessiner Käseplatte eine vollständige, rustikale Mahlzeit, zu der nur noch ein Glas Wein gehört. Als Dessert werden Käse und Früchte ohne Brot genossen.

Käsebecher Meran

10 Minuten
pro Portion ca. 370 Kalorien

1 große oder 2 kleine reife Birnen
½ Zitrone
1 kleine blaue Weintraube
100–200 g Roquefort
1 EL Walnüsse
2 EL Portwein

Die geschälten Birnen in Würfel schneiden und mit dem Zitronensaft beträufeln. Die gewaschenen Trauben halbieren und entkernen, den Roquefort in Würfel schneiden. Alle Zutaten miteinander vermischen und in 2 Gläser füllen. Mit dem Portwein übergießen. Mit einer Tomatensuppe vorweg – mit Krabben oder Fleischklößchen als Einlage – serviert, ist der gehaltvolle Käsebecher ein elegantes kleines Abendessen.

Kuchen – so ein bißchen hausgemacht

Das Backen im eigenen Herd wird in der Schnellküche wohl in den meisten Fällen durch einen Gang zum Bäcker oder zum Konditor ersetzt – ganz bestimmt bei den Junggesellen. Aber welche Frau kann sich auf die Dauer ganz dem Reiz der häuslichen Bäckerei entziehen? 80 Prozent aller Hausfrauen backen den Sonntagskuchen noch selbst.
Die Vorarbeiten für viele Kuchen sind von der Industrie bereits vorweggenommen. Es gibt tiefgekühlte Hefeteige, Strudelteige und Blätterteige, die man nach dem Auftauen nach eigenem Geschmack belegen und füllen kann. Die fertigen Kuchenmischungen in Packungen müssen nur noch mit Flüssigkeit angerührt werden, bevor sie in den Backofen kommen. Noch einfacher geht es mit vorgebackenen Kuchenböden. Saftige Biskuitböden, knusprige Mürbeteigtorteletten, zarte Baisertörtchen werden überall in den Geschäften angeboten. Man kann sie mit gezuckerten Beerenfrüchten, abgetropften Kompottfrüchten oder tiefgekühlten Früchten füllen und ganz nach eigenem Geschmack garnieren. Auch eine Butter- oder Sahnecreme ist schnellstens angerührt. Das Garnieren von Kuchen und Torten ist fast eine kreative Arbeit, die unbedingt Spaß macht. Schlagsahne gibt es sogar schon spritzfertig in Dosen zu kaufen. Ein farbiger Zuckerguß, mit kandierten Früchten belegt, kann einen einfachen Biskuitteig in ein anspruchsvolles Kaffeegebäck verwandeln. So lassen sich in kurzer Zeit bunte Kuchen- und Tortenplatten arrangieren, die absolut hausgemacht aussehen. Wer trotz seiner knappen Zeit auf das Backen nicht verzichten möchte und auf den eigenen Kuchenteig schwört, der kann sich sagen, daß ihm ja eigentlich nur die Zeit des Teiganrührens verlorengeht. Ist der Kuchen im Backofen, kann man ihn sich selbst überlassen und eine

Mahlzeit zubereiten oder Hausarbeit verrichten. Zwei Tortenrezepte zum Selbstanrühren sind deshalb auch in diesem Kapitel.

Apfel im Schlafrock

30 Minuten
1 Apfel im Schlafrock
ca. 450 Kalorien

1 Paket tiefgekühlter Blätterteig

8 mittelgroße aromatische Äpfel
2 EL Zucker
Zimt
2 EL gehackte Mandeln
Butter
1 Eigelb

Den Backofen anheizen. Den aufgetauten Blätterteig ausrollen und mit dem Teigroller in 8 gleichmäßige Vierecke teilen. Von den Äpfeln mit dem Apfelausstecher das Kernhaus herausholen und die Früchte schälen. In die Mitte der Teigvierecke setzen. Den Zucker mit Zimt und Mandeln vermischen und in die Äpfel füllen. Die Äpfel mit Butter einpinseln. Die Teigecken in der Mitte über den Äpfeln zusammenfalten wie bei einem Briefkuvert. Mit Eigelb bestreichen und auf ein mit Wasser abgespültes Backblech setzen. Im vorgeheizten Backofen bei mittlerer Hitze (200°) in 20 Minuten gar backen. Als Nachtisch heiß mit eisgekühlter Sahne – als Kuchen kalt mit Schlagsahne servieren.

Schweizer Glacéstengel

20 Minuten
pro Glacéstengel
ca. 50 Kalorien

1 Paket tiefgekühlter Blätterteig
150 g Puderzucker
1 Eiweiß

Den Blätterteig auftauen lassen. Den Backofen auf 200 Grad vorheizen. Das Eiweiß leicht mit dem Schneebesen durchschlagen und den gesiebten Puderzucker hinzufügen. Den Blätterteig ausrollen und in Streifen schneiden. Mit der Zuckerglasur bestreichen und die Streifen auf ein kalt abgespültes Backblech geben. Im vorgeheizten Backofen bei starker Mittelhitze (220°) in 10–12 Minuten backen, bis die Glasur hellbraun und glatt ist.

Mokka-Sahne-Baisers

5 Minuten
1 Mokkabaiser
ca. 325 Kalorien

8 Baiserschalen (beim Konditor kaufen)

¼ l gesüßte Schlagsahne
1 gehäufter TL lösliches Kaffeepulver
Mokkabohnen

Die Schlagsahne mit dem Kaffeepulver vermischen und in einen Spritzbeutel füllen. Je 2 Baiserschalen mit der Mokkasahne füllen und zusammensetzen. Einen Schlagsahnetupfer daraufsetzen und mit 2 Mokkabohnen garnieren.

Teeblätter

20 Minuten
pro Teeblatt ca. 140 Kalorien

1 Paket tiefgekühlter Blätterteig
4 EL grober Zucker
2 EL gehackte Mandeln

Den Blätterteig auftauen lassen. Den Backofen auf 200 Grad vorheizen. Zucker und Mandeln vermischen und auf das Backbrett streuen. Den Blätterteig darauf ausrollen und mit einem Glas Plätzchen ausstechen. Die Plätzchen mit dem Teigroller, Unterseite nach oben, zu länglichen Blättchen ausrollen. Das Backblech mit kaltem Wasser abspülen und die Teeblättchen darauflegen. Bei mittlerer Hitze (200°) in knapp 10 Minuten goldgelb backen und sofort vom Backblech nehmen.

Buttercremetorte

Zubereitungszeit 15 Minuten
Ein Stück Torte (1/12)
ca. 350 Kalorien

1 Biskuitboden (fertig gekauft)

250 g Butter
175 g Puderzucker
2 Eigelb
2 EL Rum oder 2 TL lösliches Kaffeepulver

Den Biskuitboden zweimal durchschneiden. Die Butter sehr schaumig rühren und abwechselnd den gesiebten Puderzucker, die Eigelb und Rum oder Kaffeepulver hinzufügen. Die Tortenböden mit 2/3 der Creme bestreichen und aufeinandersetzen. Zum Schluß die Torte mit der restlichen Creme überziehen. Wenn die Creme mit Rum abgeschmeckt ist, mit kandierten Kirschen garnieren und wenn sie mit Kaffeepulver abgeschmeckt ist, mit Mokkabohnen garnieren. Die Torte kann auch mit Zuckerguß überzogen und mit der restlichen Creme gespritzt werden.

Erdbeertorte Chantilly

10 Minuten
Ein Stück Torte ($^1/_{12}$)
ca. 200 Kalorien

1 Biskuitboden (fertig gekauft)
1 Gläschen Kirschwasser
$^3/_4$ kg reife Erdbeeren
Puderzucker
$^1/_2$ l geschlagene gesüßte Sahne

Den Biskuitboden einmal durchschneiden und beide Böden leicht mit Kirschwasser tränken. Die gewaschenen, gut abgetropften Erdbeeren entstielen, halbieren und mit Puderzucker bestreuen. Die Sahne mit den Erdbeeren vermischen und die Hälfte der Sahnemasse auf einen Tortenboden streichen, den zweiten darübergeben und den Rest der Sahne leicht bergartig auf die Torte streichen. Die Torte in 12 Stücke teilen.

Kekskuchen

15 Minuten
Der ganze Kuchen
ca. 2850 Kalorien

1 Packung (250 g) eckige Butterkekse

Füllung:
2 Eier
160 g Zucker
1 EL Vanillezucker
50 g Kakao
250 g Kokosfett

Das Kokosfett zerlassen und abkühlen lassen. Die Eier mit dem Zucker und dem Vanillezucker schaumig rühren. Den Kakao hinzufügen und nach und nach das abgekühlte Kokosfett unter die Eimasse rühren. Eine Kastenform mit Pergamentpapier auslegen. Eine Schicht Schokoladenmasse hineingießen, darauf eine Schicht Kekse geben und abwechselnd Schokoladencreme und Kekse einfüllen, bis die Zutaten verbraucht sind. Über Nacht im Eisschrank erstarren lassen. Aus der Form stürzen, das Pergamentpapier abziehen und den Kuchen in Scheiben schneiden.

Baisertörtchen mit Früchten

5 Minuten
pro Törtchen ca. 200 Kalorien

1 Packung Baisertörtchen

250 g schöne reife Erdbeeren
1 EL Zucker
⅛ l geschlagene gesüßte Sahne

Die gewaschenen Erdbeeren auf einem Sieb gut abtropfen lassen und die Stiele herausdrehen. Mit Zucker bestreut etwas stehen lassen. Sehr reife Früchte ungezuckert verwenden. Auf jedes Törtchen ein paar Erdbeeren setzen und einen Kranz von Sahne spritzen. An Stelle von Erdbeeren kann man einen halben Pfirsich, mit der runden Seite nach oben oder eine Scheibe Ananas in die Törtchen setzen.

Apfeltorte

Zubereitungszeit 15 Minuten
Backzeit 25–30 Minuten
1 Stück Torte (1/12)
ca. 360 Kalorien

300 g Mehl
200 g Butter oder Margarine
100 g Zucker
100 g geschälte, geriebene Mandeln (fertig zu kaufen)
1 Ei
abgeriebene Schale von ½ Zitrone
750 g mürbe säuerliche Äpfel
50 g Rosinen
50 g Zucker
1 Prise Zimt

Den Backofen vorheizen. Das Mehl in eine Schüssel sieben. Das Fett in Stückchen hinzufügen sowie Zucker, Mandeln, Ei und abgeriebene Zitronenschale. Schnell mit den Händen zu einem glatten Teig verkneten und in den Kühlschrank legen. Inzwischen die Äpfel schälen, in Viertel schneiden und mit Rosinen, Zucker und Zimt vermischen. Den Mürbeteig auf einem bemehlten Brett ausrollen und daraus 2 Böden in der Größe der Springform schneiden. Vom Rest des Teiges eine Rolle formen. Den Boden der Springform mit einem Teigboden auslegen und die Rolle als Rand an die Form drücken. Die Apfelviertel auf den Teig legen und mit dem zweiten Teigboden bedecken. Im Backofen bei mittlerer Hitze (200°) in 25–30 Minuten hellbraun backen. Die fertige Torte kann noch mit einem Zuckerguß überzogen werden.

Schokoladentorte Gräfin Ika

Zubereitungszeit
15 Minuten
Backzeit 30 Minuten
1 Stück Torte (1/12)
ca. 360 Kalorien

200 g bittere Schokolade
5 TL Wasser
4 Eier
250 g Zucker
125 g gemahlene Mandeln
125 g weiche Butter
75 g Mehl
1 Päckchen Couverture

Zuerst den Backofen vorheizen. Die Schokolade mit dem Wasser bei leichter Hitze schmelzen lassen. Die Eigelb, den Zucker, die Butter, die Mandeln sowie das Mehl hinzugeben. Mit dem Schneebesen gründlich verrühren und zuletzt den steifgeschlagenen Eischnee unter die Masse ziehen. In eine gut gefettete Tortenform füllen und in etwa 40 Minuten bei schwacher Hitze (150 Grad) gar backen. Der Teig muß innen etwas feucht sein. Die Couverture in einem Wasserbad auflösen und die Torte mit dem Schokoladenguß überziehen.

Die Hausbar

In jedem gastfreundlichen Haushalt wird ein kleiner Vorrat an alkoholischen Getränken für die Bewirtung von Freunden und nicht zuletzt für den eigenen Feierabend bereitstehen. Ist eine größere Party in Sicht, werden die Flaschen in der Hausbar gezielt ergänzt. Mit dem hier folgenden Grundvorrat können Sie schon allerlei Cocktails mischen und für beschwingte Laune sorgen:

1 Flasche Dry Gin
1 Flasche Vermouth Dry
1 Flasche Vermouth Rot
1 Flasche Bacardi Rum (weißer Rum)
1 Flasche Angostura bitter
1 Flasche trockener Sekt (im Kühlschrank aufheben)
1 Flasche Cognac oder Weinbrand
1 Flasche echter schottischer Whisky
1 Flasche schwarzer Johannisbeersaft oder Orangensaft für Antialkoholiker und Autofahrer
Sodawasser oder Mineralwasser
1 Glas Oliven, 1 Glas Cocktailkirschen, Würfelzucker, Zitronen

Sie können die Flaschen nach und nach erwerben. Unbedingter Grundvorrat zum Mixen sind Gin, Vermouth und Angostura.

Hier die klassischen Cocktailrezepte:

Martini Dry

(2 Personen)

5 Schnapsgläser Gin
2 Schnapsgläser Vermouth Dry
8 Eiswürfel
Zitronenschale
2 Oliven mit Kern

Die Eiswürfel in ein Mixglas geben, Gin und Vermouth hinzufügen und mit einem Mixlöffel sorgfältig verrühren. In vorgekühlte Gläser (ohne die Eiswürfel) gießen, die Zitronenschale über den Drinks ausdrücken und in jedes Glas eine Olive geben.

Martini Sweet

(2 Personen)

3 Schnapsgläser Dry Gin
4 Schnapsgläser roter Vermouth sweet
8 Eiswürfel
2 Cocktailkirschen

Die Eiswürfel in ein Mixglas geben, Gin und Vermouth hinzufügen. Mit einem Mixlöffel sorgfältig verrühren. In Gläser füllen (ohne Eiswürfel) und in jedes Glas eine Kirsche geben.

Daiquiri Cocktail

(2 Personen)

4 Schnapsgläser Bacardi Rum
Saft von einer Zitrone
2 TL Zucker
8 Eiswürfel

Den Zitronensaft mit dem Zucker verrühren, bis sich der Zucker aufgelöst hat. Die Eiswürfel in den Mixbecher geben, Zitronensaft und Rum hinzufügen und kräftig durchschütteln. Ohne Eiswürfel in die Gläser füllen.

Champagner-Cocktail

(2 Personen)

2 Stückchen Würfelzucker
4 Spritzer Angostura
2 Gläser Sekt
2 Scheiben Apfelsine
2 Eiswürfel

In jedes vorgekühlte Glas ein Stück Würfelzucker legen und mit dem Angostura tränken. Den Eiswürfel hinzugeben und mit dem Sekt auffüllen. Die Orangenscheiben in die Gläser geben.

Tom Collins

(2 Personen)

Saft von einer Zitrone
2 TL Zucker
4 Schnapsgläser Dry Gin
8 Eiswürfel
2 Cocktailkirschen
2 Zitronenscheiben
Sodawasser

Den Zitronensaft in zwei hohe Limonadengläser geben und mit je einem TL Zucker verrühren. Gin, Eiswürfel, Kirschen und Zitronenscheiben hinzufügen und mit Sodawasser aufgießen.

Negroni

2 Schnapsgläser Gin
2 Schnapsgläser roter Vermouth oder Carpano
2 Schnapsgläser Campari
4 Eiswürfel
2 Scheiben Apfelsine

Die Eiswürfel in den Mixbecher geben, Gin, Vermouth und Campari hinzugeben und durchschütteln. Mit den Eiswürfeln in 2 Gläser geben und die halbierten Apfelsinenscheiben hinzugeben.

Kleiner Getränkeknigge

Was trinkt man zum Essen? Soll der Wein rot, weiß oder rosé sein? Soll er aus Deutschland, Frankreich oder Italien stammen? Die Antwort richtet sich nach Anlaß und Speisefolge.

Deutschland ist ein herrliches Weinland. Die Vielzahl seiner Weißweine wird von keinem Land übertroffen. So sollte man bei der Suche nach Weißwein im eigenen Lande Umschau halten. Für Rotwein empfiehlt es sich, auch unseren Nachbarn in die Weinkarten zu schauen.

Man empfängt seine Gäste mit einem Sherry, einem Portwein oder Wermut. Auch ein Sektcocktail oder ein Martinicocktail sind ein belebender Auftakt.

Zur Vorspeise werden trockene Südweine, herbe Chablis, leichte spritzige Rheingauer oder badische Weine gereicht.

Fisch schwimmt am besten in fruchtigem säuerlichem Moselwein.

Helles Fleisch, wie Geflügel oder Kalbfleisch, wird von blumigen Weißweinen aus dem Rheingau, der Pfalz oder aus Rheinhessen begleitet.

Zu dunklem Fleisch, wie Wild, Rindfleisch oder Hammel, empfiehlt sich französischer Rotwein aus Burgund oder Bordeaux. Aber auch Italien hat samtige Rotweine zu bieten. Deutsche Rotweine sind besser als ihr Ruf.

Süßspeisen vertragen nur Sekt als Begleitung.

Käse wird mit altem Rotwein oder Portwein serviert.

Von unsern südlichen Nachbarn kommen vor allem rustikale Rotweine, die zu Landbrot, Schinken und Käse besonders gut schmecken.

Spitzenweine sollte man nicht zu den Mahlzeiten reichen. Sie müssen um ihrer selbst willen bei einem guten Gespräch genossen werden.

Rotwein wird auf die Temperatur des Raumes gebracht, in

dem er getrunken wird. Die Südländer servieren ihre Rotweine unbekümmert eisgekühlt.
Weißwein soll kühl, aber nicht eisgekühlt sein, damit sich das Bouquet des Weines ganz entfalten kann.
Der fruchtige Rosé schmeckt eisgekühlt am besten – selbst Eiswürfel sind als Einlage erlaubt.

Weißweinbowle

(8 Personen)

2 Handvoll kleine Erdbeeren (am besten Walderdbeeren) oder
3 schöne reife Pfirsiche
1 EL Zucker
1 Sträußchen Waldmeister oder die spiralenförmig geschälte Schale von einer Zitrone
2 Flaschen Rheinwein
1 Flasche Moselwein
1 Flasche Sekt

Wein und Sekt im Kühlschrank vorkühlen. Als Geschmackszutat entweder Erdbeeren, Pfirsiche, Waldmeister oder Zitronenschale verwenden. Die Erdbeeren waschen und gut abtrocknen lassen. Die Pfirsiche einen Augenblick in kochendes Wasser tauchen, die Haut abziehen und in Würfel schneiden. In das Bowlengefäß geben, den Zucker hinzufügen sowie eine halbe Flasche Wein, Waldmeister oder Zitronenschale ohne Zuckerzusatz eine halbe Stunde in dem Wein durchziehen lassen und wieder herausnehmen. Die Bowlenessenz mit dem gekühlten Wein und mit dem eisgekühlten Sekt aufgießen. Keine Eiswürfel und keinen Schnaps in die Bowle geben.

Alphabetisches Register

Register nach Sachgruppen

FISCHGERICHTE

FLEISCHGERICHTE